全国高等学校应用型人才培养 · 企业行政管理专业系列规划教材
编委会

主 任：

丁　煌　中国行政管理学会理事　中国公共政策研究会常务理事
　　　　武汉大学政治与公共管理学院副院长　教授　博士生导师
宋　常　中国人民大学商学院教授　博士生导师
王　端　华中师范大学管理学院教授
李文斐　广州市广播电视大学副校长

策划及执行编委：

黄安心　广州市广播电视大学管理学院院长　教授

编　委：（排名不分先后）

宋　常	李文斐	黄安心	庞京生	虞巧灵	蓝　天
谈　萧	王启珊	周晓梅	定雄武		

全国高等学校应用型人才培养·企业行政管理专业系列规划教材

Enterprise Brand and Culture

企业品牌文化

▶▶ 蓝天 编著

华中科技大学出版社
http://www.hustp.com
中国·武汉

内容提要

本教材是企业行政管理专业核心必修课教材,是根据企业行政管理专业学生和企业行政管理人员、企业广告策划人员、企业宣传人员学习品牌设计、品牌规划知识,培养和提升品牌策划、品牌推广、品牌宣传能力的实际需要来编写的。主要包括企业文化概述、企业品牌文化、企业品牌设计、企业形象的策划与塑造、企业形象的 CIS 战略、企业形象的 CS 战略、企业文化的传播等七个方面的内容。本教材注重将相关专业理论与具体操作实践相结合,既介绍品牌文化的基本理论、基本操作方法和原则,又从具体的案例分析入手,旨在提高学习者的专业认知能力。

本教材可作为高职、高专、开放教育院校和应用型本科企业行政管理专业教材,也可供行政管理、工商管理、广告策划、企业宣传等相关专业学生学习了解企业品牌文化专业知识时使用,还可以作为企业和相关机构的培训教材。

图书在版编目(CIP)数据

企业品牌与文化/蓝天编著. —武汉:华中科技大学出版社,2012.2(2024.3重印)
ISBN 978-7-5609-7500-9

Ⅰ.①企…　Ⅱ.①蓝…　Ⅲ.①品牌-企业管理-高等学校-教材　Ⅳ.①F273.2

中国版本图书馆 CIP 数据核字(2011)第 232394 号

企业品牌与文化　　　　　　　　　　　　　　　蓝天　编著

策划编辑:周晓方
责任编辑:曹　红
封面设计:刘　卉
责任校对:祝　菲
责任监印:周治超

出版发行:华中科技大学出版社(中国·武汉)　　电话:(027)81321913
　　　　　武汉市东湖新技术开发区华工科技园　　邮编:430223
录　　排:武汉正风天下文化发展有限公司
印　　刷:武汉邮科印务有限公司
开　　本:710 mm×1000 mm　1/16
印　　张:15　　插页:2
字　　数:305千字
版　　次:2024年3月第1版第7次印刷
定　　价:48.00元

本书若有印装质量问题,请向出版社营销中心调换
全国免费服务热线:400-6679-118　　竭诚为您服务
版权所有　侵权必究

总　　序

　　从字面上看，企业行政管理是企业管理与行政管理相结合而产生的一个概念，但实际上并非如此。企业行政管理既非一般的政府行政管理，也非人们通常所理解的企业管理。一般人认为，行政管理就是公共行政管理，是指国家行政组织或公共行政组织在宪法和有关法律的规定范围之内对国家和社会公共事务进行的管理活动。但企业行政管理不同于公共行政管理，它是指为保障企业经营管理目标的实现，由企业行政组织及人员按照既定的行政渠道，采取一定的行政手段，实施的事务处理、统筹协调、服务保障管理等保证企业经营活动正常开展的带有内部公共性的企业管理活动。两者在管理主体、管理依据和管理内容上都不同，但有共通的管理特性，如指令性、公益性、服务性、保障性等。

　　企业的行政管理体系是企业的中枢神经系统。它是以总经理为最高领导，由行政副总分工负责，由专门行政部门组织实施、操作，其触角深入到企业的各个部门和分支机构的方方面面的一个完整的系统、网络。行政管理体系所担负的企业的管理工作，是企业中除生产经营业务之外的管理工作。行政管理体系推动和保证着企业的技术（设计）、生产（施工）、资金（财务）、经营（销售）、发展（开发）几大块生产经营业务的顺利、有效进行和相互之间的协调。

　　行政管理工作在其广度、深度、重要性及敏感性等方面都不同于企业其他方面，也不同于政府机关的行政管理，具有一定的特殊性。在一个企业中，行政管理工作的水平直接影响着企业的生产经营，决定着企业未来的发展前景。企业行政管理工作的广度涉及一个企业的全部运作过程，其深度又涉及许多局外人难以想象的细枝末节。可以说企业行政管理，是企业的中枢神经，是企业内外上下沟通协调的桥梁和纽带。建立高效的企业行政管理体系，提升企业的核心竞争力，是现代企业最为关注的问题之一，也是中国企业管理向高层次、高水平发展的瓶颈问题。因此，在现代企业中，行政部门是企业重要的管理部门。做好行政管理工作是企业有效运转的重要前提，也是经营者提高企业管理水平的一个切入点。正因为如此，企业行政管理工作越来越成为政府、企业、学界、社会等主体关注的热点问题。

　　在国外，企业（商业）行政管理早已为社会各界所重视，专业学历教育和职业教育已形成完整的体系。20世纪60年代，西方发达国家和多数发展中国家开始重视教育培训的投入，但随着新技术的突飞猛进，产业结构的急剧变化，以及经济竞争的大大加剧，在教育与经济的关系上，世界各国都面临着一个共同的问题：如何

 企业品牌与文化

促进教育培训与生产相结合、与产业相结合,为企业服务、为社会经济发展的需要服务的问题。于是,英国政府提出了"为了成功的未来而开发技能"的国家教育培训目标,NVQ(national vocation qualification)国家职业资格标准体系随之产生并开始在所有英联邦国家推行,这是20世纪英国教育培训与鉴定考试制度最重大的一次革命,并对世界范围内的教育培训模式产生了巨大影响。

NVQ体系已是全球100多个国家共同认可的国际标准。参加NVQ国家级企业行政管理职业资格认证成为现代企业行政管理人员追求的目标。获得行政管理资格认证的人员,成了当今企业竞相争夺的稀缺人才资源。

早在1997年,为了适应中国加入WTO后企业对高级行政管理人才的需求,满足国际职业对高级行政管理人才的需求,培养与国际职业标准相接轨的专业人才,国家劳动和社会保障部职业技能鉴定中心(OSTA)参照英国国家职业资格NVQ证书体系,推出了中英合作的NVQ企业行政管理职业资格证书。并先后在北京、天津、广东等地设立了16家考证中心,每年进行4次考试。主要知识内容有:设备、材料、服务和供应,工作环境的创建与管理,程序、信息与交流,组织效率和个人效率,商务会议、商务活动和商务旅行等。2001年7月,我国第一批考生通过考试拿到了NVQ证书。该证书由执行单位——国家劳动和社会保障部职业技能鉴定中心和英国伦敦工商会考试局(LCCIEB)联合签发,是在全国范围内通用的国家级职业资格证书,其国际职业标准为外企、三资企业所青睐,是总裁助理、行政总监、办公室主任、行政经理等行政管理人士专业能力提升的最佳选择,也是体现求职者能力的"就业通行证"。

20世纪80年代初,跨国企业集团进入中国这块神秘的土地。为了站住脚,他们花了上千万美元,请咨询公司和中国人一起搞了一套适合中国国情的管理模式,即A管理模式。这是企业内部的行政管理模式(包括预算计划系统、组织系统、企业文化系统、垂直指挥系统、横向联络系统、检查反馈系统、招聘任用系统、培训系统、激励系统等九大系统),源于跨国集团与国际接轨,诞生在中国大地,具有显著的中国特色。1997年10月25日,中国企业管理协会召开论证会,与会的国家经贸委、体改委的官员和部分专家学者对A管理模式给予了充分肯定。A管理模式构建了一个企业行政管理平台,简称"经理ABC":企业必须建立在利益分配系统和权力分配系统两大基础上,这是根本制度——企业的行政管理模式(administration)。A管理模式阐述的就是企业行政管理模式和经理人应具备的企业行政工作能力,也就是掌权的能力,这是经理的第一专业。掌权是为了什么?不是为了个人,而是用手中的权力经营(business)企业,使企业赢利;控制(control)企业,让企业安全。这就是"经理ABC"。为什么有的老板尽管很敬业,但企业仍然混乱不堪?为什么有的企业生意兴隆,合同一单又一单,但见不着利润?为什么有的老板不断给职工涨工资、发奖金,但还留不住人才?原因在于企业的根本制度不

科学、不公正。企业的经理只懂业务，不擅行政。A管理模式认为，企业发展必须伴随制度建设，建立自己的管理模式。有了科学的模式，就有了优秀的遗传基因（DNA）。有了一批善于"掌管行政权"的经理，就有了"传教士"。依托配套的电脑和网络，企业就有了执行能力和控制能力；依托统一的教材——"圣经"，企业就有了繁殖能力，就可能成为一代企业帝国。A管理模式为我们描绘了一个企业行政管理工作的蓝图，虽然不一定能被大家完全接受，但它是建立有中国特色的企业行政管理模式的富有成效的一次探索，也提出了一个重要而紧迫的课题，期待专家、学者去破解。

在企业管理实践中，由于行政管理工作涉及面广、综合性强，行政管理人员要有较宽的知识面和较高的理论水平、政策水平、专业水平和专业技能。因此，企业行政管理人才培养与工商管理专业人才培养并驾齐驱，需要有从大专、本科到研究生各层次的人才培养学历教育体系作为支撑。目前，国内在学历教育方面，已有不少本、专科院校开设了企业行政管理专业或企业行政管理方向，一些高校如清华大学、北京大学还开设了行政管理专业（企业行政管理方向）研究生课程进修班，为企业培养高层经理人。不过开设的课程，受到工商管理和行政管理专业的影响，没有很好地进行课程模块设计，本、专科教育基本上是工商管理专业课程，研究生教育又主要是行政管理专业课程，没有体现企业行政管理专业的特性和教育需求。

企业行政管理专业需要一定的行政管理和工商管理专业知识作支撑，但不能替代企业行政管理专业核心知识的功能。因此，需要考虑国外已有的教育经验和中国国情，研究开发出有中国特色的企业行政管理专业教育项目，特别是构建有中国特色的企业行政管理知识体系和学历教育专业课程体系。国内较早关注企业行政管理专业高等教育的黄安心教授积极推动该项建设工作，做了大量的前期准备。在华中科技大学出版社和有关专家的指导下，我们组织一批有相关学科、专业长期教学与实践经验的专家编写了这套"全国高等学校应用型人才培养·企业行政管理专业系列规划教材"，包括《企业行政管理概论》、《现代企业组织管理》、《企业公关与策划》、《企业文书与档案管理》、《企业法律实务》、《企业品牌与文化》、《企业员工管理》、《企业管理信息化》、《企业经济信息与运用》、《企业后勤管理实务》等十本专业核心课程教材，以满足广大师生对相关教材的迫切需要。

随着我国社会发展和政治经济体制改革的深化，对公务员队伍素质的要求越来越高，行政管理专业本科毕业生在政府部门的就业机会有减少的趋向。行政管理专业专科毕业生由于公务员入门本科"门槛"的要求，基本上只有选择读专升本继续深造或选择非公务员职业。很显然，我们的行政管理专业教育只盯住公务员职业或只选择公共行政管理教育方向多少是有点不合时宜的。如果继续原有的以培养公务员为目标的行政管理专业教育模式，不但脱离实际，而且人为地造成大量行政管理专业学生就业困难。而另一方面，现代企业需要大量的受过专业教育的

企业品牌与文化

企业行政管理人才却得不到满足。事实上,从一般意义上讲,只有从事专业对口的工作,才更有可能找到职业感觉和实现职业发展目标,实现人生价值。企业行政管理专业又何尝不是如此呢?可以说编写这套教材是适应现代企业发展、企业行政管理实践和企业行政管理人才培养需要的创举。

考虑到应用型人才的培养需要,本套教材在编写体例上尽可能考虑职业素质和职业技能的人才培养目标需要和人才规格要求。在课程知识和内容组织上,强调以知识学习的项目管理为范式,以岗位工作任务为中心,以流程(过程)和方法为逻辑线索,以环境变化为权变因子,以恰当的知识呈现和教学方式方法,实现教学目标。

这套教材的突出特点如下。

第一,基础性。主要考虑国内目前此类教材稀少,成套性和基础性成为本套教材的重要编写方针,以使其成为企业行政管理系列教材的母版,起到抛砖引玉的作用,为此类教材建设做好基础性工作。

第二,创新性。本教材的科目设计及知识体系选择,既考虑国外的经验,又考虑中国国情,突出了中国企业行政管理体制、企业行政模式与企业文化特色的要求,引进、继承和发展并重,力求形成有中国特色的企业行政管理知识体系和专业教育特性。

第三,应用性。教材以解决现代企业行政管理人才培养的重点、难点问题为己任,突出对企业行政管理实践问题的回应,强调专业素养和专业技能的培养,实现知识体系模块化以及项目管理化、任务化。设计有案例引导、案例分析、技能训练、实践活动等栏目。

第四,现代性。教材吸收一些长期从事远程教育、成人教育的专家参与,不但更好地结合企业实际开展教学,而且能够运用现代远程教育技术、信息技术、网络技术,开发网络课程,实现在线支持服务,为本地求学者解决工学矛盾,实现终身学习、持续发展的人生目标。

丁 煌

2010 年 5 月

目录

第一章	**企业文化概述**	1
	学习目标	1
	案例引导	1
第一节	企业文化的内涵与功能	2
第二节	企业文化系统	7
第三节	企业品牌与企业文化	15
	技能训练	24
	本章小结	25
	本章练习	25
第二章	**企业品牌文化**	28
	学习目标	28
	案例引导	28
第一节	企业品牌的含义和特征	29
第二节	企业的品牌定位	36
第三节	企业的品牌策略	41
第四节	企业品牌文化	48
	技能训练	60
	本章小结	61
	本章练习	61
第三章	**企业品牌设计**	65
	学习目标	65
	案例引导	65
第一节	企业品牌设计的内涵	67
第二节	企业品牌名称的设计	73
第三节	企业品牌标志的设计	85
	技能训练	97
	本章小结	98
	本章练习	98
第四章	**企业形象的策划与塑造**	101
	学习目标	101
	案例引导	101

第一节	企业形象的含义与特征	102
第二节	企业形象的塑造	113
第三节	企业形象与企业文化、企业品牌的关系	127
	技能训练	132
	本章小结	132
	本章练习	133

第五章　企业形象的 CIS 战略　135

　　学习目标　135

　　案例引导　135

第一节	CIS 战略概述	136
第二节	企业理念识别系统(MIS)的设计	145
第三节	企业行为识别系统(BIS)的设计	151
第四节	企业视觉识别系统(VIS)设计的原则	154
第五节	企业听觉识别系统(AIS)的设计	160
	技能训练	163
	本章小结	164
	本章练习	164

第六章　企业形象的 CS 战略　168

　　学习目标　168

　　案例引导　168

第一节	CS 战略概述	169
第二节	CS 战略的操作实务	176
第三节	行业 CS 战略实务	189
	技能训练	198
	本章小结	199
	本章练习	200

第七章　企业文化的传播　204

　　学习目标　204

　　案例引导　204

第一节	企业宣传的目的和作用	205
第二节	企业宣传的内容构成	213
第三节	企业文化的传播	220
	技能训练	224
	本章小结	227
	本章练习	227

参考文献　231

后记　232

第一章　企业文化概述

 学习目标

了解企业文化的发展与演变,掌握企业文化的内涵和功能,了解企业文化的作用,知道我国企业文化目前所存在的问题以及企业文化建设过程中需要注意的方面。企业管理者能够在实践中提高对企业文化的认识,加强企业文化建设。

 案例引导

内动力与企业发展

在企业界,我们会看到这样一种现象:有些企业能够办成百年老字号,长盛不衰,始终保持旺盛的生命力,而有些企业只有三五年的寿命,昙花一现后就销声匿迹了,就连一些借助政策优势、市场机遇而一夜成名的大型企业也逃脱不了如此命运。据美国《财富》杂志统计:1970年名列世界500强排行榜的大公司,到了20世纪80年代已有160余家销声匿迹,淘汰率高达三分之一。为查找这些企业衰败的原因,西方一些企业管理大师们通过认真研究,发现这些企业都有一个共同的特点:缺乏内动力,没有先进的企业文化领航。

被喻为"经营之神"的松下幸之助谈到自己对企业的管理时,曾有过这样一段话:"当员工100人时,我必须站在员工前面以身作则,发号施令;当员工1000人时,我必须站在员工中间,协调各方,相互配合,努力工作;当员工10000人时,我只有站在员工后面,双手合十,以虔诚之心祈祷他们万众一心,众志成城。"

【启示】

企业规模较小时,企业管理者亲力亲为,带领员工冲锋在前,发挥模范带头作用就行了;但到了中等规模时,要善于管理,用严格的制度进行约束,加上强硬的手段就可以使企业正常运行;当企业规模非常庞大时,就要祈求员工万众一心,自发拼搏,这里需要全体员工有一种共同的信仰,一种共同的价值观,这是一种无穷的力量,这种力量来自于管理者的魅力,来自于一种伟大的思想影响力,一种高度升华的精神力量。而这种精神力量,就是优秀的企业文化!

第一节 企业文化的内涵与功能

企业文化是一门新兴的交叉学科,既涵盖治理科学、经济科学、行为科学、哲学、社会学、伦理学、心理学等学科的内容,又有它自身独特的价值观念、文化观念、理想信念、行为方式等。如能全方位研究它,实施它,便可将企业的全部精神力量和物流能量最大限度地激活,从而使企业产生一种无形而巨大的潜在推动力,使企业在市场竞争中永远立于不败之地。

一、企业文化的由来与发展

企业文化理论首先兴起于美国,尔后传至日本,继之向包括中国在内的各国传播。企业文化理论的出现,是现代企业发展变化的一种新的趋势。它是从第二次世界大战后到 20 世纪 50 年代的分权治理理论时代,60 年代的跨国公司发展与治理时代,70 年代矩阵组织和战略经营时代,演变至 80 年代兴起、90 年代传播发展的企业文化时代所形成的趋势。20 世纪 60 年代,在世界企业发展中呈现出以下三个特征:一是企业经营发展出现国际化浪潮;二是跨国公司组织形式愈来愈复杂;三是发迹于 60 年代的日本企业蓬勃发展。这三个特征,在 70 年代表现尤为突出。于是进入 80 年代后,企业界骤然勃发出对企业文化研究和实践的兴趣。

企业文化是美国人在面临日本经济的强大冲击之后开始着手研究的,是美国学者针对美国企业过分重视"物"本,重视组织制度和组织结构而提出来的,是作为一种先进的企业管理方式和科学管理技术而逐渐为人们所接受的。作为一种现代企业管理中的新观念形态,与以往的管理理论相比,企业文化强调的不是"物"本,而是"人"本。它在一般的注重企业管理技术和方法的基础上,更多强调的是企业赖以生存和发展的精神环境和外部环境,尤其注重"人"在现代企业中的积极因素。企业文化理论是从精神、文化、政治、观念形态等方面的相互影响和制约来证明管理的优越性和推动力的。

第二次世界大战结束以后,日本于 50 年代开始有意识地搞企业文化建设,并因此在 60 年代迅速崛起。到 70 年代,日本经济已经开始称雄于世。日本经济崛起的神话,令自以为是的美国人十分尴尬,他们不得不放下架子去窥探、去研究。通过研究,他们发现,"日本现象"的根源在于日本比较注重企业文化建设。因此,从 20 世纪 70 年代末到 80 年代初,大量研究企业文化的著作开始在美国问世,《Z 理论——美国企业界怎样迎接日本的挑战》、《日本企业管理艺术》、《企业文化》和《寻求优势——美国最成功公司的经验》4 部著作,使企业文化热在美国达到了高峰,研究企业文化的热浪随之席卷世界。期间,在 1970 年,美国波士顿大学组织行为学教授 S. M. 戴维斯在其出版的书中,率先提出了"组织文化"这一概念。1971 年,美国著名管理学家 P. 德鲁克在所著的一书中,把管理和文化联系起来,认为管理也是文化。

1980年，美国开始在一些报纸上以醒目的标题报道公司文化。接着，美国许多权威性的管理杂志和期刊都先后用大量篇幅讨论公司文化。美国理论界和企业界的一些主要人物，也纷纷以调查访问和总结经验等形式著书立说，对公司文化发表真知灼见。80年代初美国学者在比较日美成功企业的经验后，提出企业文化经营管理新理论。其间代表作是1982年由狄尔和肯尼迪合著的《企业文化——现代企业的精神支柱》一书，该书作者研究了几家公司后，得出了"杰出而成功的公司大都有强有力的企业文化"的结论，成为最受重视、最流行的管理新观念，引起了世界管理学界、企业界有识之士的极大关注。

我国从70年代开始介绍企业文化建设，到80年代初期进行企业文化的探讨，80年代后期，几乎所有的企业都在搞企业文化，大家都有了自己的理念和标志。但那个时期，我国的企业走了弯路，认为喊喊口号、搞搞文体活动就是企业文化，甚至于有人认为精神文明建设就是企业文化。认识上的偏差，直接导致了企业文化的自生自灭。到了90年代的后期，在青岛和上海一带，企业文化又开始复苏，像海尔集团等一些知名企业，它们把日本的"5S"（即整理、整顿、清扫、清洁、素养的英文首字母）管理引进来，并通过创新改为"6S"（"5S"＋安全的英文首字母）管理法，对企业发展起到了至关重要的作用，从而一跃成为世界知名大型企业。他们的成功，也让其他企业意识到了企业文化的重要性。于是，很多大中型企业纷纷开始推行企业文化建设。

二、企业文化的内涵与本质

那么，到底什么是企业文化呢？关于企业文化的定义有许多种，虽然说法不同，但其内涵大体一致。清华大学教授、著名经济学家魏杰先生在其所著的《企业文化塑造》一书中，给企业文化下了这么一个定义：所谓企业文化，就是企业信奉并付诸实践的价值理念。企业文化在一定程度上也叫管理者文化，是管理者在长期的经营管理过程中形成的管理理念、管理风格、管理经验的集中体现和智慧结晶，是企业管理层次的升华，是企业管理的最高境界。

中国社会科学院工业经济研究所研究员韩岫岚认为，企业文化有广义和狭义两种理解：广义的企业文化是指企业所创造的具有自身特点的物质文化和精神文化；狭义的企业文化是企业所形成的具有自身个性的经营宗旨、价值观念和道德行为准则的综合。企业文化从广义上来讲，是指一个企业所创造的独具特色的物质财富和精神财富的总和。狭义的企业文化，是指企业创造的具有本企业特色的精神财富，包括思想、道德、价值观念、人际关系、传统风俗、精神风貌，以及与此相适应的组织与活动等。也就是将企业内部的物质文化、观念文化、政治理论文化和科学技术文化的总和称为企业文化。

综合起来人们对企业文化持以下几种观点。

（1）企业文化是企业在社会主义市场经济的实践中，逐步形成并为全体员工所认同、遵循，带有本企业特点的价值观念、经营准则、经营作风、企业精神、道德规范、

发展目标的总和。

(2) 企业文化即群体文化，它既包括一定的利益群体成员在共同的生产、生活中所形成的价值观念、行为规范、精神信仰、心理态势、思想意识、风俗习惯、科学文化水平等文化特质，也包括形成和发展这种文化特质的文化环境及外在表现形态。

(3) 企业文化是一种群体文化，是在一定的环境里，全体员工在劳动和生活的长期过程中创造出来的物质成果和精神成果的总和及表现。

(4) 企业文化由企业的行为文化、心理文化和物质文化构成。这三者的中心是心理文化，即企业在经营治理中形成的、浸入整个企业员工灵魂的价值观念和行为准则。

(5) 企业文化是指企业在生产经营过程中形成的企业物质文化、制度文化和精神文化的总和。企业文化有三个层次：表层是指企业的实体，包括厂区环境、生产资料、交通工具、企业产品、建筑场所、园林绿化以及各种文化、体育、卫生场所；中层是指企业人际交往方式和各种规章制度，典礼仪式及消费方式；深层是指价值观念、企业精神、经营治理思想、职业道德、思维方式、价值准则、文化素质等。

(6) 企业文化是在一定的历史环境下，企业及其成员在生产经营活动中形成的企业价值观、企业精神、企业哲学、企业目标、企业制度、企业道德、企业素质、企业物流、企业形象、企业公关、企业环境、企业群体文化等的总和。这些内容中，价值观处于各要素的核心地位。对于这个定义，如从宏观方面看，也可抽象地定义为：企业文化是涵盖精神文化和物质文化两个方面内涵的广义的现代科学治理理论。

在这个经济全球化的时代，今后企业间的竞争将不仅是经济实力、科技实力的竞争，说到底，还是文化力和文化优势的竞争。纵观古今中外，无论多么新的产品都会成为文物，无论多么高的科技也必将成为历史。在历史长河中，唯有文化可以流芳百世，历久弥新。中外成功企业的实践证明：谁拥有文化优势，谁就拥有人才优势、科技优势、效益优势和发展优势。反之，不重视企业文化的企业就不可能拥有长久的生命力和竞争优势。如果文化根基发生了动摇，精神支柱坍塌了，再强的企业也会垮台。

关于企业文化内涵的界说，由于它是一门新兴的学科，从创立到发展所经历的年代还不长，目前尚处在广泛探讨和实践的过程中。不过，外国学者和我国企业家、学者也都有不同的论述，现举例介绍如下。

美国学者狄尔和肯尼迪认为，企业文化是价值观、英雄人物、习俗仪式、文化网络、企业环境。

约翰·科特和詹姆斯·赫斯克特认为，企业文化是指一个企业中各个部门，至少是企业高层治理者们所共同拥有的那些企业价值观念和经营实践。美国IBM（国际商用机器公司）的董事毕生认为，"企业文化是企业哲学"，他的公司哲学的最重要概念是对每个人的尊重。

E. 海能认为，企业文化是企业价值观念和行为准则的总和。

中国企业文化研究会常务理事长张大中认为，企业文化是一种新的现代企业治理理论,企业要真正步入市场……就必须普及和深化企业文化建设。

作为企业管理的一种新观念,企业文化是指企业等经济实体在生产经营中,伴随着自身的经济繁荣而逐步形成和确立并深深植根于企业每一个成员头脑中的独特的精神成果和思想观念,是企业的精神文化。企业文化包括企业的经营观念、企业精神、价值观念、行为准则、道德规范、企业形象以及全体员工对企业的责任感、荣誉感等。

（1）企业文化是普遍存在的,有企业的地方就有企业文化,社会文化与企业文化是一种互相交融、互相制约、共同发展的对立统一关系。

（2）它是一种综合性的个体文化,是一种"硬管理"与"软约束"的有机统一。"硬"表现为对规章制度的创建,对文化环境的创建;"软"表现在重视创造风气,树立企业精神,培育组织成员的价值观念,加强成员间的感情投资。

（3）企业文化是观念与行为的统一,企业经营管理哲学是最深层次的企业文化,企业价值观念是较浅层的企业文化,人创造的事物,如企业的结构,是表层的企业文化。三个层次的和谐才能形成优秀的企业文化。尤其是企业员工共同的思维方式和价值观念,要经过长时间的探索和积累才能形成。

（4）企业文化是组织成员相互沟通的机制。企业文化以人为管理主体,以企业精神的共识为核心,以群体的行为为基础,以形成最佳的管理机制为目的,是一种特殊的管理哲学。以人为本的管理需要有效的沟通机制,同时反过来又促进沟通机制的完善。

综合以上国内外学者、专家、企业家的各种论述,企业文化内涵大体上可以分为三类:第一类比较原则,内容趋于单一,覆盖面也比较窄;第二类比较具体,但不全面;第三类比较具体、比较全面,还进行了抽象概括,如最后一种界说,基本上把企业内部所表现的各种主要文化现象和实质内容都涵盖了,又不包罗万象,而是有层次的,其中发挥核心作用的是价值观念,其次比较重要的内容则有企业精神、企业目标、企业道德、企业制度、企业形象等。但每一点都有实在的内涵,因而是比较符合现代企业文化建设需要的界说,各地企业家和读者可以通过比较,自行辨析出符合本企业实际需要的理论,用以指导本企业文化建设的操作和实践。

三、企业文化的功能

企业文化,就是企业的精神（企业的软件）,它是一种不灭的灵魂,依靠这种精神,优秀的企业将全体员工紧紧凝聚在一起,从而发挥最大最强的战斗力。企业文化是企业的灵魂,是企业经营活动中的三军统帅,是行动的指南针,在企业经营活动中具有无法替代的核心作用。

企业文化是企业信仰、价值观、原则等一系列要素的总称。企业为了满足自身运作的要求,必须有共同的目的、共同的理想、共同的追求、共同的行为准则以及相适应的机构和制度,否则企业就是一盘散沙。企业文化的任务就是努力创造这些共同的

价值观念体系和共同的行为准则。所以,企业文化是指企业在长期的实践活动中所形成的并且为组织成员普遍认可和遵循的具有组织特色的价值观念、团队意识、行为、行为规范和思维模式的总和。其主要功能如下。

(一) 教育功能

健康的组织风气,丰富的文化生活,会使企业员工产生团结、向上、进取的精神。

(二) 凝聚功能

作为一种价值观念载体的企业文化一旦形成,便会对企业员工起到很大的"黏合剂"作用。优秀的企业文化能使企业员工处于最佳位置,发挥最大潜能,最终达到整体力量大于个体力量之和的效果。

(三) 约束功能

企业文化的约束功能最终体现为员工的自我约束,一方面不会造成硬规定带来的逆反心理,另一方面,会使各项规定得到更为有效的落实。

(四) 协调功能

和谐的人际关系是企业文化追求的目标,是企业文化协调功能的最终实现,而这种协调功能最终体现为企业员工自我协调和自觉协调意识与能力的增长。

 案例分析1-1

企业文化对企业的重要性

美国德克萨斯州一家电视机厂因经营不善濒临倒闭,老板决定请日本人来接管。在七年以后,产品的数量和质量都达到了历史的最高水平。日本人靠的就是尊重人、以人为本的企业文化。突出表现在以下三个方面:

(1) 日本人作为新任经理刚接管企业时,把员工聚集在一起,非但没有指责嘲笑他们的失败,而是请他们喝咖啡,并向每一个员工送了一台半导体收录机,以示真诚;

(2) 改善和工会的关系,日本资方一改过去美国资方和工会对着干的态度,主动上门拜访工会负责人,希望"多多关照",从而使美国人从心理上解除对日本人的戒备,使劳资关系融洽;

(3) 工厂的生产状况有所改观以后,日本的经理并不是去招年轻力壮的新人,而是把从前被该厂解雇的老员工全部找回来重新任用,以培育工人们的"报恩之心",这样就充分调动了企业员工的主观能动性。

日本本田汽车公司美国分公司,只有高层管理者来自日本,其余的中级管理人员和普通工人都是美国人,而这些美国人都曾在三家美国较大的汽车制造企业中工作过。但是该公司的生产率和产品的质量,都远远超过了美国的同行,秘诀在哪里呢?美国分公司于1983年对本公司成功的经验作了如下总结:"本田汽车公

第一章 企业文化概述

美国分公司突出的做法是缩小工人和管理人员在地位上的差别,把工人当做群体的一分子。每个人,不论是工人还是管理人员,同样都在公司的餐厅里吃饭,公司也没有专为高级职员设的停车场。职工被称为'合伙人',管理人员和工人一样,也都穿着公司的白色制服而非西装革履。"这种"尊重人,团结和依靠广大职工群众"的管理思想和管理精髓,恰恰是优秀企业文化的活的灵魂。

在美国硅谷,有一家很有名气的坦德计算机公司。在20世纪80年代初,这个公司的利润以每季度25%的速率增加,年收入超过1亿美元,员工流动率很低。在计算机行业,要取得这样骄人的业绩,在当时是很难得的,其成功的源泉就在于它的企业文化。诀窍有4条。

(1) 在公司内部建立起一条被公司员工认可的哲学:坦德公司的成员、创造性的行动和乐趣是其最重要的资源。

(2) 在公司内部淡化等级观念,建立彼此平等的人际关系。坦德公司没有正式的规章制度,没有正规的组织机构,几乎不存在会议和备忘录,工作责任和时间也是灵活机动的,公司内不挂显示职位头衔的名牌,不给高级管理人员保留停车的场地。

(3) 在公司内部形成若干习俗和仪式。

(4) 在公司内部树立英雄人物,编成故事,广为传播。

【总结】

企业文化对企业来讲至关重要,正如美国的一位管理专家所说:"我们发现几乎所有办得出色的企业总有一两位强有力的领导人。"而这些领导人"所起的真正作用是把企业的价值观管理好","出色的公司所形成的那套文化,体现了其伟大人物的价值观和他们那套实际做法,所以在原来的领导人物去世后,人们可以看到这种大家所共同遵奉的价值观还能存在下去好几十年"。

盛田昭夫说:"日本公司的成功之道并无任何秘诀和不可与外人言传的公式。不是理论,不是计划,也不是政府政策,而是人,只有人才能使企业获得成功。"日本经理的重要任务是发展与员工之间的健全关系,在公司内建立一种人员亲如一家的感情,一种员工与经理共命运的感情。在日本,最有成就的公司是那些设法在全体员工之间建立命运与共的意识的公司。总之,日本企业依靠企业文化而成功,已经成为公认的事实。

第二节 企业文化系统

企业文化是非线性系统,其演变与发展的过程充满了非线性行为,而耗散结构是企业文化系统的重要特征之一,它使企业处于一种开放的远离平衡的状态。耗散结构理论对企业文化系统的建设有一定的指导意义。只要各企业同社会进行物质、能

量、信息、人才的交流,不断地从环境中获取物质和能量,使整个系统的有序性的增加大于无序性的增加,形成新的远离平衡态的开放系统,就能实现企业文化系统持续、健康的发展。

一、企业文化系统的结构

企业并非封闭的实体,它处于社会大系统之中,必然受到社会等宏观环境中诸多因素的影响,并与之发生交互作用,"企业与社会无限地相互渗透"。以企业组织为载体的企业文化,也并非仅仅关注企业中的文化,无论是企业内部员工还是企业外部社会都是企业文化作用的对象,我们把这些对象称为企业文化主体。按照企业文化主体范围的大小,可以对企业文化结构重新进行划分,依次为个体文化、组织文化、社会文化、自然文化。

(一)个体文化

个体文化是企业文化作用于员工个人形成的各种文化子系统。处于企业中的个体,长期受企业文化的浸润和影响,自觉或不自觉地就会将企业文化中的某些伦理观念或思维方式应用于个人的家庭生活、工作生活和人生思考中。同时个体在不断思考、不断实践的过程中,也会将个人的感受反馈到企业文化中来,使企业文化不断吸纳新鲜元素持续进行文化完善和文化提升。个体文化系统主要包括家庭文化子系统、工作文化子系统、人生成长文化子系统。家庭是社会最小的经济细胞,家庭成员在朝夕相处的过程中通过个人文化的相互融合,形成独特的家庭文化。家庭文化既包含有整体感、骨肉情,又包含有家长意识和服从意识。工作文化是对家庭文化的一种拓展。工作文化研究的是人们在日常生活和工作中形成的人与人之间的关系,以及对工作中各种现象的看法。人生成长文化是个体文化中认识最深刻、涉及内容最广泛的一种文化形式。世界观、人生观和价值观是人生成长文化最主要的表现形式。

(二)组织文化

组织文化是企业文化作用主体中的核心部分,发展企业文化的根本目的就是为了促进企业的进步。在建立企业文化过程中,企业要充分考虑自身特点,将所有制结构、行业特点、组织规模等纳入影响企业文化的主要组织因素中;同时,企业文化一旦形成,也必然会对企业的上述组织特征产生反作用。在企业文化与组织特征的交互作用下,企业文化将越来越适应组织特征,从而可以更好地促进企业发展、满足企业需要。组织文化系统主要包括所有制结构文化子系统(所有制结构是组织影响企业文化的重要因素,不同的所有制结构意味着不同的产权关系、不同的经营性质,以及对公平等价值认知的不同,进而导致不同的行为方式)、行业文化子系统(主要是研究本行业相关的基本信念、价值观念、道德规范,以及与此相适应的思维方式和行为方式等对企业文化的影响)、组织规模文化子系统(企业的不同经营规模可能也会导致企业文化的取向不同)。

（三）社会文化

社会文化是企业文化作用主体中较为宏观的一个层次。企业是社会系统中的一部分，不断与社会系统发生能量转换。企业文化是企业系统的一部分，必然也与社会系统发生交互作用。企业文化中的某些伦理观念和思维方式会对当时社会的社会风尚起到潜移默化的作用，而当时社会的文化氛围也会深深地影响企业文化的形成和发展。社会文化系统主要包括民族文化子系统（民族文化是一个国家或民族在其历史发展过程中所积累形成的器物、制度和观念体系的总和，是特定国家或民族地理环境，以及由此而决定的生产方式的折射和反映）、宗教文化子系统（宗教文化是一种信仰体系和价值观体系，它为人们提供了把握人与世界关系的世界观）。

（四）自然文化

一般意义上，谈到作用对象或者作用主体时，社会往往成为范围最广的一个层次。我们这里即将论述的自然文化，赋予了传统意义上的作用主体内涵以质的提升。自然系统强调，人不管能力多强，都应该客观看待自己作为世界的一部分。"道法自然"，即人们在社会生活中要始终怀着敬畏之心去认识自然中蕴涵着道的内涵，而且要严格遵循以道为本的客观规律。

自然文化是一个有着极其深厚内涵和广阔外延的概念。狭义的自然文化是人和社会的存在方式，它反映了历史发展过程中人类的物质和精神力量所达到的程度、表现的方式、产生的成果。从广义来讲，自然与道同生，自然文化就是用"道"解宇宙、解世界，从而更深刻地认识文化内涵。

企业文化的发展与自然文化是相通、相融的。自然文化孕育企业文化，企业文化反映自然文化规律，并支持自然文化的持续演变。人们在改造外部世界的同时创造了物质和精神产品，这些产品尤其是精神产品，对自然文化的演变将起到核心的支持作用。社会中的精神产出实质上是一种人文精神，是时代精神、社会风貌的集中体现，将对自然文化的历史性演变起到物质积累等基础性作用。

二、企业文化系统的耗散结构理论

（一）耗散结构理论的内涵及形成条件

1. 耗散结构理论的内涵

耗散结构理论是 1967 年比利时自由大学教授普利高津（Prigogine）提出的。该理论认为，一个远离平衡态的开放系统（不论是力学的、生物的，还是社会的、经济的），当外界条件或系统的某个参量变化到一定的临界值时，通过涨落发生突变，就有可能从原来的混沌无序状态转变为一种时间、空间或功能有序的新状态。这种在远离平衡非线性区形成的宏观有序结构，需要不断地与外界交换物质和能量，以形成（或维持）新的稳定结构。普利高津把这种需要耗散特质和能量的有序结构称为耗散结构。

2. 耗散结构形成的条件

1) 系统必须是开放系统

热力学第二定律指出,一个孤立系统自发地趋于无序,即它的熵一定要随时间增大,熵达到最大值时,系统达到最有序的平衡态。只有开放系统,通过与外界交换能量,从外引入负熵流来抵消自身的熵增加,才能使系统总熵逐步减少,才有可能从无序走向有序。所以,孤立系统绝不会产生耗散结构。

开放系统具有一系列重要特征:不断同外界进行物质能量和信息的交换;具有自组织能力,能通过反馈进行自控自调整,以达到适应外部环境的目的;具有稳定性,保持结构和功能相对稳定,具有一定的抗干扰性。

2) 系统必须远离平衡态

外界必须驱动开放系统越出非平衡线性区,达到远离平衡态的区域。在开放系统中,有可能产生相对低熵的平衡态的有序结构,如降低温度,使水变成冰。这种现象叫平衡相。耗散结构是一个"活"的结构,只有开放系统在非平衡条件下才能形成。正如普利高津所说"非平衡是有序之源"。

3) 临界值的存在

远离平衡态的开放系统总是通过突变过程产生自组织现象,即某种临界值的存在是形成耗散结构的一个主要条件。

4) 系统内部各个要素之间存在着非线性的相互作用

通过系统的各个元素之间的非线性相互作用使各个要素(子系统)之间产生协同作用和相干效应,才能从无序变为有序。

(二)企业文化系统的耗散结构理论

企业文化系统是一个开放性复杂系统,它通过多种渠道影响着员工的思维和行为准则,它有着复杂系统的共性。过去我们认为,企业文化是一个平衡、稳定的系统,一旦形成,就基本稳固下来,企业只需要在此基础上稍作修改即可。然而,现代企业生存环境发生了急剧变化,知识经济时代的来临使得企业环境变得纷繁复杂,这时候的企业文化则是一个远离平衡态的开放性复杂系统,始终处于不断变化之中,它的稳固性只是相对的,变动却是绝对的。

企业文化系统作为一个开放的复杂系统,必须考虑系统与外界交换各种流(物质流、信息流、能量流),而交换信息、能量和物质所引起的熵流,是引起企业文化系统演化发展的动力。由于企业文化系统内部不可逆地产生熵,使得系统趋于无序、混乱、消亡,所以必须引入负熵流,以抵消系统的熵产生,使整个系统的有序性的增加大于无序性的增加,形成新的远离平衡态的开放系统,只有这样才能实现企业文化系统持续、健康发展壮大。将企业文化系统的总熵用 CS 表示,企业产生的正熵流用 CS_i 表

示,用 CS_e 表示系统与外界交换物质和能量而引起的熵变,则有:

$$CS=CS_i+CS_e$$

CS_e 这个量可正可负:若 $CS_e>0$,则物质和能量的交换增加了系统的总熵,加速了系统趋向平衡态的运动;若 $CS_e=0$,则表示系统平衡受到扰动,但近乎平衡;若 $CS_e<0$,系统不断地从环境中获取物质和能量,从而给系统带来负熵流,使整个系统的有序性的增加大于无序性的增加,新的文化结构和新的文化现象就能自发形成,从而使得企业文化系统存续与发展。

三、企业文化系统的要素

(一)基于群件技术的企业文化系统

企业文化理论介绍到我国大约是1985年,经过我国理论界和企业界的探索和实践,产生了许多和优秀的企业相伴相生的、具有鲜明特色和创新性的企业文化。群件技术结合了文档数据、信息传输系统及系统设定的能力,利用群件技术进行企业文化系统的开发,可使企业形成高效的企业文化系统。

企业文化是企业的价值体系,是一个相对独立的信息系统,有层次、结构及明确的功能和目的,和外部环境存在着信息的相互作用和交换。企业文化系统内部结构的生成遵循着一些共同的规律,这些规律一方面体现了企业文化和企业的相互作用和影响,另一方面体现了企业文化作为一个自主的文化系统自身的成长和演化的规律。

企业文化系统包括企业理念子系统、企业内部行为子系统、企业外部行为子系统、企业物质子系统、企业形象评价子系统及企业信用评价子系统。本系统具体功能子系统包含经营理念子系统、行为理念子系统培训子系统、规章制度子系统、学习子系统、产品开发子系统、市场预测与决策子系统、广告子系统、公共关系子系统、绩效考核子系统、设计要素子系统、应用媒体子系统、企业指南子系统、低值易耗品管理子系统、设备管理子系统、合理化建议管理子系统、维护子系统、网上论坛子系统、图书期刊管理子系统、今日信息管理子系统、客户服务子系统等。

(二)企业信用评价系统

企业不正当竞争将导致企业信用乃至社会信用滑坡,一些企业为了短期利益,欺骗对手,破坏了正常的市场经济秩序,但同时它又免不了成为受害者。根据博弈论,博弈者根据"自我目标"选择,每个人都应该采取非合作的策略,其结果却比采取合作策略要差。博弈者根据"最优目标",选择合作博弈策略,其结果比非合作博弈策略更有利。同理,虽然选择反经济信用、欺诈行为可能更方便实现自己眼前的既得利益,但其结果总比采取诚信、合作的策略更差。社会信用需要社会成员共同遵守,如果厂商重视企业信用,可以赢得更多的合作者,赢得他们更多的信赖和支持,企业讲信用可以为自己创造更多的商机和企业效益。作为企业一方,要建立企业的信用评价系

统,这对于建设一个公平竞争和有效运行的市场秩序,对企业核心竞争力的培育至关重要。

建立企业的信用评价系统,首先必须从"5C"即企业品格(character)、能力(capacity)、资本(capital)、担保(collateral)、环境(condition)这些信用要素(creditfactor)来提高企业信用水平。要建立企业信用评价系统,企业就必须实施"5C"管理制度。"5C"是企业信用评价的标准。在"5C"诸要素中,企业品格是最核心的要素,它是指企业和管理者在经营活动中形成的企业伦理、企业品德、企业行为和企业作风。企业品格的高低在很大程度上决定企业信用的好坏,更重要的是决定着企业理念的正确与否和企业核心竞争力的强大与否。

(三) 企业文化系统的耗散结构分析

企业文化系统作为一个开放性复杂系统,从以下几个方面表现了其耗散结构特性。

1. 组织结构子系统的耗散特性

由于企业本身规模的不断扩展与复杂性的膨胀,企业采取的复杂的组织结构管理模式,使得行为主体沟通链条的节点迅速增加,因此管理变得十分困难与更加复杂。在其产生、成长、膨胀、老化的过程中,随着组织结构的复杂化,各个子系统之间的摩擦系数增大,管理熵逐步增大,管理效率变低,从而使得企业文化对企业的管理作用有一个效率递减的过程。

2. 企业文化系统对外部环境变化的耗散特性

企业环境包括企业的技术环境、人力资源环境、金融环境、投资环境、市场需求环境等,这是企业发展所依存的客观环境,直接影响着企业的短期效益和生存。此外,还有政策、法制、社会评价、公平竞争、社会信誉等主要由人为因素控制的社会发展软环境,对企业文化发展的影响看起来较为间接。企业外部环境总是在不断地发展变化,而这种变化会使得企业的价值观念、管理政策与策略老化、过时与无效,使得组织机构文化不能适应外部环境的变化,从而降低企业的管理效率,增加管理熵。

3. 员工文化子系统的耗散特性

企业文化管理的效率在很大程度上取决于管理者与执行者的素质和员工对企业本身以及对工作的重视。随着管理熵的增加,企业文化将越来越不适应环境和企业的发展,员工思维方式老化,企业原有的文化被固守而不能突破和创新。从高层管理人员到普通员工,员工文化系统会渐渐失去活力,员工之间的信息交流变得困难,上级命令的传达不到位,被曲解,或被故意地拖延不执行,矛盾和摩擦不断增加,产生更多的管理熵,最后严重地制约企业的凝聚力和竞争活力。

4. 信息传递文化子系统的耗散特性

文化的传播需要信息传递渠道的通畅。在委托代理关系、上下层级关系、企业管理规模需要的驱使下,随着企业的成长壮大,企业的信息传递渠道相应延长,节点增多,使信息在传播过程中耗损、扭曲,最后使信息的有效性、及时性下降,管理熵增加,管理效率递减。

由上,企业文化系统产生的熵可以表示为:

$$S = \sum_{i}^{n} K_i S_i$$

其中,i 表示影响企业文化系统的熵值的组织结构子系统、外部环境因素、员工文化子系统、信息传递渠道文化子系统等因素;K_i 表示企业文化系统在企业不同时期赋予各要素的权重;S_i 为各因素所产生的熵值。

四、企业文化系统构建的程序

(一)将企业文化建立在动态的开放系统之上,获取更多资源

知识经济时代的到来,信息社会的不断发展,形成了复杂多变的外部环境。一种文化要能够自我适应、自我学习、自我调节以适应环境的变化,就必须使得自身能够更好地接受外部的信息流、物质流、能量流以获得足够的负熵流,否则必然会落后、退化,陷入混乱。这就要求企业文化建立在一个动态的开放系统之上,使得系统能够充分地与外部环境接触,获取更多的外部信息、能量、物质,引进负熵流,促使企业文化系统向更高级有序的状态发展。

(二)改造传统文化,提高文化应变能力

目前,在企业文化系统所面临的环境中,都存在着人员、社会、生态等"活的"系统组分,特别是人的意识、行为的不确定性,加上瞬息万变的环境因素,这都会转化为对系统发展的扰动和阻挠,从而引发系统状态发生不合目的的变化,甚至出现危及系统生存的反向巨涨落。一项政策的出台、一项关键技术的突破、一种理念的提出和革新、一个重要市场机会的获得,都会引发企业文化系统的巨涨落,并对企业文化的演变产生重大影响;信息、通信和运输业技术的现代化提高了企业学习、模仿和互动、发挥后发优势的速度。企业生存的环境正在从"相对静态"到"相对动态"的方向变化。

所以说,在市场竞争激烈、科学技术飞速发展、知识力量膨胀的环境下,企业生存发展的关键就是改变自己的企业文化系统,拥有一种适于应变的文化,使得企业面对周围环境的变化时能适时改变经营目标、调整经营战略、重组制造资源等。所以,只有企业文化系统是一个具有耗散结构的系统,企业才能拥有这种应变能力,做到随遇而变,又能以不变应万变,保持系统的稳定与活力。

(三)创建学习型组织文化,接收更多的负熵流

信息时代和知识经济时代的到来,使得作为社会经济细胞的企业来讲,需要提高自己的"学习力",需要创立学习型组织来更好地贯彻、实施自己的特色企业文化,提高自己的竞争力,使企业通过学习来接受外部负熵的流入,以不断突破自我,持续创新,形成企业文化系统的发展演变。学习型组织理念的创新之处其实就在于使企业

文化系统保持开放,要求系统能够接受各种新的变化,对变化保持好奇心。构建学习型组织是一项系统工程,它由四部分组成:观念、组织学习机制、组织学习促进与保障机制、行动。这种模式强调的就是组织要不断学习,以能更好地从企业外部环境中引入负熵流。

企业文化系统作为一个开放系统,其不断演化的过程是系统主体与环境的相互作用的结果。学习是主动适应环境的过程,是在系统行为主体的相互交往和与环境的互动过程中进行的。学习不应该仅仅指个体学习,也应包括组织学习,学习应该成为组织共享的价值观,即确立学习型组织的文化。个体与企业组织不断学习的过程就是企业文化的演化过程,企业文化系统要想从其他系统中汲取营养,不断完善自身,以适应变化的环境,只有学习才是最好的途径。

(四) 建立有利于耗散活动的企业组织结构文化,使企业交流互动更顺利

企业文化系统具有耗散结构特性,所以需要顺利地吸收外部的信息流、物质流、能量流,在不同的阶段,这种需要也形成了不同的企业文化。比如企业的组织结构的变革历程:从U形组织结构到M形组织结构再到矩阵制结构以及多维制和超级事业部制结构的发展历程。这种组织结构文化的转变实际上就是适应系统耗散活动的需要而发生的。由于企业本身规模的不断扩展与复杂性的膨胀,企业文化所经历的渠道相对地延长、复杂,行为主体沟通链条的节点迅速增加,因此管理变得十分困难与更加复杂,各种信息的传播迟滞,有时甚至严重扭曲,大大妨碍了企业文化这种管理手段效率的发挥,增加了管理熵。也正由于此,组织结构必须越来越适应企业文化系统与外界进行的互动交流,以获取负熵流。组织结构框架从垂直式实现向扁平式转化,正是众多知名大企业走出大而不强困境的有效途径之一。国内家电行业的知名企业长虹、海尔也不约而同地进行了企业组织结构的调整,从原来的垂直的金字塔结构实现了向扁平式结构的转化。这些都说明了企业文化系统耗散结构特性的存在。

五、企业文化建设的误区

目前企业文化建设虽然有三点误区,即企业文化的内容容易流于空洞、企业文化的提出容易流于随意、企业文化的贯彻容易流于形式,但是,企业文化系统还是能够治疗企业的诸多隐痛。

(一) 员工难招、难管、难留,责任心不强

例如:①难招,要求越来越高,不愿吃苦,不愿加班;②难管,做事拖拉、抱怨、消极,在面对失误时总是找一大堆借口,让你觉得他没做好有很多理由;③难留,以前找不到工作,现在是招不到工,员工东家不打、打西家的思想根深蒂固,缺乏主人翁的精神;④责任心不强,做一天和尚敲一天钟,能混一天是一天。

(二) 工作效率不高

例如:①员工天天喊着加工资、加福利,公司的成本不断地快速上升,而效率却在

不断地下降;②公司有着一流的机械设备却生产不出一流的产品,经常退货返工;③员工无激情,做事不负责任。

(三) 执行力不强

例如:①有制度却执行不下去,企业团队的执行力如生锈一般,迟钝无力,简单的任务都完成得一团糟;②公司管理层存在大量"老好人",他们不敢得罪人,老板做坏人,管理层做好人。整个团队没有狼性,不像一群狼,更像一群羊。

(四) 利润下滑

例如:①工资越长越高,福利越来越好,公司每年的利润不断下滑,员工越来越牛,越来越难管理;②原材料价格不断上升,顾客下订单的价格越来越低,公司越来越危险。

(五) 公司缺乏系统性

例如:①整个公司运转非常乱,公司越做越大,老板越做越累;②公司没有良好的系统,缺少人才,人才复制慢,这导致公司处处起火,老板就天天救火。

在企业文化建设的方法上,有两种倾向:一种是自然主义倾向,认为企业文化、企业理念是企业长期生产经营活动中自然形成的;另一种是主观主义倾向,认为企业文化、企业理念就是人为的设计。前者使企业文化建设出现"无为"现象,一切任其自然发展;后者则导致企业建设搞"突击",也可以耗巨资印刷出很漂亮的企业文化手册。但这两种方法都有一种共同的结果:员工在心理上,企业在文化、理念上,都仍是空白。

第三节 企业品牌与企业文化

企业文化是渗透在企业一切活动中的无处不在的东西,是企业的灵魂所在。当今世界,企业文化的重要作用已经日益被各国企业所承认,我国加入WTO(世界贸易组织)后,面对日趋激烈的国际竞争,国内企业要想生存和发展,就必须建设有特色的企业文化,提升企业价值,打造企业品牌。企业文化和企业品牌都是塑造企业影响力、控制力、领导地位的有力武器。它们直接影响着企业的长远发展,甚至决定着企业的成败与兴衰。因此,企业文化建设与品牌建设都是企业发展面临的十分重要的问题,值得认真研究与探讨。

品牌是产品的识别符号,商品经济的发展使品牌功能得到强化和完善。品牌之争是现代企业竞争的重点,而品牌的核心因素就是其所代表和蕴涵的文化,具体而言是凝聚在企业之中的企业文化。企业文化是企业的核心竞争力的凝聚,是企业品牌塑造的灵魂。品牌是企业的代名词,代表了产品的品质服务,代表了企业精神、价值观和经营理念。企业文化在很大程度上左右着消费者的消费取向,企业在激烈的竞争之中取胜需要有先进而强大的企业文化作为基础和支撑。

企业品牌与文化

21世纪是文化致富的时代,企业文化是企业的核心竞争力,是企业管理最重要的内容。企业拥有了自己的文化,才能使自身具有强大的生命力,具有真正意义上的人格象征,才能具有获得生存、发展和壮大,为全社会服务的基础。通用电气公司前任首席执行官韦尔奇认为,企业文化是永远不能替代的竞争因素,企业靠人才和文化取胜。《财富》杂志评出的全球500强企业均有非常强势的企业文化,500强的评委也总结出这些企业成功的关键是靠文化。

纵观当今世界优秀企业,它们成功的背后都有不可模仿的、独特的企业文化基因在其中发挥着关键性的作用。像通用电气推崇的三个传统(坚持诚信,注重业绩,渴望变革)、沃尔玛的基本信仰(尊重每位员工,服务每位顾客,每天追求卓越)、诺基亚的价值观(科技以人为本),等等。

一、品牌是企业文化的载体

"品牌"(brand)一词源于古挪威文字(brandr),意思是"烙印",可以形象地解释为如何在消费者心中留下烙印。品牌是企业为了打造自己的形象,宣传自己的形象,通过文字图案、形象等向消费者展现的具有自己产品个性的标志。

在人类社会历史中,最初的商品制造中并没有品牌的概念,直到中世纪,欧洲的同业工会组织经过努力,要求手工业者在自己的产品上加上商标,以免受劣质商品的损害,这才有了原始的品牌。品牌在市场营销过程中,最根本的就是起着加深客户印象和唤起客户美好感觉的作用,同时也是与其他企业区别开来的重要特征。在长期的经营和生产活动中,人们已经在潜移默化中接受认同了某一企业生产的某种商品,一个优秀的企业品牌,往往有可能成为行业里某类产品的代名词,具有很大的联想力,以至于商品本身被弱化,诸如我们在谈到电脑时会说"苹果"、"联想",谈到洗发水时会想起"飘柔"、"海飞丝",等等。在某种程度上,品牌意味着某种商品品质的优秀和可靠,包括质量的可靠、服务的周到、理念的积极和健康等。品牌是在市场、企业、消费者的互动作用中形成的,品牌与企业文化两个看似不同界定的概念,在本质上又同出一源,相互之间有着密不可分的关系。

企业文化是社会文化与企业组织管理实践相融合的产物,是指在一定的社会经济条件下,通过社会实践所形成并为全体成员共同拥有或遵循的意识、价值观念、职业道德、行为规范和准则的总和,是企业在自身发展过程中形成的以价值为核心的独特的文化管理模式。企业文化一方面为了保证企业的生存,使企业组织具备不断改进的能力,提高企业的竞争力;另一方面更是为了实现个人与工作的真正融合,使人们在工作中体会生命的意义,找到自我价值感和成就感。优秀品牌无不具有深厚的文化底蕴。底蕴深厚的品牌,能给人带来心灵的慰藉和精神的享受。品牌浓缩着企业文化的精华。品牌是市场竞争中最锐利的武器,要想在激烈的市场竞争中立于不败之地,必须培育和创造叫得响的、过硬的品牌。

第一章 企业文化概述

企业品牌是企业文化的载体,企业文化是凝结在品牌上的企业精华,也是对渗透在品牌经营全过程中的理念、意志、行为规范和团队风格的体现。因此,当产品同质化程度越来越高,企业在产品价格渠道上越来越不能制造差异来获得竞争优势的时候,企业文化正好提供了一种解决之道。所以,有人说未来的企业竞争是品牌的竞争,更是企业文化之间的竞争。这是一种高层次的竞争。任何一家成功企业都靠着其独特的企业文化在市场上纵横捭阖。

品牌是企业文化的载体,人们在消费品牌的同时,也在消费着文化企业打造经营品牌的过程,也就是企业文化向社会渗透的过程。品牌蕴涵的文化只有与消费者所属的文化协调一致才能得到消费者对品牌的认同,才能引起消费者与品牌的共鸣。消费者接受了企业的文化,也就接纳了企业的品牌。品牌和文化主宰了消费欲望和购买行为,企业文化的本质就是通过品牌和产品与消费者建立一种稳定的关系,通过赋予品牌以美好的内涵和情感在消费者心中形成美好的记忆。优秀的企业文化无疑是增强企业独特个性和魅力的重要因素,注重企业文化的培养,加强与消费者的沟通,是企业与品牌取得成功的关键所在。

一个成功的企业要有自己的强势品牌。企业文化是产品内涵的重要组成部分,没有优秀的文化作为支撑,品牌就失去了生命力。只有经由正确文化的支撑和引导,企业才能生生不息。抛开企业文化的品牌建设必将沦为金玉其外败絮其中的面子品牌,抛开品牌讲企业文化也将使企业资源的积累遭到重大损失。这也是当前众多企业遭受惨痛失败的原因所在。企业文化是品牌定位的主导,一个品牌的定位是与企业的价值理念紧密相连的,产品都必须有自己的特点和个性,不同的企业文化铸就不同的品牌,不同的品牌折射着独特的企业文化,形成自己的风格。品牌的塑造离不开这种文化所带来的鲜明个性。总体而言,企业的风格和产品定位与最初创业者的理念和观点所形成的企业文化有着紧密的联系。

优良的企业文化使品牌获得消费者的好感,准确的定位可以将产品转化为品牌,但是一个品牌能否获得成功很重要的就是能否获得消费者的认同和好感。在今天,许多产品在技术价格质量等方面几乎都没有差别,左右消费者态度的便是这个企业所表现出来的一些内容,就是一种企业文化的冲击力。要使消费者认同,就要以高标准来要求和约束自己,要遵守社会规则和社会共同认可的道德标准和行为,要表现出优良的品质、良好的道德,甚至较强的社会责任感,企业就需要不断自我提升和修炼。如果一个企业给环境造成巨大的污染,不论其产品的质量有多么的优良,都很难得到消费者认同,就更谈不上美誉度和好感。

企业文化有利于品牌与消费者的沟通,品牌的经营需要与消费者有互动,需要消费者的反馈。在销售过程中,不但要注重营销的利益,更应关注消费者作为人的特点和需求。理性的做法应该是既不把消费者当成追随者,也不奉为上帝,而是将消费者当成朋友去对待,尊重人性。

企业品牌与文化

二、品牌是企业文化的归宿

文化与品牌相互交融,共同促进。企业品牌打造的核心是企业文化,它渗透在企业发展的每一个环节中,影响着企业的价值理念、行为作风和管理模式。企业文化与品牌的塑造紧密相连,影响着品牌的个性和形成,使品牌具有深厚的文化内涵。一个优秀的品牌之中必然蕴涵着优秀的文化理念,具有传播文化和沟通消费者的双重效能,消费者因此能在众多的产品中很快地寻找到适合自己的品牌。品牌是企业文化的外在表现,使企业文化得到广泛而迅速的传播,与此同时也使企业本身的形象更加清晰和完善。

品牌的不断拓展和创新也是企业文化的一种延伸,使企业文化更加丰富和深厚。品牌实际上是一种文化,已经融入各民族各阶层和各种职业之中,许多消费者愿意花很多的钱购买名牌产品,就是因为这些品牌已经融合了文化和情感,成为消费者身份的一种象征。一个企业在进入国外市场时,通常都以文化作为开路先锋,同时也融合他国的文化特征和习俗。如肯德基在这方面做得就很成功。文化可以转化成生产力,而品牌又是文化的表现和浓缩,现今的消费者不仅消费产品本身,他们也更加注重产品中的文化因素,品牌很好地解决了这一问题。

企业生产的产品和提供的服务伴随着精神和文化的力量传递给消费者,对消费者有着某种引导和交流作用,提高了生活的质量和文明的程度。例如,人们可以感觉到麦当劳员工的快乐,公司的严谨,久而久之这些品牌在消费者心中有了特殊的地位,这些商品也成为人们购买同类商品时的首选。所以,品牌就成为更胜于技术设备的生产力,不断提升企业的综合实力。

企业品牌的塑造过程,其实是一个浓缩和提炼的过程,文化与品牌相得益彰。在市场经济条件下,不乏一夜成名的个案。然而,一个品牌的塑造,既不是运气使然,更不是朝夕之功,文化内涵才是品牌价值的核心资源。脱离了文化内涵的品牌,即使曾经如日中天,最终仍避免不了昙花一现的结果。那些历经风雨愈加光芒四射的品牌,无不具有深厚的文化渊源。

品牌也是一种文化,而且是一种极富经济内涵的文化。具有让社会大众和消费者认同的品牌可以为企业带来极高的附加值,是企业的一笔巨大财富。企业品牌作为企业文化的载体,它时刻传播着企业的精神文化、道德伦理、哲学理念等,展示着企业的形象,表征着企业的素质与实力。同时,企业文化通过品牌将视野扩展到整个文化领域,以对内增强企业的凝聚力,对外增强企业的竞争力。这其中企业文化的传播,也在不断丰富着品牌的内涵,提升着品牌的价值。一些世界著名的大公司都密切关注顾客的消费心理变化,开始以满足消费者心理需要带动物质消费。

麦当劳提出:我们不是餐饮业,我们是娱乐业!法国香水店说:我们不卖香水,我们卖的是文化!可口可乐、麦当劳、万宝路、海尔等公司之所以家喻户晓,除了他们的企业形象策略外，他们还赋予了其企业及其产品品牌极高的文化内涵。这也就是说，以优秀文化为支撑的品牌的传播，展现了企业的独特的文化魅力，也促进着企业产品的市场销售和良好形象的树立。反之，则不利于产品的销售，甚至会造成整个企业的动荡与灭亡。

三、企业文化是企业品牌的核心

企业文化是组织在长期的生存和发展中所形成的，为组织多数成员所共同遵循的基本信念、价值标准和行为规范，是一个企业的经营之道、企业精神、职业道德、企业作风、员工素质和企业形象的总和。企业文化亦即企业经营之道、企业精神和企业形象，企业文化作为一种客观存在，对企业生产经营管理活动发挥着导向、示范、凝聚和激励等重要作用。品牌是一种精神、一种品位、一种格调。它的主要特征是与用户共鸣和推动企业的价值取向。当代国际著名的品牌每到一个地方，都实行文化本土化战略，意在把当地传统文化融入自己的品牌中，以增强用户对其品牌的认同感，从而促使用户视其品牌为生活的一部分。总之，企业文化就是品牌的精神力量，是品牌价值的核心。

企业文化对于一个企业来说有着至关重要的作用，企业文化是企业的灵魂，是企业经营活动中的三军统帅，是企业行动的指南针。在企业经营活动中，它具有一种无法替代的核心作用。中华民族依然屹立在世界的伟大民族之列，为什么呢？因为中国有上下五千年的文化，我们的文化源远流长，为世人所震撼。

著名企业家、美国西北航空公司首席执行官哈伯曾经说过：文化无处不在，你的一切，竞争对手明天就可以模仿，但他们永远也不能模仿你的文化。清华大学张德教授把企业管理分为三个阶段：第一阶段是经验管理阶段（1769—1901年），最大的特点是人治，靠"一把手"的强势领导来管理企业；第二阶段是科学管理阶段（1701—1980年），最大的特点是法治，靠制度来管理企业；第三阶段是文化管理阶段（1981年至今），最大的特点就是文治，把企业文化作为企业管理的最重要的方面。

一个企业的文化，是这个企业的价值观、信念和行为方式的体现，是企业形象的有力支撑。打个形象的比喻，如果把企业当成是一个人，那么人与人的交往，第一印象非常重要，而且这种第一印象会继续影响人们接下来的各种交往，甚至会以第一印象先入为主。这种第一印象要改变起来是非常困难的，这种第一印象，对企业来说就是企业形象，而企业形象的核心就是企业文化。人们常说有气质有内涵的人是最美的，企业也是这个道理。对于企业来说，是文化决定了这个企业的制度和行为，这个文化的核心，就是人们常说的企业理念和企业核心价值观。当品牌与周围的关系圈发生联系时，企业品牌以企业文化的形式表现出来，这时品牌不仅满足了人们的某种心理需求，而且迎合了消费者的价值取向。

一些世界著名的大企业都密切关注消费者心理变化，开始以满足消费者心理需求带动物质消费。例如，瑞士手表，它的计时准确性远远比不上日本等国家生产的石

企业品牌与文化

英表,可是为什么人们却喜欢购买并佩带瑞士的名表呢?这是因为瑞士手表中所蕴涵的历史悠久的文化底蕴已经超出了计时器的范畴,它代表着一种与众不同的高雅奢华的品位,已经成为身份的象征。这就是品牌——企业为了满足消费者心理需求而营造的文化氛围。一个经营成功的品牌,其价值作用是无法估量的。万宝路公司的总裁说:企业的品牌如同只进不出的账户,当你不断用产品累计其价值时,便可尽享利息收入。品牌的创建就如同一棵树的成长,一旦长成之后,便会福荫无穷,如果某个品牌得到了消费者的认可,那么它代表的就是一种放心、一种品质。例如,宝洁公司的洗涤用品在消费者眼中就是质量和品质的保证,人们购买和使用时都会感到安心、舒心、放心。更有品牌成为生活品质和品位的代表,人们常听到"我只用这个牌子的香水"、"我只抽这个牌子的香烟"、"我只喝这个牌子的啤酒和咖啡"之类的话,固然这些产品之间可能有着质量和价格的差异,但是如果忽略它们的生产厂家和包装,那么它们在这些非它不取的消费者眼中可能就什么都不是,这就是品牌的魅力。

因此,只有把优秀的企业文化融入生产产品和品牌建设之中,才会提升品牌的附加值,才会扩大品牌价值的资源,才会赋予品牌灵魂。

四、我国企业品牌打造存在的误区

国际知名的品牌都是依靠优秀的企业文化来支撑的,没有文化内涵的产品与品牌,是没有生命、没有灵魂、没有气质的,同时也是短命的。我国很多企业在品牌建设上存在以下几点误区。

(一)企业通过密集轰炸式的广告来创名牌

有些企业喜欢投入大量资金进行猛烈的广告战,如脑白金等产品,但是广告背后应该是以实力品质为依托的,如果忽视了品质建设,就会像海市蜃楼一样稍纵即逝。如果一个品牌,缺少文化底蕴,缺失精神价值,不管该品牌的广告做得如何铺天盖地,那也只能是一种虚假繁荣。炒作品牌也许一时能够成功,但是绝不能持久。

(二)品牌打造缺乏文化内涵

中华民族有着博大精深的文化,底蕴深厚,这是我们打造自己的世界级品牌的资本,是取之不尽、用之不竭的文化宝库。但是,有很多企业急功近利,抱着传统文化的"金饭碗"讨饭吃,对于企业文化完全抛弃或者牵强附会,有的洗脚城竟然和杨家将联系起来,简直让人哭笑不得。我国的传统品牌老字号,都是经历过少则几十年多则上百年沧桑历程的,是具有顽强生命力和广泛群众基础的。老字号沿袭了中华民族的商业血脉,传承了古老文明的精髓,形成了独特的品牌文化,然而,在以品牌竞争为主的经济时代,许多老字号企业的经营纷纷遭遇滑铁卢,但是也有一些中华老字号企业,由于能够在继承优良传统文化的同时,不断对品牌文化注入新的内涵,企业得到了很好的发展。很多传统品牌老字号的精神文化的缺失现象严重,大部分消费者心目中传统品牌是货真价实、诚信无欺的形象,但传统品牌的品牌个性特征不够鲜明,消费者难以区分提供同类产品的传统品牌之间的差异。

品牌体现着某种传统精神,蕴藏着企业的精神文化,它是社会关系的载体,是对消费者的一种承诺,向消费者传递某种信息和情景。因此,在消费者心中名牌是一种象征,在产品之外还能有某种精神获得。赢得了消费者,也就赢得了市场,消费者对某一品牌的认可,实际上是对某一企业的信任和好感,是企业的无形财富。然而国内众多企业并没有认识到这一问题,没有做好品牌的规划,忽视了品牌的文化内涵。

(三) 我国很多企业严重缺乏品牌危机意识

品牌是企业的生命市场,竞争是残酷的,一些默默无闻的商品可能会一夜之间走俏市场,成为名牌商品,但更多的情况是自己苦心经营的品牌因为一时大意被市场无情地淘汰。如三鹿毒奶粉事件就是一个很深刻的教训,几十年打造的知名品牌一夜之间灰飞烟灭。因此,企业经营者在具体的经营活动中,必须像保护自己的眼睛一样,采取一切措施和方法保护品牌形象,保护品牌的市场地位。因而,要打造品牌,更重要的是保护品牌。

纵观各国企业文化,无一不具有本国特色,这是由各国不同的历史文化、社会经济的深刻原因决定的。企业文化作为一种管理原理,具有普遍性,可以超越国家民族的界限,作为一种管理实践,却不能超越国家民族界限。中国企业文化建设不能照搬套用国外的企业文化,要在考虑了自身面对的民族文化背景、经济社会环境、经济目标、企业组织模式等基础上借鉴美国、日本、西欧、韩国等国家和地区的企业文化成功的经验,创立出具有中国特色的企业文化系统。

国内最经典的当数海尔,在海尔,企业文化被视为"紧迫的业务问题"。海尔兼并其他企业后,均实行企业文化先行的战略。"海尔文化激活休克鱼",正是哈佛重点研究的成功经验,被美国学生誉为企业经营的"奇迹"。中华民族有着悠久的文化传统。企业文化建设中所提倡的种种思想,许多都可以在中国历史上找到萌芽或渊源,特别是传统儒家学说所强调的"天地之性人为贵"或"人为万物之灵"的思想与企业文化中的人本观念趋同。企业文化建设要敢于突破原有认识模式,将一切有用的传统文化都继承过来,去粗存精,在扬弃的基础上创新和发展,使企业文化的发展同企业的经营活动和管理创新更加紧密地结合起来。企业精神的概括和提炼应更加富有个性、特色和独具的文化底蕴,要更加注重企业精神、企业价值观的人格化和"人企合一"的境界,树立以人为本及可持续发展的观念。

五、企业文化建设过程中需要注意的问题

(一) 企业文化不是实施组织,需要一定的形式来体现,也需要一定的物力财力加以保障

企业文化不是束之高阁的彩球,也不是哗众取宠的装饰。它扎根于员工,溶于全体员工的思、言、果之中。然而它需要喜闻乐见的形式来体现,如企业的形象策划 CI

(corporate image,组织形象)导入,如球赛等文艺活动,所花费的人力和物力也必不可少。又如,企业的文化标语,需要管理人员按符合自己企业文化内涵的有启发性的标语标注在企业的相关位置,不仅需要耗费精力和时间,还需要支付这些标语牌匾的制作费用。所以,企业要筹划用于企业文化建设的专项资金。

(二)企业文化建设要注重细节

企业中蕴涵的某个有价值的独特文化因素,这是任何一个企业在创办和运行过程中都会客观存在的。如有的员工非常喜欢学习,有的员工特别节俭,有的员工总是想改变产品的性能等。这些细节都需要管理者去发现并加以提倡。要在企业当中抓典型,号召全员学习。把优良的企业文化氛围推入具体实践中去。这就需要注重细节。

(三)寻找自身企业的优势和文化渊源,以量体裁衣的方式来孕育企业文化

企业可以造就文化,文化是企业的一个反映形式。但每个企业的形式不同,则采用的企业文化内容也不同。要善于发现企业文化的积极因素,将这种因素加以酝酿,使之符合企业自身发展的需要。譬如,红蜻蜓集团在文化方面的执著、努力、贡献一直被国人所称颂。但"红蜻蜓"搞文化并非心血来潮,1995年创业伊始,"红蜻蜓"就开始讲文化的故事,讲美丽的故事,因为这个品牌就来自于企业创始人钱金波儿时的一个梦想:小时候,陪伴他最多的伙伴便是楠溪江畔飞舞的红蜻蜓,他们常常用心交流,一起玩耍在泥土芬芳的田埂和小山坡,当时钱金波就立下志愿,将来一定要为这些小伙伴们做点什么。长大后,当他有能力创建一家企业的时候,他毫不犹豫地将企业及品牌名称命名为"红蜻蜓"。康奈的企业核心价值观为:"品牌领先、顾客至上、崇尚知识、人本和谐、精诚精业、舒适时尚。"只有找到企业的文化渊源,企业所需要提倡的或者需要重视的卖点,以此而孕育的文化才具有意义并体现自身企业文化的内涵和氛围。

(四)加强企业文化建设的组织、实施、领导与监督

企业文化的建设、组织和实施需要事先有计划(主要的具体方案)、有部署、有进度、有过程地进行,同时加强在此过程的监督工作。不要走形式、摆样子,"有了上文没有了下文",或者迫不及待,短期就要见效果,以致封尘日久失去企业文化的光辉。不仅要专人负责项目的实施,还要随时跟踪落实具体建设状况,全面规划与安排,把企业文化建设作为一个重要的项目来抓。不但要明确为什么做,还需要明确怎么做,何时做,何地做,由哪些人去做,做的标准是什么,需要注意的问题是什么。因此,在企业文化建设的工作中,组织、实施、领导与监督尤为重要。

(五)企业文化的实施,要采取"树立榜样、典型引路、以身作则、率先垂范"的方法

优秀的企业文化一般都会发现和推崇身边的典型,树立榜样。这样可以集中体现企业文化的魅力,使企业文化人格化、模特化,使员工看得见、学有榜样,比得上、模

仿有型。同时树立正确的价值观、道德观。领导者带头严格遵守，身教胜于言教。如此得到员工的敬佩和支持，使企业文化建设顺利进行。

（六）企业文化建设要从实际行动出发，走出"口号"的呼声

把概括企业文化的特征描述、标志性事件、典型案例与代表性人物的品格和思想，选择恰当的方式和途径传达给全体员工，使他们理解这种文化表现。走出"口号"的呼声，以实际行动去渗透。

（七）融入员工的意识

员工对企业文化的接受、理解与认同，要在企业经营活动中体现出来，即表现在日常的工作状态中。刚开始可能是被动的，员工会按照企业文化的要求来约束自己、规范自己。如果这种被动和约束不能转变成员工的自觉行动，则企业文化建设是失败的。因此，企业文化建设必须使员工产生自觉行动，没有外在的约束，这样的文化才可以延续。要通过多种方式对员工进行文化教育和业务培训，并教育、引导员工树立以客户为上帝、以市场为效应的观念。加强他们的团队精神，融入员工的意识，提高企业的凝聚力。

（八）突出以主体为依靠

企业文化建设的主体是劳动者、生产者和决策者。他们是企业文化建设的载体。强调突出和依靠主体，就是要主张吸收员工长期以来在实践中创造的特色文化原料，注意发现他们的闪光点，不断充实文化的内容。只有具备一流的领导班子，加上全体员工的参与，企业文化建设才可取得成功。

（九）企业文化建设要不断创新

创新是企业的灵魂。创新是企业文化建设的特点和生命力所在，是企业价值观的内在核心，它与时代的环境变化同步，不能有丝毫的停滞。没有创新的文化就没有创新的思想和员工，也就没有技术的创新、管理的创新、服务的创新等，企业就会丧失其社会价值的依据。把创新的内核植入企业价值观，全方面融入企业文化的要素和建设企业文化的全过程，培育员工的创新精神，使之转化成为一种动力和依托，从而提高企业的核心竞争力，提高企业的经营效益。

（十）企业文化建设要全面

企业文化由物质层、行为层、制度层和精神层四大层次构成。所以，在文化建设的过程中要面面俱到，不可疏漏。否则，企业文化建设的效果是不理想的。这也是现代企业文化建设容易忽视的问题。有的企业就认为搞搞文化标语就是企业文化建设了，这是十分片面的认识。企业文化建设不仅包括企业精神、企业经营哲学、企业道德、企业价值观、企业风貌的建设，还包括企业的目标、生产环境、企业的广告、企业包装设计、企业的行为规范、企业的规章制度等。它们之间是紧密联系、互为影响、相互作用的，共同构成企业文化的完整体系。

(十一)企业文化建设要注重礼仪文化和学习文化

孔子曰:"不学礼,无以立。"这表明了礼仪的重要性。礼仪不但是员工的一种素质,同时也是企业文化的一种反映。彼得·圣吉在《第五项修炼——学习型组织的艺术与实务》一书中强调,要终身学习、全过程学习、全员学习和团队学习,提出了不但要自我超越,还要改善心智,建立共同愿景。学习不但可以强化认识,提高理论水平,还可以转变企业员工的思想观念。因此,现代企业必须把学习文化作为企业文化建设的重点来抓。奥康集团就提倡从上到下必须"全员学习"。

(十二)强调用以人为本的理念来进行企业文化建设

管理的主要内容是管人,而人又是生活在客观环境之中的,虽然他们也在一个组织和部门中工作,但他们在思想、行为等方面可能与组织不一致。重视人的因素,就要注意人的社会性,对人的需要予以研究和探索。在一定的条件下,尽最大可能满足他们的需要,以保证组织中的全体成员齐心协力地完成组织目标而自觉作出贡献。提倡不但要制度化管理员工,还要人性化管理员工,切实体现"人本管理"的内涵。比如正泰集团在使用人才时的"人本文化"为"德才兼备是正品,有德无才是次品,有才无德是毒品,无才无德是废品",又如奥康集团秉承"有德有才,提拔重用;有德无才,培养使用;有才无德,限制使用权;无德无才,不可留用"的人才理念,康奈集团的人才观为"人才无定论,长城唯'砖'才;专业之才,砖实之材"。因此,企业必须重视人才,把人才的竞争力当成是企业的核心竞争力,建立完善的人才管理机制。强调用以人为本的理念来建设企业文化是势在必行的。

总之,企业文化是一个企业具有自身特点,根源于自身企业,在企业发展过程中企业领导者和生产者所总结、积淀出的文化与管理等方面的成就。企业文化不是简单复制,企业浪费大量财力、物力大搞企业文化建设,结果企业还是原来的模式,没有什么变化,这样的事例在我们周围也是屡见不鲜的。作为企业管理者应该避免走这样的弯路,深刻认识企业文化。

技能训练

【训练目标】

(1) 熟悉企业文化的基本功能;

(2) 认识到企业文化对企业发展的重要性。

【训练内容】

科龙公司实施"万龙耕心"企业文化塑造工程。"万龙"是指1.2万多人的员工队伍,显示科龙雄厚的实力和丰富的人力资源;"耕心"是要求把企业文化的种子,撒播在每一位员工的心田,让它开花结果,发展壮大。"耕"字还有精耕细作之意,寓意这次活动不会流于形式,而是让每一位员工参与其中,将大家的心凝聚在一起,塑造出一种良好的、富有个性的企业文化氛围。如果让你参与这项活动的策划,你通过什么样的方式来体现出"耕"的内涵。

【训练步骤】

(1) 掌握"万龙耕心"活动的文化内涵所在。

(2) 分析"耕心"对增强企业凝聚力的影响。

(3) 根据现代企业的发展规律,撰写"万龙耕心"的实施方案。

【训练要求】

(1) 搜集科龙企业的相关资料,使实施方案与该企业的发展方向相适应。

(2) 方案要围绕"耕心"这一主题,要很好地体现出增强凝聚力的方向。

本章小结

本章从企业文化理念产生的背景入手,系统地阐释了企业文化的内涵、功能、内部系统、耗散结构理论等内容,使学习者对企业文化的概念有了较为全面的认识。同时,结合我国企业发展的实际,对目前我国企业文化建设中所出现的问题及对策进行分析。通过本章的学习,我们认识到各国企业文化无一不具有本国特色,这是由各国不同的历史文化、社会经济的深刻原因决定的。中国企业文化建设不能照搬套用国外的企业文化,要在考虑了自身面对的民族文化背景、经济社会环境、经济目标、企业组织模式等基础上借鉴美国、日本、西欧、韩国等国家和地区企业文化成功的经验,创立出具有中国特色的企业文化系统。

本章练习

一、判断题

1. 缺乏内动力,没有先进的企业文化领航,企业就容易衰败。 ( )

2. 中国企业文化建设不能照搬套用国外的企业文化,要在自身的基础上创立出具有中国特色的企业文化系统。 ( )

3. 企业文化是普遍存在的,有企业的地方就有企业文化,社会文化与企业文化是一种互相交融、互相制约、共同发展的对立统一关系。 ( )

4. 企业可以造就文化,企业是文化的一个反映形式。但每个企业的形式不同,则采用的企业文化内容也不同。 ( )

5. 企业文化理论首先兴起于日本,尔后传至美国,继之向包括中国在内的各国传播。 ( )

二、单项选择题

1. 1982 年出版的《企业文化》一书的作者是( )。

  A. 肯尼迪   B. 盛田昭夫

  C. 哈伯   D. 狄尔和肯尼迪

2. 清华大学张德教授把企业管理分为三个阶段,其中,第三个阶段及其最大的特点是(　　)。
  A. 经验管理阶段,人治　　　　　　B. 科学管理阶段,法治
  C. 文化管理阶段,文治　　　　　　D. 文化管理阶段,法治

3. 孔子曰:"不学礼,无以立。"这表明在企业文化建设当中(　　)的重要性。
  A. 礼仪　　　　B. 学习　　　　C. 精神　　　　D. 物质

三、多项选择题

1. 我国企业品牌打造存在的误区有(　　)。
  A. 企业通过密集轰炸式的广告来创名牌
  B. 品牌打造缺乏文化内涵
  C. 很多企业严重缺乏品牌危机意识
  D. 强调用以人为本的理念来进行企业文化建设

2. 耗散结构形成的条件包括(　　)。
  A. 系统是封闭的系统
  B. 系统必须远离平衡态
  C. 临界值的存在
  D. 系统内部各个要素之间存在着非线性的相互作用

3. 企业文化的功能包括(　　)。
  A. 教育功能　　B. 凝聚功能　　C. 约束功能　　D. 协调功能

四、简答题

1. 企业文化的内涵是什么?
2. 企业文化的功能有哪些?
3. 论述企业文化系统的耗散结构理论。

五、案例分析题

壳牌公司文化系统正熵流的形成

  美国壳牌石油公司是英荷皇家壳牌石油公司所属的约300个分公司之一,拥有22000多名员工,总收入超过300亿美元。像大多数组织一样,美国壳牌石油公司已经盛行的原有文化已持续多年,公司倾向于按照自己的模式来招聘新员工,从而使思想趋同。美国壳牌石油公司的文化系统已经产生了正熵流,而且这种熵的产生使得公司文化逐渐不合时宜,由于按照一种固有的模式引入人才,所以新鲜血液的加入并没有给公司带来足够的负熵流,反而使得这些新员工的思想也变得雷同和僵化,这进一步加速了企业文化系统正熵的产生。显然这种企业文化系统已经趋于无序、老化,开始阻碍企业的成长。

壳牌公司文化系统负熵流的形成

  20世纪90年代一位新的高层领导菲尔·卡罗的到来,改变了这种现状。菲

尔·卡罗在公司经营业绩最差的一年上任,他开始为公司寻求转变的途径——创建一个学习型组织。学习型组织理念的引入,加速了企业与外部环境信息的交换,使得企业文化系统获得了正的信息流,产生了强大的负熵流,使得企业文化系统得以发展、变革,包括新的文化远景、新的业务模式、新的治理系统以及新的领导理念。学习不仅是美国壳牌石油公司转变的基础,而且已经成为企业文化系统中永恒的一部分。它促使员工开始重新设计新的使命、远景和价值观,振奋了员工的精神,并在很大程度上激发了员工的深度创新思维,促使员工跳出传统思维的禁锢并不断更新自己的观念。新的业务模式使公司能够通过识别投入产出比最高或价值最大的业务领域,从而进行资源调配,并制定出制胜的战略。在战略的推行过程中,这种模式使得员工能够更好地了解到个人对公司的贡献,充分发挥员工的主人翁精神,创造出更强的归属感和更多的自我发展机遇。

问:请用企业文化系统的耗散结构理论来分析这种变化。

第二章 企业品牌文化

 学习目标

通过本章的学习,了解品牌形成的背景和原因,了解品牌的各种特征,包括本质特征和附属特征,并能够运用其进行分析;同时学会区分各种品牌的类别,了解分类品牌的长处和短处,着重认识塑造企业品牌形象的意义,掌握品牌策略的实施过程。

 案例引导

傍肩"神舟五号",蒙牛"牛气冲天"

2003年,"神舟五号"的升空是全国关注的焦点事件,能与"神舟五号"进行品牌链接,对于任何一个企业的品牌发展来说,都是提升品牌高度、确立品牌优势、打击竞争对手的最犀利的武器。然而由于中国航天基金会对合作伙伴的挑选要求十分严格,如必须是民族企业,必须是中国驰名商标,必须是行业领导性企业,必须同航天精神相关联等,只有达到这些要求的企业才有机会成为"神舟五号"的合作伙伴。许多企业面对这样"苛刻"的条件都望而却步了,蒙牛乳业公司(下简称蒙牛)却知难而上。

为了与"神舟五号"的品牌进行嫁接,蒙牛早在2002年上半年就与中国航天基金会进行接触,通过双方多次努力,蒙牛于2003年初成为中国航天首家合作伙伴。2003年10月16日6时23分,"神舟五号"飞船在内蒙古大草原安全着陆,宣告中国首次载人航天飞行圆满成功!就在举国同庆之时,蒙牛也以"神舟五号"的速度,使与"神舟五号"关联的户外广告、电视广告、卖场促销POP(卖点广告)等在各大城市实现"成功对接",如在各大城市的产品广告和卖场促销活动中及时补充"神舟五号"、"宇航员"等要素,并推出有诱惑力的买赠活动,使"神舟五号"形成的品牌势能转化为销售动能,使蒙牛的产品销售达到了新的顶峰。

通过与"神舟五号"的嫁接,加上广告、公关、营销促销的及时跟进,蒙牛已由行业第四一举上升至榜眼之位,而液态奶部分更是攀升为行业霸主,可谓"牛气冲天"。

第二章 企业品牌文化

【启示】

作为国内乳业的龙头企业,蒙牛没有满足于自己现有的成绩。他们经过努力,使自己的品牌与世人关注的"神舟五号"对接起来,强化了民族品牌这一文化内涵。

第一节 企业品牌的含义和特征

一、品牌

(一)品牌的概念

现代企业品牌最权威的概念是美国市场营销协会(AMA)所下的定义:"生产产品的个人或组织运用名称、术语、标志、符号、设计,或它们的组合凸显自己产品的特征并区别于竞争对手的同类产品或服务。商家通过品牌把相互竞争的产品或服务区分开来,使消费者能够感受到不同品牌的商品或服务存在不同的特点和价值。"简单地说,品牌即产品(品类)铭牌,用于识别产品(品类)或是服务的标志、形象等。企业品牌传达的是企业的经营理念、企业文化、企业价值观及对消费者的态度等,它能有效突破地域之间的壁垒,进行跨地区的经营活动。

 案例分析 2-1

"苹果"公司商标的变迁

品牌具有凸显自己产品特征并区别于同类竞争产品的功能。图 2-1 是某知名品牌的 Logo(标志),相信大家都不陌生,但是这个 Logo 表现了什么样的产品特征呢?

图 2-1 苹果标志的变迁

"苹果"的 Logo 是全球有名的 Logo 之一,"苹果"的粉丝们不仅在车上贴"苹果"的 Logo,甚至把它纹在身上。这个 Logo 的简洁设计受到很多人的喜欢,30 年

来,它基本上没有什么太大的变化。

最早的Logo是牛顿坐在苹果树下读书的一个图案,上下有飘带缠绕,写着"Apple Computer Co."字样(当时公司还没有上市,所以用Co.而不是现在的Inc.)。不过这个牛顿徽标只用了很短的时间,由于它过于复杂,不易复制传播,于是就有了今天的这个被咬掉一口的苹果图案。

每一个见到苹果徽标的人都会禁不住问:为什么苹果被咬了一口?

(1)苹果在希腊神话中是智慧的象征,当初亚当和夏娃就是因为吃了苹果才变得有思想,现在苹果引申为科技的未知领域。苹果公司把咬了一口的苹果作为标志,表明了他们勇于向科学进军,探索未知领域的理想。

(2)咬掉的缺口唤起消费者们的好奇、疑问:想知道苹果的滋味就要亲口尝一尝。

(3)英文的"咬"这个单词(bite)与计算机的基本运算单位字节(byte)同音。

【总结】

当今世界,各种商品的品牌多如牛毛,人们不会特意去记某一品牌,只有那些与一般品牌有明显区别的品牌标志才能被人们记住。苹果公司最初的Logo上是牛顿在苹果树下读书,但它只用了很短的时间,乔布斯就认为该徽标过于复杂,不易复制传播而果断停用。新的Logo是一只"被咬了一口的苹果",虽然有缺陷,但是让人过目不忘。

近年来中国的发展全球瞩目,目前有近200种产品产销量位居世界第一,是无可争议的"制造大国",但由于缺乏自主品牌与核心技术支撑,"中国制造(Made In China)"的产品大多数只是处于产业链和价值链的最低端,不仅销售额和利益分配少,而且付出了巨额资源和环境成本。中国具有国际竞争力的品牌很少,出口产品中拥有自主知识产权的品牌不到10%,是名副其实的"品牌小国"和"贴牌大国";同时,随着国内市场国际化和竞争化日益加剧,仅有的一些民族品牌和本土品牌还惨遭肢解,不是被抢注商标,就是被恶意收购、被挤垮,真正发展成为强势品牌的极其有限。对此,我国政府、企业家、研究人员必须在战略上重新认识品牌问题,创造具有世界影响的企业品牌,提升企业竞争力,让中国的企业走向世界。

(二)品牌的特性

企业品牌具有以下特征。

1. 品牌的专有性

品牌拥有者经过法律程序的认定,享有品牌的专有权,有权要求其他企业或个人不能仿冒、伪造。这一点也是指品牌的排他性。我国有些企业品牌意识薄弱,没有发挥品牌的专有权,近年来我们不断看到国内的金字招牌在国际市场上遭遇的尴尬局面,如"红塔山"在菲律宾被抢注,100多个品牌在日本被抢注,180多个品牌在澳大利亚被抢注,如此等等,人们应该及时反省,充分利用品牌的专有权。

2. 品牌资源的无形性

品牌拥有者可以凭借品牌的优势不断获取利益,可以利用品牌的市场开拓力、形象扩张力和资本内蓄力进行不断发展,因此从中可以看到品牌的价值。我们并不能像物质资产那样用实物的形式表述这种价值,但它能使企业的无形资产迅速增大,并且可以作为商品在市场上进行交易。

例如:中化"SINOCHEM"品牌为中国驰名商标,并在全球业界享有良好声誉。近年来,"中化"品牌价值得到了不断地提升,在海内外树立了良好的品牌形象。自2004年以来,"中国中化"(SINOCHEM)连续八次位列世界品牌实验室"中国500最具价值品牌"前十名,2011年以958.57亿元的品牌价值位居第7名。在2010年"世界品牌500强"排行榜中,"中国中化"(SINOCHEM)位列第405,并在同年的"亚洲品牌500强"中列第57位。

3. 品牌转化的不确定性

品牌的建设是一项长期性的任务,在其发展的过程中,由于外界各种因素的干扰,企业的品牌可能面临着各种风险。有时,它的品牌价值可能增加,有时,也可能缩水。

2008年北京奥运会成为本土企业宣传自身品牌的一个良机,各家企业不惜重金成为北京奥运会合作伙伴,借此在自身品牌价值上收获了丰厚的回报,其中最有代表性的当属李宁公司。李宁在奥运会开幕式上点燃圣火的那一瞬间,将李宁公司的品牌形象提升到了新的高度。2009年,"李宁"以55亿元的品牌价值位列"胡润品牌榜"第34位以及"民营品牌榜"第10位。而受到2008年全球金融危机的影响,中国移动2009年的品牌价值与2008年3800亿元相比缩水了近一半。

4. 品牌的表象性

品牌是企业的无形资产,必须有物质为载体,通过一系列的物质载体来实现品牌的有形化。品牌的直接载体主要是文字、图案和符号,间接载体主要有产品的质量、产品服务、知名度、美誉度、市场占有率等。没有物质载体,品牌就无法表现出来,更不可能达到品牌的整体传播效果。

2009年,由中集集团、奇瑞集团携手玉柴集团、法士特集团和富华重工共同组建集瑞联合卡车股份公司。为了使企业的品牌得到社会的认可,2011年7月,集瑞联合卡车携手正在热播的《变形金刚3》进行品牌推广,该公司的销售部经理说:"我们希望传达这样一种理念,卡车不仅仅是运输工具,更是人类的伙伴,它不仅有强大的力量,更是智慧与正义的化身。《变形金刚》中的擎天柱是卡车人的化身,在影片中是一个为人类、正义而战的英勇智能勇士。"观众在欣赏影片的同时,会从擎天柱这个艺术形象中真实地感受到集瑞联合卡车所要传达出来的品牌内涵。

除上述本质性特征之外,品牌还具有一些附属性特征。

1. 认知度强化特征

品牌的存在使消费者对企业文化的认知程度得到进一步强化。从消费者的心理层面看,当他们看到有品牌的商品(服务)或是没有品牌的商品(服务)时,认知程度有着明显的差异。因此,品牌被反复曝光,有利于建立该品牌在消费者心目中的长期印象。

2. 忠诚度强化特征

第一次被购买并满足消费者需求的那个品牌能够提高那个消费者再次购买的可能性,这就是忠诚度的强化功能。品牌提高消费者的再购买意识。强化品牌忠诚度能确保该品牌在市场上的优越地位。

3. 象征特征

消费者通过使用特定品牌,无形中反映自己的价值观和社会地位。

二、企业品牌的分类

品牌作为现代社会的生活方式和价值的外在表现,发挥着社会角色符号的作用。一定的品牌总是对应着一定的社会阶层的消费者。

对品牌不同价值特征的确定,是进行品牌分类的基础。品牌价值是消费者需求的内在动因的外在表现形态,品牌分类正是品牌需求差异化和类型化与品牌价值层次划分的一个结合点。从这个意义上说,消费需求的差异化和消费者对不同类型产品需求的差异化的心理定势,导致了品牌分类的不同,由此构成品牌分类的主要动因,即基于产品类型不同的品牌分类和基于消费需求层次不同的品牌分类。品牌分类的意义在于通过确定品牌类型,进行准确的品牌定位,开发与品牌定位相对应的目标市场。

(一)品牌类型的划分

企业品牌根据不同标准可以划分为不同种类。

1. 根据企业本体特征划分

根据企业本体特征,可以将品牌划分为企业品牌、统一品牌、个体品牌三个类型。

(1)企业品牌(corporate brand)。以企业名称为品牌名称的品牌。如中国石化、中国国家电网等。

企业品牌传达的是企业的经营理念、企业文化、企业价值观及对消费者的态度等,能有效突破地域之间的壁垒,进行跨地区的经营活动。为企业分布在各个区域的生产与销售网点提供了一个统一的形象,统一的承诺。

(2)统一品牌(family brand)。它是指一个企业无论其产品种类有多少,销售地域有多广,都使用一样名称、名词、标号或设计的品牌。如西门子的产品包括医疗机械、电信、家电、装备制造等领域,其产品的名称统称为西门子。

实行统一品牌策略的企业,可以集中人力、物力、财力等资源,综合塑造大品牌,同时节省大量的广告费用,增强企业信誉;有利于消除顾客对新产品的不信任感,借助原有品牌的声誉可以使新产品迅速打开销路;有利于壮大企业的声势,树立超级企业和超级品牌的市场形象。

统一品牌适合于产品生命周期较长的耐用消费品,从跨国公司的发展趋势来看,建立全球化统一品牌是企业竞争国际市场的主要途径。

(3)个体品牌(individual brand)。它是指企业对各种不同产品分别采用不同的品牌。如飞度、雅阁、迈腾、N73等都属于本田系列车。

个体品牌策略是企业针对不同产品而采用的不同品牌的策略。个别品牌策略的优点在于:便于区分高、中、低档各类型产品,以适应市场上不同顾客的需求;使企业的声誉与众多产品品牌相联系,以提高企业整体的在市场竞争中的安全感;每一种产品采用一个品牌,能激励企业内部各产品之间创优质名牌的竞争;可以扩大企业的产品阵容,从而提高企业的声誉。

统一品牌与个体品牌之间各有优缺点,见表2-1。

表2-1 统一品牌与个体品牌优缺点比较

类别	优　　点	缺　　点
统一品牌	(1)成功推出一种有力产品,所有其他产品的认知度都会随之提升; (2)在营销上主打某一主力产品,节省宣传费用	一旦某一产品产生不良影响会波及所有产品
个体品牌	(1)各种各样的产品中哪一个被消费者敬而远之,其他产品不受牵连; (2)消费者对新产品有全新感觉; (3)同类产品用不同名字,提高市场占有率	(1)营销费用相对较高; (2)品牌寿命较短

2. 根据品牌知名度的辐射区域划分

根据品牌知名度的辐射区域,可以将品牌分为地区品牌、国内品牌、国际品牌。

(1)地区品牌。它是指在一个较小的区域之内生产销售的品牌。如地区性生产和销售的特色产品。这些产品一般在一定范围内生产、销售,产品辐射范围不大,主要是受产品特性、地理条件及某些文化特性影响。比如,广东地区有许多知名的凉茶品牌,除个别品牌向国内其他地方扩张之外,大部分的销售地区都在广东。

(2)国内品牌。它是指国内知名度较高,产品辐射全国的产品。例如海尔、联想、方正、娃哈哈等,被国内公众普遍认同。

(3)国际品牌。它是指在国际市场上知名度、美誉度较高,产品辐射全球的品牌。例如可口可乐、麦当劳、万宝路、奔驰、爱立信、微软、皮尔·卡丹等。

 企业品牌与文化

3. 根据品牌产品生产经营的不同环节划分

根据品牌产品生产经营的不同环节,可以把品牌划分为制造商品牌和经营商品牌。

(1)制造商品牌。它是指制造商为自己生产制造的产品设计的品牌。制造商品牌很多,如索尼、奔驰、长虹等。

(2)经销商品牌。它是指经销商根据自身的需求,对市场的了解,结合企业发展需要创立的品牌。经销商品牌如"西尔斯",百货店如"王府井"等。

此外,还可以根据品牌的生命周期长短将品牌分为短期品牌、长期品牌;根据品牌产品内销或外销的不同,将品牌分为内销品牌和外销品牌;依据品牌的来源可以将品牌分为自有品牌、外来品牌和嫁接品牌,等等。

(二)品牌分类的意义

1. 有利于产品价值的体现

消费者对于不同类型的产品,往往具有不同的品牌特性需求。对于某些类型的产品,消费者看重其功能价值,对于另外类型的产品则可能看重便宜价值。当然在许多时候可能是这些价值的混合,但一般总有一个主导性价值需求。在某种程度上可以说,产品类型决定了品牌类型选择的方向。比如,低端价格的化妆品一般不适用于品牌建构,优惠的价格诉求对于消费者一般也不具有吸引力,大多数消费者对低价格的化妆品都有抵触的心理,觉得使用低档的化妆品会影响自己的形象。因为化妆品的感觉价值和观念价值比产品的基本价值和便宜更重要。克莱夫·巴德在《宝洁品牌攻略》中指出:"价格并非决定价值的唯一要素,消费者对价值的敏感度,已由市场上无数成功的例子及少数失败的例子得到验证。如是的话,那么所有超市的自有品牌,即所谓'价格品牌',在全美各地以低于市价 10%~20% 的价格销售,则将胜过宝洁及其他竞争品牌的占有率。事实上却不是,价格品牌在零售店所销售的量不及总市场的 25%。在英国,主要连锁超市的价格品牌被消费者普遍认为品质较好,市场占有率达到 35%。然而大多数消费者仍然选择价格较高的世界性品牌,他们认为世界性品牌所带来的效益远超过所付出的代价。"

2. 有利于品牌的层次划分

不同类型的产品对品牌有不同程度的依赖,由此形成了品牌的不同层次和不同类别。因此,可以根据产品的品牌依赖度进行品牌分类。这种品牌依赖关系和依赖程度主要是由消费者对不同类型产品的需求特征决定的。对消费者识别需求低的产品,或者是对附加值要求不高的产品,其品牌的依赖度就不高;以功能性特征为消费主导的产品,对品牌的依赖程度也普遍较低。比如农产品知名品牌就很少,这类品牌对消费者的购买动机的影响也不是很大,所以农产品属于品牌依赖度较低的品类。医药产品也是如此,消费者更看重的是疗效,而不是品牌知名度和影响力。

不同消费需求的消费人群，对不同类型的品牌有不同的需求，构成了品牌类型与消费类型的对应关系。马斯洛的层次需要理论对品牌分类具有一定的启发性。比如，高收入消费人群对奢侈品品牌有很强的消费需求，都市女性普遍追逐时尚品牌，这一类品牌有很强的市场需求，这样就会形成相应的品牌与消费的对应关系。

3. 有利于产品的市场营销

市场营销中有一个"市场区隔"的概念：营销人员将消费者依不同的需求、特征区分成若干个不同的群体，而形成各个不同的消费群。品牌分类是深化市场营销和区分消费者特征的客观需要，也是品牌自身发展的内在必然性。就市场营销而言，市场早已进入了产品差异化营销的时代，根据消费者需求的不同，市场也在不断细化，市场细分已经成为市场营销的基本方法。在这样的情形下，划分品牌类型是品牌发展的必然趋势。由于消费形态和产品形态的不同，市场区隔作为把握市场的一种方法，可以更有效地寻找到并锁定目标市场，每个市场营销行为都可以根据市场区隔特征的不同制定相应的营销策略。

4. 有利于品牌的传播

品牌分类对于品牌传播的意义在于：品牌传播应当根据消费者的需求状况，确定品牌的诉求定位和诉求策略。不同类型的品牌可以采用不同的定位策略及其传播策略。当产品的功效、品质与同类产品没有多少区别的时候，常常采用价格定位策略。以价格定位既可以突出产品的物美价廉，也可以突出产品的高品位。企业可以从观念上人为地将市场上不同品牌加以区分。定位能创造差异。通过向消费者传达定位信息，使差异性清楚凸现在消费者面前，从而引起消费者的注意，达到传播的效果。

案例分析 2-2

欧洲最大的银行瑞银集团采用统一品牌的策略

欧洲最大的银行瑞士银行集团（下简称瑞银集团）总管理资产规模超过 1 万亿美元，名列全球十大银行之列，总部设立于瑞士，48000 名员工分布于全球 50 多个国家，所服务的客户超过 450 万。瑞银集团旗下由瑞银资产管理（UBS Asset Management，负责法人资产管理与共同基金等业务）、瑞银华宝（UBS Warburg，负责投资银行与创业投资等业务）与瑞银瑞士私人银行（UBS Switzerland，负责私人银行业务）构成完整的金融服务架构。超过百年的专业服务经验，让瑞士银行长久以来在国际知名评鉴机构享有高度评价等级。

瑞银集团在 1995 年通过收购 SG Warburg 获得华宝（Warburg）品牌，SG Warburg 原为伦敦最负盛名的商业银行，收购之后瑞银集团将华宝（Warburg）更名为瑞银华宝（UBS Warburg），并将它作为旗下主要的投资银行业务品牌。2000 年瑞银集团继续收购投资银行普惠（PaineWebber）品牌名，并将其更名为瑞银普惠

企业品牌与文化

(UBS PaineWebber)。

在2002年发布第三季度财务报表的时候,瑞银集团宣布第三季度盈余增长4%,至9亿4200万瑞士法郎,超出市场预期,并宣布整合普惠(PaineWebber)和华宝(Warburg)两大投资银行业务品牌,将于2003年下半年开始放弃使用普惠(PaineWebber)和华宝(Warburg)的品牌,而专注以单一的瑞银(UBS)品牌行销其投资银行和财务管理业务。

2003年6月9日,瑞银集团正式发布公告宣布所有业务采用统一品牌策略,其中包括瑞银普惠和瑞银华宝,都将划归单一的UBS品牌名下。原有的四大业务品牌,即瑞银华宝(UBS Warburg)(投资银行业务)、瑞银普惠(UBS PaineWebber)(投资银行业务)、瑞士银行私人银行(UBS Private Banking)、瑞银环球资产管理(UBS Global Asset Management)将重组为以瑞银(UBS)命名的三大业务:财富管理(wealth management)、环球资产管理(global asset management)及投资银行(investment bank)。

2003年6月9日,瑞银集团在全球发起题为"One belief,One team,One focus,now,One UBS"的一轮公司形象广告。在2003年6月9日刊登于《21世纪经济报道》的广告版上,瑞银说:

"瑞银集团一向竭诚为客户提供专业及全球性的金融服务,广泛的业务范畴包括财富管理、资产管理及投资银行业务。我们一致的目标是要深入了解您的需求,助您作出明智的财务决策。

为标志集团全面整合的方针,我们旗下所有相关业务,将统一命名为瑞银(UBS)。我们会继续保持高标准的人才及服务质量,秉承贯彻如一的信念,助您臻达理想目标。"

【总结】

瑞银集团通过收购国际上著名金融机构不断扩大自己的综合实力。在企业不断扩张的同时,瑞银集团也发现了收购的这些企业名称仍然沿用过去的品牌,使公众很难将这些收购企业与瑞银挂上钩。通过统一品牌的策略,使瑞银的品牌价值不断提升,它以体系化的金融服务让自身的名声大振,同时,那些被收购的企业由于统一使用了瑞银的品牌,业务范围也在不断扩展。

第二节 企业的品牌定位

一、品牌定位的概念

品牌定位是指企业在市场定位和产品定位的基础上,对特定的品牌在文化取向及个性差异上的商业性决策,它是建立一个与目标市场有关的品牌形象的过程和结果。换言之,即指为某个特定品牌确定一个适当的市场位置,使商品在消费者的心中占领一个特殊的位置。

品牌定位在品牌经营和市场营销中起着不可估量的作用。被定位的品牌一定要与这一品牌所对应的目标消费者群建立一种内在的联系。

二、品牌定位的基本原则

（1）要有明确的品牌定位,特别是竞争性的品牌定位,一定要在全球品牌、一般价值特征背景之下,来分析某一个特定的品牌,究竟应该运用什么样的定位才能够应对竞争对手。

（2）必须围绕品牌的价格定位展开特色的宣传。

（3）一定要搞清楚宣传的目的是让消费者发自内心地,通过自己的感觉与体验,自己得出这个品牌的价值特征或者品牌的形象,而不是企业进行强行灌输的。

（4）一定要高度重视老客户在塑造品牌过程中所发挥的巨大作用,引导并帮助他们去宣传品牌,让他们产生一种荣誉感、自豪感。

（5）必须将品牌的概念与价值深化到目标消费者群的生活中,成功的品牌能够使品牌旗下的产品或者服务成为消费者解决某一问题或者是实现某一目标的权威性解决方案。

三、品牌定位的意义

品牌定位就是让产品个性在消费者心中占据一个有利的位置,目的在于塑造良好的形象。它是经营的前提,关系到企业在市场竞争中的成败,可以说,经营的首要任务就是定位。品牌定位的意义在于以下几个方面。

1. 品牌定位是占领市场的前提

品牌经过定位,个性就可以在目标消费者心中占据一个有利的位置,可以使目标心理与品牌之间产生共鸣,被接受和认可。定位的目的在于塑造良好的形象,对消费者产生永久的魅力,使他们产生购买的欲望,作出购买决策,充分体验定位表达的情感诉求。因此,定位是占领市场的前提。假如没有定位,那么产品和形象的塑造将是盲目的。

2. 品牌定位是传播的基础

品牌传播是指借助于广告、公关等手段将所设计的品牌形象传递给目标消费者,品牌定位是指让所设计的形象在消费者心中占据一个独特的、有价值的位置,二者相互依存,密不可分。一方面,定位必须通过传播才能完成,因为只有及时准确地将企业设计的形象传递给目标消费者,求得认同,引起共鸣,该定位才是有效的;另一方面,传播必须以定位为前提,因为定位决定了传播的内容,如果离开了事先的整体形象设计,那么传播就失去了方向和依据。因此,定位是传播的基础。

企业品牌与文化

3. 品牌定位是形成市场区隔的根本

准确的品牌定位能使企业的品牌与其他品牌区别开来,从众多同类或同行业的品牌中脱颖而出,从而在消费者心目中形成一定的地位。例如,五谷道场方便面把自己定位为"非油炸"方便面,把自己与传统的油炸方便面区隔开,迅速占据消费者的心智模式,从而很快成为非油炸类方便面的第一品牌。试想,如果五谷道场按传统的方便面去定位,它无论怎么做都很难改变"康师傅"在消费者心目中第一品牌的地位,更不能占据消费者的心智。

4. 品牌定位有利于树立品牌的形象

品牌定位是针对目标市场及目标消费者确定和建立起来的独特的品牌形象的结果。它是对企业的品牌形象进行的整体设计,它是人们在看到、听到某一品牌后所产生的印象,是消费者通过对品牌感觉、认知和理解,在脑海中储存的品牌的信息,从而使之在目标消费者的心中占据一个独特的有价值的地位。如孔府家酒定位为"叫人想家的酒",那么它在消费者心目中就留一个"顾家的、爱家的、保守的"品牌形象。

5. 品牌定位有利于塑造品牌的个性

品牌定位不但有利于满足消费者提出的个性化的需求,而且也有利于塑造品牌的个性。品牌和人一样都有个性,品牌个性的形成与其定位是息息相关的,也可以说品牌定位是品牌有个性的前提和条件。品牌定位不同所体现的个性也不相同,如万宝路香烟开始定位是女性香烟,它所体现的品牌个性是"前卫的、时尚的、有女人味的",而后来它又定位为男性香烟,所体现出的个性是"男子气概的、粗野的、强壮豪放的",与前者截然不同。

6. 品牌定位有助于与消费者进行沟通

品牌的定位说得通俗一点就是企业要弄明白"我是谁、我该怎么做、我做什么"的过程。要想与消费者进行沟通,取得消费者的认可,首先要告诉消费者"我是谁、我能为你做什么",即品牌定位。只有说清楚"你是谁",消费者才能根据自己的情况,看看是不是需要"你",要不要接触"你",了解"你"。例如佳洁士告诉消费者"它是防蛀牙专家",又通过做试验的广告画面传播和证明自己能做什么,从而达到与消费者有效沟通的目的。

7. 品牌定位有利于品牌的整合传播

企业不仅要进行品牌定位,还必须进行有效的传播。所谓品牌传播,就是通过广告、公关等手段将企业设计的品牌形象传递给消费者,以此获得消费者的认同和认知,并在消费者心目中确立一个企业刻意营造的形象的过程。品牌定位与品牌传播在时间上存在先后的问题,正是这种先后次序决定了二者之间相互依赖、相互制约的关系。品牌定位必须通过品牌传播才能实现定位的目的,即在消费者心中占据一个独特的有价值的位置。如果不能及时准确地将企业设计的品牌形象传递给消费者并求得认同的话,那么该定位就是无效的。在当今竞争如此激烈的市场中,唯有整合传播才能使定位真正有效,相反,如果定位不准,再好的传播也很难达到预期的效果。传播要依赖于品牌的定位,也是为定位服务的。没有品牌定位,传播就会缺少针对性、系统性和一致性,就会在消费者心目中留下不统一或不好的品牌形象。

8. 品牌定位有利于企业占领市场和开发市场

一个品牌的成功定位,对企业占领市场、拓展市场具有很大的引导作用。品牌定位已远远超出了产品本身,产品只是承载品牌定位的物质载体,人们使用某种产品在很大程度上是体验品牌定位所表达的情感诉求。万宝路香烟最初问世时,将女性烟民作为目标市场,而女性烟民群体不稳定,且重复消费低,致使万宝路从问世以来一直默默无闻。在这种情况下,万宝路改变品牌形象,将目标市场重新定位为男性烟民。在品牌塑造中以铁铮铮的男子汉作为品牌形象的代言。这一品牌定位改变过去女性十足的品牌形象。新品牌形象一问世,就受到男性烟民的青睐,给万宝路带来巨大财富。由于品牌诉求发生变化就带来截然相反的市场反应,因此可以说品牌定位准确与否将直接影响市场开拓情况。

四、品牌定位的误区

给一个品牌进行准确定位,使之具有一定的竞争力,并不是一件容易的事情,很多企业在进行品牌定位时常常会步入一些误区。目前,市场上品牌定位存在着以下常见的误区。

1. 定位不足

品牌定位关键是抓住消费者的心。如何做到这一点呢?首先是必须带给消费者以实际的利益,满足他们某种切实的需要。但做到这一点并不意味着该品牌就能受到青睐,因为市场上还有许许多多企业在生产同样的产品,也能给顾客带来同样的利益。现在的市场已经找不到可以独步天下的产品,每种类型、每一品种、每一个很小的市场区域,都有众多的产品在涌入。企业品牌要脱颖而出,还必须尽力塑造差异,只有与众不同的特点才容易吸引人的注意力。

可是,纵观我国企业的广告宣传,很难让人了解其品牌之间的差异。如"长城电扇,电扇长城"、"永远的绿色,永远的秦池"、"活力 28,沙市日化"、"维维豆奶,欢乐开怀",众多 VCD 品牌全部诉说"超强纠错、数码科技、全面兼容",国产洗衣粉品牌都在笼统强调去污力强,等等。在强大的广告攻势下,虽然消费者能记住其品牌名称,但不能分辨它们之间的区别,于是,在同一产品有多种品牌可供选择的情况下,如洗衣粉的活力 28、高富力、立白、熊猫、白猫、奥妙、莹莹等,消费者便无所适从。

其实,企业品牌要想取得强有力的市场地位,它应该具有一个或几个特征,看上去好像是市场上"唯一"的。这种差异可以表现在许多方面,如质量、价格、技术、包装、售后服务等,甚至还可以是脱离产品本身的某种想象出来的概念。许多国内品牌

 企业品牌与文化

恰恰忽视了这一点。洗发液市场就是最好的例子,在宝洁出现以前,国产洗发液引领风骚,但宝洁打出海飞丝的去头屑、飘柔的柔顺、潘婷的营养滋润、沙宣的富有弹性,便一下占去了国内洗发市场的大半江山,还有洗衣粉市场、牙膏市场、奶粉市场等,国产品牌不是输在产品质量上,而是输在品牌定位上。

2. 过分定位

一些品牌在定位过程中,总希望将品牌的所有好处都告诉消费者,似乎不如此便无法打动消费者。一些异想天开的经营者,喜欢吹嘘自己的产品无所不能,就像百宝箱,消费者需要什么都可以从中找到,认为这样的产品才是最受欢迎的。且不论这种产品有没有存在的可能,单就品牌产品功能的"多而全",就已不能适应现代消费"少而精"的趋势。

海尔集团曾经推出一种新产品——"采力"药品,在传媒上大做宣传,其广告宣称:新产品能治人们的信力不足、疲惫不堪,能治头晕、全身乏力,能治胸闷气短、感冒等,特别是该产品既能治乏困打瞌睡,又能治失眠,甚至"全身没有一点好地方"的老太太吃了它也有疗效,该产品成了包医百病的"万能药"。这种全功能的定位其市场效果可想而知。

其实,一个品牌要让消费者接受,完全不必把它塑造成全能形象,只要有一方面胜出就已具有优势,国外许多知名品牌往往也只靠某一方面的优势而成为名牌。例如:在手机市场上,摩托罗拉和诺基亚都是拥有高知名度的品牌,但它们强调的品牌利益点不同,摩托罗拉宣传的是"小、薄、轻"的特点,而诺基亚则展示它的"无辐射"特点;在汽车市场上,沃尔沃强调它的"安全与耐用",菲亚特诉说"精力充沛",奔驰宣称"高贵、王者、显赫、至尊",绅宝则说"飞行科技",宝马却津津乐道它的"驾驶乐趣"。这些品牌都拥有了自己的一方"沃土",并不断成长。因此,每一个品牌必须挖掘消费者感兴趣的某一点,而一旦消费者产生这一方面的需求,就会立即想到它。如当人们手割破了,第一个就会想到邦迪;以前人们出外旅游摄影,第一个想到柯达胶卷。类似的例子还有很多,即使某品牌优势很多,精明的商家在宣传时也往往集中在某一方面,而不是全面出击。而且,品牌的个性越突出,给消费者留下的印象越深刻,也越容易在他们心中占有一席之地。就像用一支矛去刺一个目标,穿透力的强弱只看最锋利、最突出的那一点。

 案例分析2-3

"王老吉"的成功之路

凉茶是广东、广西两地的一种由中草药熬制的,具有清热去湿等功效的"药茶"。在众多老字号凉茶中,又以"王老吉"最为闻名。"王老吉"凉茶最早出现于清道光年间,至今已经有170多年的历史,被公认为"凉茶始祖",有"药茶王"之称。

在2002年以前，从表面上来看，"红罐王老吉"是一个很不错的品牌，在广东、浙南地区销量非常稳定，赢利状况良好，有着比较固定的消费人群，其销售业绩连续几年维持在1亿多元。发展到这个规模后，加多宝的管理层却发现，要把企业做大，要走向全国，就必须克服一连串的困难，甚至原本的一些优势也成为困扰企业继续成长的障碍。而所有困扰中，最核心的问题是企业不得不面临一个现实难题："红罐王老吉"是当"凉茶"卖，还是当"饮料"卖？

2002年底，加多宝找到了一家营销顾问公司。这家营销顾问公司通过对目标消费人群进行深入调查和研究，为"红罐王老吉"找到了一个差异化定位，那就是让"红罐王老吉"在消费者的心智中占据"预防上火的饮料"这一品牌定位。

从2003年开始，"红罐王老吉"进入了一个快速发展阶段。2003年，"红罐王老吉"的销售业绩比2002年同期增长了近4倍，由2002年的1亿多元猛增至6亿多元，并以迅雷不及掩耳之势冲出广东。2004年，尽管企业不断扩大产能，但仍供不应求，订单如雪片般纷至沓来，全年销量突破10亿元。随后，"红罐王老吉"仍然保持高速增长，2007年"红罐王老吉"的销售业绩更超过了所有其他的罐装饮料，并成为"中国饮料第一罐"。特别是由于在国内市场，"红罐王老吉"在罐装饮料上居然超越了世界第一品牌"可口可乐"，它的红遍全中国尤其具有象征意义。2008年，"红罐王老吉"的销售业绩突破了100亿元大关。

但是，在"红罐王老吉"凭借"预防上火的饮料"这一品牌定位获得成功之后，却出现了众多凉茶品牌千篇一律的跟风，它们成为"红罐王老吉"的追随者，从罐体颜色、容量到产品名称，都非常雷同。包括"三九"、"椰树"、"达利"等企业在内的众多品牌都进入凉茶行业，并不约而同地主攻"下火"这一概念。

然而，它们都没能提出一个在消费者心智中区别于"红罐王老吉"的品牌定位，至今为止，它们也没能撼动"红罐王老吉"的强势地位，反而出现了不同程度的亏损。真正的品牌定位是找到在消费者心智中区别于竞争对手的定位，而不是盲目跟风。

【总结】

"王老吉"在推广的过程中进行差异化定位，将"红罐王老吉"定位为"预防上火的饮料"，从而使"王老吉"成为大江南北、老少妇孺都能接受的饮料。但是，看到"王老吉"的成功，其他品牌的凉茶盲目跟风，忽略了自身的产品特征，让消费者难以认同。

第三节　企业的品牌策略

企业的品牌策略包括品牌定位策略、品牌推广策略、品牌维护策略、品牌架构规划策略等几个组成部分。企业在实施品牌策略时必须正确理解几者之间的关系，分

清轻重缓急,有序推进。

一、品牌定位策略

(一)情感定位

情感是维系品牌忠诚度的纽带,它能激起消费者的联想和共鸣。情感定位就是利用品牌带给消费者的情感体验而进行定位。海尔把"真诚到永远"作为激发顾客情感的触点,博得顾客青睐;纳爱斯雕牌洗衣粉"……妈妈,我能帮您干活啦"的真情流露引发消费者的内心感触,更加深入人心。百事可乐发展出了以"It's Pepsi, for those who think young"(百事,为心态年轻的人而存在)为主题的广告宣传活动,激发人们的青春活力,使它拥有越来越多的消费者。哪个人不愿意保持一颗年轻的心呢?这是人类永恒的追求。伊莱克斯进入中国市场时就提出:"冰箱的噪音您要忍受的不是一天、两天,而是十年、十五年",伊莱克斯"好得让您一生都能相依相靠,静得让您日日夜夜察觉不到"。这种极富亲情色彩的语言,除了使中国消费者感受到温馨和真诚外,品牌形象也随之得到了认可——"静音"就是伊莱克斯的个性和风格。

有效的品牌建设需要与根深蒂固的人类情感建立恰当而稳固的联系。杰出的品牌都知道必须尊重顾客的物质与情感需求。然而,同巨大顾客群建立的情感纽带并不是万无一失的。正如美国品牌专家斯科特·贝德伯里所说:"消极的情感反应后果严重,即便是只有一小部分顾客有这种反应,也可能产生强烈的影响。由于媒体对大公司越来越多的评判,微小的错误都可能成为公司的灾难之源,花费数年心血建立的品牌信任纽带会在一瞬间断裂。要使纽带建立在更深的基础上,就要给予顾客以尊重。要永远记住,爱与恨之间往往只有咫尺之遥。"

(二)自我表现定位

自我表现定位是通过勾画独特的品牌形象,宣扬独特的品牌个性,使品牌成为消费者表达个人价值与审美情趣的载体。贝克啤酒的自我定位是"喝贝克,听自己的",美特斯邦威"不走平常路",都属这一类。酷儿果汁的代言人——大头娃娃,右手叉腰,左手拿着果汁饮料,陶醉地说着"Qoo……",这个有点笨手笨脚,却又不易气馁的酷儿形象正好符合儿童"快乐、喜好助人但又爱模仿大人"的心理,小朋友看到酷儿就像看到了自己,因而酷儿博得了小朋友的喜爱。柒牌西服的"让女人心动的男人"的广告语对男人充满了诱惑。这些品牌也都是以符合消费者自我表现的心理而成为强势品牌的。

(三)文化定位

品牌的内涵是文化,具有良好文化底蕴的品牌具有独特的魅力,能给消费者带来精神上的满足和享受。文化定位就是突出品牌的文化内涵,以形成品牌的个性化差异。张裕红酒"传奇品质,百年张裕"的品牌定位,揭示了酒文化内涵,树立了独特的品牌形象,使一个拥有传奇品质的民族老字号企业屹然挺立;成功和正在走向成功的

"男士族群"大多数时候只是表面的辉煌,而正是在这群人身上折射出一种在人生漩涡里勇往直前、百折不挠、积极挑战人生的英雄气概,这就是七匹狼品牌形象的文化内涵之所在。经过多年的品牌文化整合,七匹狼已成为追求成就、勇于挑战,以 30～40 岁男士为主要目标消费群体的男士精品形象。这种个性鲜明的男性精神文化,使七匹狼取得了中国男性群体时尚消费生活的代言人地位。通过对男性精神的准确把握,七匹狼公司将服装、香烟、酒类、茶品等产业统合在"男性消费文化"下,并围绕这一品牌文化,对各类产品进行开发和定位:服装——自信、端庄,香烟——沉着、思索,酒类——潇洒、豪放,茶品——安静、遐想。这种将男性的主要性格特征全部融入品牌各类产品的现象,在我国企业中也十分罕见。

文化定位可以凸显品牌的文化价值,进而转化为品牌价值,把文化财富转化为差异化的竞争优势,使产品在激烈的市场竞争中保持强大的生命力。品牌文化一旦与消费者内心认同的文化和价值产生共鸣,它所释放的能量就非常可观,它最终将转化为品牌巨大的附加值以及由此带给企业的滚滚利润。

(四) 比附定位

比附定位是以行业领导品牌为参照物,依附强势品牌进行定位,通过品牌关联提升自身品牌的价值与知名度。比如说七喜,它发现美国的消费者在消费饮料时,三罐中有两罐是可乐,于是它说自己是"非可乐"。当人们想喝饮料的时候,首先会想到可乐,但若要"非可乐",那就是七喜了。国内的金蝶软件曾经通过"北用友,南金蝶"的公关宣传,借用友之势迅速获得发展,也是采用这种方法。

(五) 功能定位

功能定位的实质是突出产品的效用,一般表现在突出产品的特别功效与良好品质上。产品功能是整体产品的核心部分,事实上,产品之所以被消费者接受,主要是因为它具有一定的功能,能给消费者带来某种利益,满足消费者某些方面的需求。如果产品具有与众不同的功能,那么该产品品牌即具有明显的差异优势。例如:本田节油,沃尔沃安全,宝马操作有优越性;飘柔使头发光滑柔顺,潘停能为头发提供营养,海飞丝去屑出众;来自泰国的红牛(Red Bull)饮料提出"累了困了喝红牛",强调其功能是迅速补充能量,消除疲劳。

二、品牌推广策略

所谓品牌推广,是指企业塑造自身及产品品牌形象,使广大消费者广泛认同的系列活动和过程。品牌推广有两个重要任务:一是树立良好的企业形象和产品形象,提高品牌知名度、美誉度和特色度;二是最终要将有相应品牌名称的产品销售出去。比较常用的方式有广告宣传、公共关系、销售促进传播、人际传播等。

(一) 广告传播

广告作为一种主要的品牌传播手段,是指品牌所有者以付费方式,委托广告经营

部门通过传播媒介,以策划为主体,创意为中心,对目标受众所进行的以品牌名称、品牌标志、品牌定位、品牌个性等为主要内容的宣传活动。对品牌而言,广告是最重要的传播方式,人们了解一个品牌,绝大多数信息是通过广告获得的,广告是提高品牌知名度、信任度、忠诚度,塑造品牌形象和个性的强有力的工具。

(二) 公共关系

公共关系是企业形象、品牌、文化、技术等传播的一种有效解决方案,包含投资者关系、员工传播、事件管理以及其他非付费传播等内容。作为品牌传播的一种手段,公共关系能利用第三方的认证,为品牌提供有利信息,从而教育和引导消费者。

公共关系可为企业解决以下问题:一是塑造品牌知名度,巧妙运用新闻点,塑造组织的形象和知名度;二是树立美誉度和信任感,帮助企业在公众心目中取得心理上的认同,这点是其他传播方式无法做到的;三是通过体验营销的方式,让难以衡量的公关效果具体化,普及一种消费文化或推行一种购买思想哲学;四是提升品牌的"赢"销力,促进品牌资产与社会责任增值;五是通过危机公关或标准营销,化解组织和营销压力。

(三) 销售促进传播

销售促进传播是指通过鼓励对产品和服务进行尝试或促进销售等活动而进行品牌传播的一种方式,其主要工具有赠券、赠品、抽奖等。尽管销售促进传播有着很长的历史,但是长期以来,它并没有被人们所重视,直到近 20 年,许多品牌才大量采用这种手段进行品牌传播。

销售促进传播主要用来吸引品牌转换者,它在短期内能产生较好的销售反应,但很少有长久的效益和好处,尤其对品牌形象而言,大量使用销售推广会降低品牌忠诚度,增加顾客对价格的敏感度,淡化品牌的质量概念,促使企业偏重短期行为和效益。不过对小品牌来说,销售促进传播会带来很大好处,因为它负担不起与市场领导者相匹配的大笔广告费,通过销售方面的刺激,可以吸引消费者使用该品牌,促进企业的快速发展。

(四) 人际传播

人际传播是人与人之间直接沟通,主要是通过企业人员的讲解咨询、示范操作、服务等,使公众了解和认识企业,并形成对企业的印象和评价。这种评价将直接影响企业形象。

人际传播是形成品牌美誉度的重要途径,在品牌传播的方式中,人际传播最易为消费者接受。不过,人际传播要想取得一个好的效果,就必须提高人员的素质,只有这样才能发挥其积极作用。

三、品牌维护策略

品牌维护,是指企业针对外部环境的变化给品牌带来的影响所进行的维护品牌形象、保持品牌的市场地位和品牌价值的一系列活动的统称,主要包括危机管理和法律保护两个方面的内容。

（一）危机管理

在企业树立品牌以后的经营过程中,品牌只有承受住市场的考验才算成功。而这种考验,很重要的一个方面就是突如其来的危机,对这些危机的公关便成为企业和品牌能否维持继续下去的关键。品牌危机可能来自很多方面,比如品牌的产品或服务的质量,企业内部的管理,竞争对手的攻击,市场的变化,政府政策的调整等。甚至一些偶然事件也会引发品牌危机,如媒体偶然的报道,企业管理人员或销售人员的口误等。面对这些潜在的危机,企业要做的就是树立忧患意识,建立起危机预警机制,防患于未然。比如大型企业通常设置专门的危机管理或公关部门,以便在发生危机时能够及时控制和解决。

（二）法律保护

法律保护是品牌保护策略中的一个主要手段。不论是国内还是国外法律对此都有许多明确规定。此方面的具体保护措施有以下几条。第一,及时注册,企业应在产品投放市场前就申请商标注册,否则难免为他人做"嫁衣"。第二,防御性注册,即注册与使用相似的一系列商标,保护正在使用的商标,以备后用。第三,及时续展。第四,防伪,企业应利用高科技水平,采用不易仿制的防伪标志,并主动向社会和消费者介绍辨认真假商标标志的知识。第五,打假,生产名牌产品的企业,对于制假、贩假者,决不能心慈手软,应坚定地投入到打假工作中去。

企业的品牌策略是一项系统工程,企业的品牌策略包括但不仅限于以上陈述的内容,还包括产品的生产过程控制、质量体系的建立和认证、企业采取各种方法与主要的消费群体或有影响力的消费者建立战略合作等多个方面。在建立一个有影响力的品牌的过程中,企业的经营者和企业员工都要为了共同的目标作出不懈的努力。

四、品牌架构规划策略

一个企业实现多品牌战略后,就形成了一个品牌家族。品牌架构是指品牌家族中的企业品牌(母品牌)与产品品牌(子品牌)、各产品品牌之间的关系的总和。科学地规划品牌架构,梳理好母品牌与子品牌、各产品品牌之间的关系,使它们相得益彰、相互提升,形成整合力。这样能节省很多成本,达到整个品牌家族的效益最大化。

母品牌与子品牌的关系可以分为以下三类:双品牌战略、担保品牌战略、隐身品牌战略。如何选择三种战略中的一种对品牌家族的整体收益会产生巨大的影响。有不少企业因为没有科学规划母品牌与子品牌的关系而招致很大损失。比如,威力视(Varilux)是具有革命性进步技术的眼镜镜片,是欧洲不少国家远视患者的首选品牌。但威力视的生产商艾斯乐(Essilor)尽管是全球最大的隐形眼镜的生产厂却默默无名,所以,艾斯乐无法以担保品牌的形式去支持旗下的独立品牌的销售。而各独立

品牌又不是大品牌,无法与精工、尼康等大品牌抗衡。艾斯乐错在没有通过产品品牌的成功去带动企业品牌的成长。而雀巢在规划品牌架构时显得驾轻就熟,不仅雀巢成为咖啡、牛奶、柠檬茶等产品的独立品牌,而且在奇巧巧克力威化、宝路薄荷糖、美禄高能饮料中以双品牌出现,众多产品在市场上的成功表现与大量广告投放都在不断地把雀巢培育成高威望的品牌。雀巢凭借"食品饮料业的王者、营养专家、温馨"等品牌识别而具有了带动众多食品饮料的销售的能力。

再如,大众汽车在辉腾上该隐身而未隐身给品牌带来很大的伤害,使巨额研发费用和市场推广费用付之东流。随着近年来低端市场被蜂拥而至的日韩品牌占领(丰田、本田、现代、起亚等),大众决定在高档车领域开疆拓土,生产更贵且更多利润的豪华车。于是,在2003年11月推出辉腾。辉腾的原意是"耀眼"、"光芒四射"。大众汽车以此来命名其新款豪华轿车,同时也赋予了它生命与力量。即使与同级别的宝马7系、奔驰S级相比,辉腾所提供的装置也属顶级。卓尔不凡的设计,顶级的性能表现及所有深入细节的至臻完美,让辉腾的豪华气质展露无遗。然而就是这一被称为"华美之车"的经典之作,大众却宣布将其撤出美国市场。自推出以来,辉腾两年来仅售出3715部,市场表现平平,令原来寄予厚望的管理层倍感失望。辉腾的失败有很大的原因就是大众没有隐身,反倒错误地把大众和辉腾紧密地联系在一起,车身在前脸和后盖箱上都安有大众的"VW"标志,广告宣传也非常不明智地出现了大众的Logo。大众的中低档形象和辉腾的顶级车形象格格不入,有哪个人花这么大的一笔钱买了辉腾后,愿意让别人看到车头的Logo和捷达、帕萨特是一样的呢?而丰田、福特都对旗下的高档次和个性化的车采用隐身品牌战略,丰田的豪华车品牌雷克萨斯就故意不让消费者知道雷克萨斯是由丰田出品的,因为美国人心目中觉得丰田是生产低档、省油车的,福特收购了沃尔沃和JUGAR,都极力避免母品牌和子品牌产生联系。

除母品牌外,兄弟品牌之间的关系处理不是拉郎配,更不是把不同品牌捆在一起同时出现在广告与包装上就能产生整合力。比如,有许多时候,同门的兄弟品牌就压根不适合放在一起,如让消费者知道"时尚、新潮、低价"的斯沃琪与象征"名人之选"的欧米茄为同一家公司的手表品牌,反倒降低欧米茄的身份。

 案例分析 2-4

哈利·波特持续走红的商业智慧

随着《哈利·波特与死亡圣器》下集的上映,新一波魔法浪潮就在那个炽热的夏天掀起了。这已经是哈利·波特系列电影登陆大银幕的第10个年头了,男主人公从当年戴眼镜的圆脸少年变成如今的成年人,这一系列电影也即将画上句号,但哈利·波特迷们的热情不但没有在时间的长河里湮灭,反而以不可阻挡的态势持续风靡全球。这不能不说是一个奇迹。

第二章 企业品牌文化

哈利·波特系列作品所承载的,绝非美妙的魔法故事这么简单,它甚至不仅是一件文化产品,一个商业符号,而是演变成了一种现象、一种经济概念。在这条价值链上,人们对这个魔法世界的每一分关注,都经商业机器变成了真金白银,也让小说作者J.K.罗琳从籍籍无名的失业单亲妈妈,变成如今坐拥10亿美元资产、影响力超过英国女王的魔法妈妈。

作家的生财之道就是有偿转让作品版权和改编权,罗琳也不例外。不过,除了运气好之外,她在商业上的智慧也令人刮目相看。虽然只是一个内容"制造"商,但她能很好地管理相关利益方,并对"哈利·波特"这个品牌保持着隐形的控制。

从哈利·波特小说第一部走红之后,罗琳就严格把握着一种不紧不慢的节奏,以每年一部的速度推出作品,让哈利·波特与读者一起成长。每年一部新版本的推出,就是对目标客户的纵向锁定。

显然,这种锁定非常成功。几年下来,哈利·波特与读者建立了某种微妙的心理联系,这个并不存在的魔法男孩好像成为他们的朋友,与他们同步长大。他们形成了阅读习惯,以至于哈利·波特终结篇出版时,美国一些迫不及待的中学生在书店门口排队11天,以求最早一睹小魔法师的"新动态"。哈利·波特系列电影也坚持启用同一批演员出演,他们的外貌从青涩可爱,逐渐走向成熟稳重,这种岁月流逝带来的"生命不可承受之轻"的感觉,让观众心有戚戚,更加固了与哈利·波特的"情感联系"。

曾有专家指出,如果说哈利·波特系列小说是一粒尘埃的话,那么时代华纳公司这部开足马力运转的美国经济机器就是贝壳,最终制造了"哈利·波特现象"这颗珍珠。诚然,时代华纳在哈利·波特品牌全球推广上功不可没,但罗琳对时代华纳公司的约束作用同样不容小视。外界普遍感慨,罗琳早年以区区50万美元的价格,把哈利·波特电影版权、商业化权和专利使用权卖给时代华纳公司,这未免过于贱卖了,然而他们忽视了合同保护罗琳对哈利·波特产品开发持有的约束权。而时代华纳的市场推手让罗琳本人的声名水涨船高,同时也加强了她对哈利·波特品牌的隐形约束力,这使她与时代华纳形成一种休戚与共的合作关系。因此,罗琳是否认可哈利·波特电影和系列产品,决定了其是否"正宗"、是否畅销。

罗琳参与了哈利·波特电影选角、取景的全过程,要求时代华纳公司必须启用英国本土演员出演主要角色,她对哈利·波特剧组的肯定,与主演们的亲密合影也频频见诸报端。这种密切参与,其实正是该电影能持续走红的重要因素之一。同样,作家李碧华在电影《霸王别姬》的演员选择权上压倒了导演陈凯歌,避免了这部电影的失败。

不仅如此,对时代华纳公司授权的哈利·波特主题公园项目,罗琳也十分关注,全程参与了公园的设计及发展工程,更亲自出席公园的开业仪式。此外,在她的建议下,时代华纳公司一改此前疯狂发行电影衍生产品的习惯,在哈利·波特系

列产品的授权上格外谨慎，仅发出75个商品销售特许证。要知道，该公司对仅有6部的《蝙蝠侠》系列电影发出了超过200张特许证。

哈利·波特系列电影即将画上句号，罗琳迄今为止也没有表现出续写这个系列小说的意思，但就在欧美地区《哈利·波特与死亡圣器》下集刚刚上映之际，一直强调厌恶电子阅读的罗琳宣布，推出一个名为Pottermore（更多波特）的互动网站，并与Google公司合作，基于云端存储，发行哈利·波特系列小说的电子版和有声读物。网站的页面相当简洁，左右两边矗立着"猫头鹰信使"，中间写着"敬请期待"。点击之后，页面会转向YouTube倒计时视频。此举让人浮想联翩，有人认为这是罗琳撰写新书的计划，有人认为她将发布一款具有魔幻色彩的大型网络游戏。据悉，网站的测试版于7月31日，也就是哈利·波特生日的当天，对100万名首先注册的用户开放。

时代华纳公司以"一切都将结束"作为哈利·波特系列电影终结篇的宣传语，但罗琳的魔法事业显然并未终结。品牌咨询公司Landor Associates指出，就算没有新的哈利·波特系列小说和电影来伸展情节，就算哈利·波特作为一个品牌会过时，也不会在1年到3年之内，而是5年到10年之后。种种的迹象显示，罗琳和时代华纳都不会让哈利·波特系列就这样被时间淘汰，成为过期品牌。

【总结】

通常来讲，大多数品牌只是针对某个年龄段的人群，品牌一成不变，但客户总是进进出出，这种品牌熏陶出来的顾客，他们的下一个品牌消费领域在哪里呢？要解决这个难题，企业应当考虑创造另外一种品牌，一种与消费者一道成长的品牌，就像哈利·波特的读者和哈利·波特一道成长一样。该营销方式始终瞄准具有共同特点的某个顾客群打造品牌，随着顾客的成长，品牌也随着一起成长。《哈利·波特》中的哈利·波特一年一年地长大，小说的读者也在一年年地长大，多数读者不仅没有疏远主人公，而且影响着周围的人，使得哈利·波特迷越来越多。

第四节　企业品牌文化

一、企业品牌文化

品牌文化是人文特质在品牌中积淀、传达某种生活形态，赋予产品以生命力的无形资产，是品牌的核心和灵魂。它蕴涵着品牌的价值理念、品位情趣、情感抒发等精神元素，是植入心灵、触发消费的有效载体，且贯穿产品开发、营销推广、终端销售等各大环节。文化作为品牌的灵魂，是品牌生命力的核心。在市场竞争日趋白热化的今天，产品日益同质化，企业越来越难以在产品的价格、质量、渠道等方面制造差异，品牌文化正好赋予品牌独特的内涵和个性，增进消费者对品牌的好感度和美好联想，形成自身竞争优势。

品牌文化的价值在于,它把产品从冰冷的物质世界带到了一个丰富多彩的精神世界。在消费者心中,选用某一品牌不仅是满足产品物质使用的需求,更希望借此体现自己的价值观、身份、品味、情趣等。可以说,未来企业的竞争是品牌的竞争,更是品牌文化的竞争,培育具有品牌个性和内涵的品牌文化是保持品牌经久不衰的秘籍。

(一) 品牌文化的内涵特征

"品牌的冰山"在1997年由戴维森提出,对品牌和文化的关系做了形象的解释。戴维森将品牌的价值形容成一座冰山,冰山的15%是浮在水面之上的,这部分被认为是品牌的标志、符号;另外诸如品牌的价值观、智慧和文化是水的下面,而这部分却占了冰山的85%。黛安·克里斯皮尔提出理性、情感和文化价值观是左右消费者进行品牌选择的3个关键因素,直至影响消费者品牌忠诚度。美国兰德公司曾花20年时间跟踪了500家世界大公司,发现其中百年不衰的企业有一个共同的特点,就是他们始终坚持四种价值观:

一是人的价值高于物的价值;

二是共同价值高于个人价值;

三是社会价值高于利润价值;

四是用户价值高于生产价值。

由此可见,一个没有文化内涵的品牌是没有支撑力的,一个没有文化内涵的品牌也是缺失了凝聚力的。

品牌文化的内涵特征主要表现在以下三个方面。

1. 品牌附着特定的经济文化

从法律意义上讲,品牌是一种商标,强调其注册情况、所有权、使用权、转让权等权属情况;从市场意义上讲,品牌是一种牌子,它代表商品的价值,即这种商品的品质、性能、满足效用的程度,以及品牌本身所代表的市场定位、文化内涵、消费者对品牌的认识程度等;从心理方面讲,品牌是一种口碑、一种品位、一种格调,它的知名度和美誉度能够给人以好感,使人得到心理的满足;从情感方面讲,品牌又集中了消费者与产品有关的全部体验。奥格威曾对品牌的内涵作过深刻描述:"品牌是一种错综复杂的象征,它是品牌属性、名称、价格、历史声誉、广告方式的无形总和。品牌同时也因消费者对其使用的印象,以及自身的经验而有所界定。"

品牌是经济发展的产物,蕴涵着丰富的经济文化。具有让社会公众和消费者认同的品牌可以为企业创造极高的附加值,为企业带来源源不断的物质财富。因为品牌不同,消费者的心理感受和个性体验也不同,品牌对他们的意义远远大于产品本身。消费者愿意支付更多的钱购买有品牌的产品和服务——商品因品牌而升值。

一块普通的手表只要十几元、上百元,而一块劳力士或雷达表的价格可以高达几万元、十几万元。这上百倍的价格差仅仅是产品造成的吗?当然不是,这是品牌造成

 企业品牌与文化

的。在产品力时代,能有一块表就是荣耀。在品牌力时代,仅仅产品优秀还不够,价值千金万金的名表成了许多人的渴望与追求,劳力士和雷达表正是他们展示身份、地位、优越感、成功感和自我价值的绝佳道具。

因而,所有有远见卓识的品牌都在密切注视和深入研究消费者的心理变化与时尚潮流,让品牌融入更多的文化因子,以满足消费者的心理需求,从而带动物质消费。麦当劳说:"我们不是餐饮业,我们是娱乐业。"它卖给消费者的,既是优秀的快餐食品,也是清洁、卫生、快捷、标准化所构成的餐饮文化体验。菲利普·莫里斯公司所推出的,也不仅是某种成分和比例的烟草,更是"奔驰千里,野外一宿"的不羁的万宝路精神。这些企业都借助于各种推广宣传手段赋予品牌以极深的文化内涵。正如法国的香水店所说的,"我们不卖香水,我们卖的是文化",从而激起消费者的情感共鸣和消费欲望。

2. 品牌中蕴涵着民族精神

品牌总是植根于历史土壤,吸收着民族文化的养分,带着民族精神的基因。这也是形成品牌差异性的重要原因,因为不同国家有不同的文化传统和民族精神。

20世纪70年代,日本商品如潮水一般涌入欧美市场,巨大的冲击力和严重的贸易逆差引起美国企业的恐慌。通过对日本企业的详细考察,美国人发现,除了日本货的物美价廉,日本企业成功的秘诀在于其独特的文化:进取向上,要成为世界一流企业的精神;发奋图强,要占领世界市场的雄心;工艺技术精益求精,质量上达到100%的完美无缺;很高的美学鉴赏力。诺贝尔物理学奖获得者杨振宁博士曾说过:"日本企业的产品上有一种具有很高价值的精神结构,一种美学或鉴赏力。这种价值观,是日本产品获得成功、创造经济奇迹的奥秘。"

耐克品牌卓越的技术、一流的运动员、超越自我的个性及生产跑鞋的历史象征着美国精神。劳斯莱斯是一个品牌,也代表着一种汽车文化。因为劳斯莱斯的员工不是以创造冷冰冰的机器的观点进行工作,而是以严格的标准、严谨的程序,以人类高尚的道德情操和艺术家的热情去雕琢每一个零部件,通过他们的双手,每道工序制作出来的东西都是有血有肉的艺术极品。所以劳斯莱斯品牌的含义已经远远超越了产品本身,它代表了一种民族文化、民族精神和民族责任心。

3. 品牌中蕴涵着企业经营理念

企业经营理念是企业在长期的生产经营过程中形成的,是企业全体员工信奉的经营哲学、企业精神、价值观念、行为准则和审美理念的综合反映。品牌文化是企业经营理念在品牌中的体现,其内涵包括企业经营理念的方方面面。品牌文化的物质基础是产品,其精神力量是企业经营理念。

企业经营理念又是企业文化的核心要素,所有成功的企业都有清晰的经营理念和独具特色的企业文化。优秀的企业文化能够创造出更具人性和文化底蕴的产品,使品牌获得精神与物质的双重提升,从而更具活力和生命力。企业文化通过品牌将

视野扩展到广阔的市场领域,以对内增强凝聚力,对外增强竞争力,并将文化效应转化为市场效应和经济效益。因而品牌竞争更多地体现为品牌文化的竞争。品牌竞争是企业竞争的高级形式,而文化竞争又是品牌竞争的高级形式。只有取得文化优势的企业和品牌,才能拥有更多的消费者,赢得这场竞争的最后胜利。正如斯科特·贝德伯里所说:"如果一个公司缺少灵魂与核心,如果不能理解品牌的概念,如果同周围的世界脱节,那么想通过营销方式产生任何反响,希望都很渺茫,就好比是把口红涂到猪嘴上。"

企业打造品牌的过程,也是一个文化渗透的过程,消费者接受了品牌,也就接受了文化。海尔集团在品牌经营的实践中形成自己独特的经营理念和企业文化。竞争方面,海尔有"斜坡球体论"。它认为企业如同一个在斜坡上向上运动的球,它受到来自市场和内部员工惰性的双重压力,如果没有一个止动力,它就会下滑,这个止动力就是企业内部管理。以此理念为依据,海尔创造了"OEC管理法","O"表示全方位,"E"表示每人、每天、每事,"C"表示控制和管理,即全方位地对每人、每天、每事进行控制和清理,做到"日事日毕,日清日高"。质量方面,海尔产生了"有缺陷的产品就等于废品"的认识。服务方面,海尔认为"服务始于销售的开始",创立了海尔星级服务体系。这些管理措施都是创新之举,是海尔企业经营理念的核心组成部分,体现着海尔品牌文化的鲜明特征。

(二) 企业品牌文化的形成过程

品牌是企业文化的载体,文化既是凝结在品牌上的企业精华,又是渗透到品牌经营全过程、全方位的理念、意志和群体风格。企业文化通过产品、品牌将视野扩展到整个文化领域,对内增强凝聚力,对外增强竞争力。企业未来的竞争是品牌的竞争,更是品牌所代表的文化竞争。就个体产品而言,品牌文化经历了三个阶段。

1. 产品知名度阶段

这是指消费者想到某一种品牌时,脑海中能想起或辨识这种品牌的具体产品的阶段。品牌首先是一种产品,当品牌处于初创阶段的时候,它所代表的只能是某一种产品,当代表产品的品牌取得了一定的市场地位以后,就产生了品牌的延伸和扩展,形成品牌系列和品牌家族。海尔最初是以其冰箱而扬名,现在它已经将自己的产品范围扩展到"白色家电"和"黑色家电"以及电子产品等许多领域,但当人们看到或想起"海尔"的时候,脑子里首先想到的仍然是冰箱。

2. 价值知名度(美誉度)阶段

这是指消费者对某一品牌在品质上形成的良好的整体印象,这时品牌就意味着价值,这是品牌发展的第二个阶段。"没有人会因为购买了 IBM 的产品而感到愤怒。"这句话是对品牌价值的高度概括。品牌意味着价值是因为:首先品牌信誉意味着产品和服务的承诺,是企业自身形象的象征,提供了始终如一的、高质量的、可以与任何竞争对手媲美的产品或服务;其次,品牌能够创造竞争优势,巨大的市场份额、优势的竞争地位和强大的品牌亲和力能够使顾客放心，并容易作决定。当顾客反复购买某种品牌后，对于该品牌是什么质量，花了钱该得到什么价值，很快会形成一种感觉，这种感觉能够使顾客避免由于信息不对称所引起的风险。大多数人不喜欢冒险，他们对不了解的产品敬而远之，但是品牌给他们提供了安全感，减少了担心和害怕。因此，在这种情形下，消费者只能靠品牌的认知来购买产品。从企业的角度来看，由于信息不对称的存在，消费者无法获得该种商品的质量及其他方面的信息，他就会依据市场上所有该种商品的平均水平来做出购买决定，这样就会使生产劣质商品的生产者因其相对生产成本低而大获其利，而生产优质商品的生产者则因其相对生产成本较高而不堪亏损，最后被迫退出市场，形成经济学所说的"劣币驱逐良币"的现象。为了克服这种现象，优质商品的生产者就在其产品上标上自己选定的品牌，以与其他同种商品相区别，然后保持其一贯的生产质量，并通过各种渠道和方式宣传其产品是该种产品的优质产品的代表。长此以往，该商品品牌就会通过各种直接体验和间接信息在消费者头脑中产生消费认知，形成消费偏好，也就是在消费者中建立了品牌知名度和信誉度。在这个过程中，逐渐培育、形成了崇尚该品牌的品牌文化。

3. 文化知名度阶段

这时品牌就是一种文化，而且是一种富有内涵的文化，这是品牌运作的第三个阶段。此时，品牌脱离具体产品，成为品质和文化、物质和精神高度融合的产物，成为身份的标志、时尚的凝聚和企业无形的财富。"just do it"（想做就做）这句被耐克公司使用的广告语，在以个人主义为主流文化形态的美国社会，几乎成了人人皆知的口头禅。耐克的广告中"消防队员喊着它冲进熊熊大火，妇女们默诵着它毅然地离开了不在乎自己的丈夫"，这时"just do it"已经与事实上的耐克鞋或运动发生了分离，成为一种文化，成为人们的一种行为时尚。只有在这个时候，品牌自身才具备了无可比拟的生命力。

（三）品牌文化的功能

1. 塑造功能

通过品牌文化来强化品牌影响力，从而谋求更多的商业利润。之所以强调要塑造一种品牌文化，是因为消费者是社会人，具有复杂的个性特征，但由于同一经济、文化背景的影响，其价值取向、生活方式等又有一致性。这种文化上的一致性为塑造品牌文化提供了客观基础。

2. 满足功能

人除了追求物质之外，还有社会各方面的需求。品牌文化的建立，能让消费者在享用商品所带来的物质利益之外，还能有一种文化上的满足。在这种情况下市场细分的标准就是以文化为依据。

3. 培养功能

按消费者的忠诚度划分，一个市场可分为坚定型、不坚定型、转移型和多变型。

其中品牌坚定忠诚群对企业最有价值。最理想的是培养一个品牌的坚定忠诚者在买主中占很大比例的市场,但事实不能如此完美。由于市场竞争十分激烈,维护、壮大品牌的忠诚群体至关重要。在品牌树立、壮大过程中,在商品效用诉求的同时,也应该始终向目标消费者灌输一种与品牌联想相吻合的积极向上的生活理念,使消费者通过使用该品牌的产品,达到物质和精神两方面的满足。

4. 推动功能

品牌文化可以推动品牌经营长期发展,使品牌在市场竞争中获得持续的竞争力;也可以帮助品牌克服经营过程中的各种危机,使品牌经营健康发展。利用品牌文化提高品牌经营效果有一个时间上的积累过程,需要持之以恒建设品牌文化。品牌文化的导向功能也算是另一种推动功能,因为品牌文化规定着品牌经营的目标和追求,可以引导企业和消费者去主动适应更有发展前途的社会需求,从而导向胜利。

5. 协调功能

品牌文化的形成使员工有了明确的价值观和理想追求,对很多问题的认识趋于一致。这样可以增强他们之间的相互信任感,有利于交流和沟通,使企业内部的各项活动更加协调。同时,品牌文化还能够协调企业与社会,特别是与消费者的关系,使社会和企业和谐一致。企业可以通过品牌文化建设,尽可能地调整自己的经营策略,以适应公众的情绪,满足消费者不断变化的需求。

二、品牌文化的建构

品牌文化的形成是消费者、企业和产品三者之间商业整合和互动的结果。企业在市场中始终处于主导地位,是品牌文化建构的主体,品牌文化的建构就是企业超越产品本身,令产品区别于其他竞争品的文化赋予过程。品牌文化的建构主要涉及以下方面。

(一)品牌风格

风格是一种表达方式,一种富有特色的品质或形式。"风格"一词源于艺术,指的是不同作家或不同作品的艺术特点的综合表现。"风格"一词被应用于许多学科,从艺术、历史、文学到时装设计等。品牌作为一种文化,也表现为一种风格。一个品牌的形象总要给人一种印象,或是简约或是烦琐,或是刚健或是柔美,或是运动的或是静美的,使人们的感觉器官受到不同的方式的冲击。品牌风格包括由人们的视觉、听觉等感官所感觉到的自然物质属性,以及这些属性的组合规律及它们的综合表现。

品牌风格的构成要素有以下几个。

1. 色彩

品牌文化中充满了色彩,它主要被用于品牌的标志、产品的包装、企业的建筑物和广告宣传等。色彩是品牌风格的重要组成要素之一。当品牌具备很强的形象识别

能力时,提到某个品牌,消费者就能同时联想起它们的色彩。由于色彩掺入了人们的思想感情和各种生活经验,因而变得十分富有人情味,成为一定的象征。例如:红色与太阳和鲜血相联系,给人以温暖的感觉,代表着火焰、热血、喜悦、热情、激动、活力、积极,被认为是热情的象征,一般针对青年人的品牌常用红色,如可口可乐、法拉利跑车等;黄色让人联想到希望、快活、智慧、辉煌、权威,同时也是一种刺激的信号,麦当劳为能吸引人们的注意就用黄色作为其标志的主色。

2. 形状

品牌的形状主要用于产品、包装、广告设计和企业的建筑物等方面。对于品牌的形状,大多数消费者都能立即产生感觉和联想。因此,品牌的形状的重要性甚至会超过产品的性能。品牌形状能够引发消费者联想,尤其能使消费者产生有关品牌属性的联想,而且,品牌形状能够促使消费者产生喜爱的感觉。风格独特的品牌形状能够刺激消费者产生幻想,从而对品牌产生好的印象。例如米老鼠、快乐的绿巨人、康师傅方便面上的胖厨师以及骆驼牌香烟上的骆驼等。漂亮而又新颖的品牌形状能够引起消费者的兴趣,并使他们对其产生好感。而消费者倾向于把某种感情从一种事物上传递到与之相联系的另一种事物上。因而,品牌的形状对于品牌文化的建构具有相当重要的作用。

3. 声音

声音能增强品牌的感染力,因为声音是一种强大的感情和行为暗示。尽管视觉要素更加生动,但是很难变化,而声音很容易改变,它在本质上也是不断变化的。音乐有高有低,有快有慢,有喧闹也有悦耳。由于这种可变性,声音成为一种灵活、低成本的创建品牌文化的工具。声音主要是从三个方面来影响品牌的风格:一是产品本身所发出的声音,二是作为零售场地或其他场地的背景音乐,三是广告和其他传播中的声音。著名打火机品牌都彭(Dupont)被誉为"打火机中的劳斯莱斯",就非常注重打火机中的声音,专门配有一位调音师,负责将制作完毕的打火机,一个一个地打响,其标准就是:先是奔放的"叮"的一声,机盖打开了,接着是豪迈的"嚓"的一声,升起了猛烈而垂直的火焰,然后又是铿锵有力的"嗒"的一声,合上机盖。如果哪个打火机不够清脆悦耳,绝对不能出厂。这种对声音的应用,使都彭成为一种尊贵、奢华的象征。而在广告中,声音的运用也能起到较好的效果,如在坎贝尔公司的花园蔬菜和面食品牌的广告中,采用了各种新鲜蔬菜折断的"噼啪"声来表现其原料的新鲜程度,使人产生一种如临其境的感觉,从而增强了品牌的感染力。

(二)品牌主题

主题也来源于文学艺术,是指作品所表现的中心思想。品牌主题是品牌文化的意义层面,是指品牌的内容、含义和预期形象,它是品牌设计者所创造的文化符号和象征,用以表达品牌的特征。品牌主题主要包括名称、符号、叙述、广告语或歌曲、概念及它们的综合应用。

1. 名称

品牌名称是品牌的核心要素,是品牌文化的基础和最直接体现。一个好的名称能为品牌提供丰富的联想,让消费者能体会品牌中蕴涵的文化含义和价值。品牌名称作为品牌之魂,体现了品牌的个性、特性和特色。品牌大师艾·里斯和杰克·屈特指出:"在品牌定位时代,你要做的重要的营销决策之一便是为产品取个名称。"通常一个好的品牌名称应具备以下四个特征。

1)简洁

品牌名称要单纯、简洁明快,容易书写,容易记忆,过目以后印象深刻。这样才能和消费者进行信息交流,而且品牌名称越短,就越有可能引起顾客的遐想,使其含义更加丰富。如英语品牌的 BMW、SONY、BENZ 等,汉语品牌的海尔、长虹、春兰等。

2)响亮

响亮是指品牌名称的音节要响亮,读起来朗朗上口,听起来有震撼力。品牌的传播大多是靠媒体宣传和消费者的口耳相传。所以在给品牌命名时要注意品名的读音,尤其是那些无任何意义的创造性品牌,更要注重发音。

3)新颖独特

品牌的命名是一门高智慧、高价值的艺术。在现代社会同质化和过度信息严重的今天,注意力是第一稀缺的资源,品牌命名一定要新颖独特。品牌命名的最终目的是为了更有利于消费者的选择,使它们在同类产品中具有"万绿丛中一点红"的效果。如近年来兴起的网络新贵百度,其公司理念则是与辛弃疾的代表作"众里寻她千百度,蓦然回首,那人却在灯火阑珊处"的内涵不谋而合;"迅雷不及掩耳之势"的凶猛造就了下载功能强大的迅雷公司的成功。

4)寓意深刻

很多语词都有多义现象,会在信息传递过程中产生附加信息,引起人们的联想。一个美妙的品牌名称能使消费者对这个产品的特点、性能等产生同样美妙的联想。如美国的一种眼镜用"OIC"三个字母作为商标,英语的读音恰似"Oh! I see"(噢,我看见了),巧妙地将产品的作用和效果揭示了出来。

2. 符号

品牌符号主要指的是品牌标志,品牌标志是一种经过提炼和美化的图案造型与色彩组合的具体形象,用以表现品牌,也就是品牌的图形(见图 2-2、图 2-3)。这种图形是一种符号,能够准确地传达一种信息,尤其是传达带有各种感情色彩的信息。因此,通过品牌标志来传达主题至关重要。比如:著名照相机品牌美能达(MINOLTA)取品牌名称中的字母"O"来塑造摄影镜头的形状,扁圆形中饰以有光感的弧线,下方再配上挺拔、有机械制造感的拉丁字母,组成"MINOLTA"一词,整个标志体现出照相机这一高科技产品的性质和时代特点,放置在高性能的照相机上相得益彰,非常协调。

图2-2 美能达标志

图2-3 IBM标志

3. 叙述

叙述是就消费者与品牌之间存在的独特关系的一种生动陈述,是关于品牌存在理由最根本的阐述,它也是品牌文化的一部分。简单地说,就是要了解品牌的核心价值、定位、个性、主张,并对此做出形象具体的品牌叙述。这种叙述可以通过文字、图案、音乐或建筑物等来进行。星巴克(STARBUCKS)很好地运用了音乐来叙述主题,在咖啡吧播放经过精心挑选的音乐,同时出售其碟片和录音带,以便顾客可以将咖啡的气氛带回家里。品牌表现出不同的状态。当品牌要以动作和行动的方式进行表现时,动态的风格尤其重要,这在运动产品领域表现尤为明显。如耐克的标志看上去就是动态的,它的弯钩中带有像快速摄影一样的风的运动,体现了一种动感。而锐步在品牌标志中加上了两个旋动的形状,也体现了一种动态的风格。而一些科技品牌,如IBM则表现出相对静态的风格,三个大写的蓝字使人想到蓝天和海洋,使人产生崇高、沉静的感觉,体现出稳重、安全和高效的品牌特征。在产品设计中,运用最好的材料,质感好,给人以厚重、典雅而值得信赖的感觉。

4. 广告语或广告歌曲

广告语和广告歌曲对表达主题的作用是显著的。广告语是广告中令人记忆深刻、具有特殊位置、特别重要的一句话或一个短语,它是一件广告作品的灵魂,广告语往往出现在广告片的结尾,担负着画龙点睛的使命。如人头马广告语"人头马一开,好事自然来"、爱立信的"一切尽在掌握",飞利浦的"让我们做得更好",这些简洁明了的广告语,都能使人过目不忘,给人留下深刻的印象。而且广告语还要有感染力,引起人们思想感情的共鸣,如耐克的广告语"想做就做"(just do it)就强烈地暗示大家心动不如行动,给消费者一种心灵的震撼和心理的认同。

广告歌曲也是表达主题的一个很好的手段。因为音乐是人类的共同语言,歌曲是最能直抵人心的利器。采用流行音乐、流行歌曲作为广告,可以很容易掀起人们的感情波澜,传颂人口,风行一时。娃哈哈纯净水的广告歌曲"我的眼里只有你"朗朗上口,加之缠绵浪漫的歌词,使其在品牌的目标消费群即青少年中深受欢迎,其影响力经久不衰。

三、品牌文化建设

(一) 企业品牌文化建设的意义

1. 品牌文化建设是塑造知名品牌的关键

激烈的市场竞争迫使企业塑造知名品牌。企业重视品牌文化建设，营造高品位的文化，从而可以塑造知名品牌。白酒"古井贡"在1998年以对消费者负责的态度，高举"为白酒正名"的旗帜，提出"古井贡酒，净益寿"的文化营销概念，在广告中引述《本草纲目》上的"酒乃百药之长"，推广中国古老的"药食固源"的思想并倡导适量饮酒，补充人体所需能量，有益健康的饮酒之道。古井贡酒因此引起众多消费者和业界人士的普遍关注和赞赏。饮料巨头可口可乐公司创造的"神秘文化"，也是通过品牌文化塑造知名品牌的典范。神秘配方对产品本身来说并没有多大意义，但它为该品牌增加了一层神秘的面纱，让人们产生更多的好奇与向往。

2. 品牌文化建设是打造文化品牌的客观需要

文化是一种无形资产，如果运用得当，在企业创造品牌的过程中将起到不可替代的作用。中国传统文化博大精深、源远流长，我们在打造企业文化品牌上有着明显的先天优势。将传统文化渗透到企业的经营管理之中，就会形成企业独特的企业文化品牌。

2001年，"唐装"在APEC(亚太经济合作组织)会议亮相后立即掀起一股"唐装热"，丝绸与唐装成为杭州丝绸博览会的主题。上海服装集团一下子接到了海内外400余份"中国装"订单。受"唐装热"的启发，杭州大型丝绸印染企业喜得宝集团打出了"宋装"的文化品牌。他们参照南宋出土文物和南宋服饰资料后，复原了大袖、襦袖、乃服三个系列，24套南宋宫廷服装。不只是服装业，影视、体育、娱乐、旅游等文化内涵丰富的行业都可以从民族文化和世界文化中寻求发展的支持。由此可见，品牌文化的建设是打造文化品牌的客观需要。

3. 品牌文化建设可以提高品牌的竞争力

品牌的竞争力是指某一品牌开拓市场、占领市场的能力。品牌竞争力的决定因素一般认为是由价格、质量、服务和信誉等基本发展要素构成。但品牌的竞争力主要源于品牌的差异情况，而品牌文化的建设正好可以充分体现产品的差异性，表现出产品的高品位性。

品牌文化体现着一种文化、一种氛围，一个品牌所有者、使用者的精神追求和理念。比如诺基亚品牌，人们很容易想到它"科技以人为本"的文化、理念。又如，仕奇集团通过倡导深层次的社会高档消费服装的观念，在全国范围内开展了两年"穿仕奇西服，读经典之作"的跨世纪读书工程，"仕奇绿色事业行动"向广大参与春季植树的公众赠送绿色经典文库书籍等各种具有文化要素的营销活动。通过对仕奇品牌文化

的建设,提高了仕奇品牌的内在价值,使仕奇品牌更有市场吸引力和竞争力。

4. 品牌文化建设可以促进地方和民族文化的传播

品牌与民族文化、地方文化融为一体的时候,品牌销到哪里,这种文化便传播到哪里,就会有更多的人来了解它。"孔府家酒"可以说是孔子文化的一种沉淀,人们喝着它除了感受家庭的温暖外,更多的是使人们有更大的兴趣去深入了解儒家文化。一曲"浏阳河"将浏阳河酒推向大江南北,让人们无限向往浏阳河那清澈的河水,浏阳河酒纯净的品质。人们喝的是"文化酒",谈的是"酒文化"。又如前所述唐装远销海内外,不少外国友人来订"中国装"。可以说是中国悠久的古代文化吸引人们购买唐装,同时因为国外友人喜爱"中国装"而会进一步研究中国历史文化和五千年的文明。

(二)企业品牌文化建设的途径

1. 加强企业文化建设,塑造高品位的品牌文化

企业文化不同于品牌文化。企业文化是企业在经营活动中形成的企业精神、价值观念、经营理念、经营方针、行为准则、道德规范、管理制度以及企业形象等的总和。它是企业个性化的体现,是企业参与竞争、寻求发展的原动力。从本质上看,企业文化就是一种柔性的管理手段,是通过建立一种共同的价值观,从而形成企业统一思维方式和行为方式。

企业文化是属于企业员工的,它的本质是企业通过建立一种共同的价值观,从而形成统一思维方式和行为方式,凝聚员工人心,提升员工的执行力,增强团队的战斗力。企业文化一旦被企业员工共同认可后,它就会成为一种黏合力,使全体员工在企业的使命、战略目标、战略举措、沟通合作等方面达成共识,从而产生一种巨大的向心力和凝聚力。日本的三井公司正是因为有着"集体主义"的企业文化,才使其在经历了二十多年的分离后重又走在一起。

而品牌文化是属于消费者的,它的本质是影响、引导消费者的消费取向,获取消费者对品牌的信赖和忠诚,使企业获取源源不断的利益。宝洁公司的企业宗旨是"生产和提供世界一流产品,美化消费者的生活",但它并不在品牌传播中传递这些信息,甚至许多消费者都不知道吉利是宝洁公司旗下的品牌。可口可乐公司在品牌宣传时,也只是向消费者传播品牌形象及品牌文化,很少提及公司的企业文化。

让品牌承载丰富的企业文化内涵其实是一种不明智的做法。一般而言,消费者只关心企业带给他们的品牌怎样,是否能从品牌中获得自己内心所需求的功能或精神上利益,至于企业文化如何并不是他们关注的重点。当然,品牌文化同企业文化也有着密切的联系。优秀的企业文化,将会助力品牌文化的建设和培育,促进企业品牌形象的提升。"可口可乐"、"微软"、"联想"、"海尔"等成功的企业,其优秀的企业文化在其品牌形象塑造过程中发挥了巨大的作用。

加强企业文化建设,使企业的追求与理念与品牌融为一体,是品牌文化建设的主渠道。运用CIS(企业形象识别系统),通过对企业、组织等一切可视的事物,即其形象的可视部分统筹设计、控制和传播,突出其一贯的印象,给社会、公众和市场以视觉上的冲击,使之认识熟悉,印入脑海,潜移默化,进而由此及彼产生联想,达到强化认识的目的。企业导入CIS,是加强企业文化建设的有效途径,同时也大力促进了品牌文化的建设。

荣事达集团公司在长期的经营管理实践中发展成了"和商"的企业理念,便是该集团公司企业文化的核心。"和商"理念强调"和顺国情,和衷共济,和睦致祥,廉和自律"。他们将这种理念贯穿在服务中,强调要以顾客为导向,为顾客提供优质的服务,从而塑造出荣事达独特的品牌文化。

2. 倡导与目标消费群体相一致的消费文化

市场在变,消费者在变,消费文化也在变。目前,广大消费者的偏好已和以前不大相同,更加注重时尚、自然和健康。在今后的市场发展进程中,随着市场细分化与消费个性化的发展,已不会有哪一个品牌处于绝对的优势。最主要的是看其倡导的消费文化更接近哪一部分消费者,这部分消费者的消费习惯、消费量及发展决定了该品牌的发展。也就是说,要发展品牌就要搞好品牌文化建设,要搞好品牌文化建设就必须倡导与细化分市场的目标消费群体相一致的消费文化。1991年,可口可乐公司利用我国东北农村的"泥阿福"做广告(见图2-4)便是此种情况的有益尝试。在经济全球化的经济发展潮流中,我们要注意目标消费群体消费文化的个性化。特别是我国各种品牌进军世界市场时,要尤为注意目标消费群体的消费文化的个性与差异性,要将我们的品牌文化与目标消费群体的消费文化相融合,渗透直至认同,要"填平品牌与文化的鸿沟"(创维集团董事长黄宏生语)。

图 2-4 可口可乐的新包装

3. 注重品牌形象的宣传

通过对品牌形象的宣传，使更多的消费者认知该种品牌文化，从而产生购买欲望或行为。通过宣传可以检验品牌文化的定位是否准确，建设是否充分。国内有许多企业家通常忽视对品牌形象的宣传，缺乏科学策划，许多广告往往是打了水漂。当然，也有一批高素质的企业家非常注重对品牌文化的建设和对品牌形象的宣传，取得了良好的效果。

如，美菱打出的中国牌——"中国人的产品，中国人的美菱"，长虹打出的民族牌——"长虹以振兴中国民族工业为己任"，田田珍珠口服液以"田田珍珠，温柔女性"为广告主题，商务通冠名全兴队，将"商务通"的品牌形象实践在中国人喜闻乐见的足球运动项目中等，均是着重对品牌情感形象的宣传。江苏红豆集团公司则注重挖掘与汲取传统文化，注重品牌文化形象的宣传。它巧借人们千古吟诵的唐代诗人王维的名诗《相思》中的"红豆"一词，将其公司命名为"红豆集团"，生产的服装命名为"红豆"服饰，商标上的图案由红豆构成。这样的文化形象容易勾起人们无尽的联想和绵绵的相思。人们买"红豆"，或借物传情达意，或寄托眷念相思之情。

4. 采用品牌延伸战略

品牌延伸，是指企业为一种产品树立了一定知名度的品牌后，再以该品牌为品牌，将其他类型的产品推向市场。据美国一份调查报告显示：过去10年来的成功品牌有2/3以上是产品延伸，而不是新品牌上市。

品牌延伸战略是品牌经营的一种主要形式。这种品牌经营方式不仅比直接树立新的品牌节省宣传开支，缩短新产品占领市场的周期，而且可以通过这种"一牌多品"的品牌模式将原有的品牌文化推向一个更广阔的空间，让更多的消费者来了解和接受这种品牌文化或是将这种品牌文化推向一个更高的层次。

 技能训练

【训练目标】

（1）掌握企业品牌定位的基本原则；

（2）熟悉企业品牌架构规划策略。

【训练内容】

被许多欧美汽车媒体称为"迄今为止世界汽车市场上最好的中档高级轿车"的"马自达6"（以下简称"马6"），具有Zoom-Zoom般的强劲动力，是马自达品牌精髓的代表。但一般的消费者说到马自达，首先想到的是"马6"，对马自达的自身品牌认知很有限，特别是看到众多合作品牌的不同定位，受众难以分辨其真正的品牌内涵。从目前的产品格局来看，马自达在中国形成了三大整车生产基地，即一汽轿车在长春生产MAZDA6，海南马自达生产的普力马和福美来，长安福特生产MAZDA3。三种产品基本上是高、中、低的布阵格局。其中，"马6"肩负着马自达品牌形象的主要承载动力,海马与长安福特都属于享受型与带动型产品。三家企业共同拥有马自达品牌,在渠道上又缺乏有效整合,特别是品牌定位不在同一个层次,形成了马自达品牌之间互相"打架"的现象。假如你是销售经理,面对这种情况,应该如何去解决?

【训练步骤】

(1) 找出材料中所反映的问题。

(2) 根据品牌定位的原则,对"马自达"品牌之间相互"打架"的原因进行分析。

(3) 根据企业品牌架构规划的原则,写一份"马自达"品牌整合的方案。

【训练要求】

(1) 要结合目前的车市现状,特别是其他品牌的汽车公司的销售方式,通过比较,找出"马自达"目前遇到的问题。

(2) 制订的方案有可行性。

本章小结

本章阐释了品牌的内涵、品牌的策略、品牌定位以及品牌文化的内涵,介绍了品牌的类型及企业品牌塑造的基本策略。最后,又从品牌文化与企业文化之间的关系入手,分析了两者之间的联系,以及存在的差异,从而让学习者可以在对企业文化认识的基础上更好地把握品牌文化的内涵。

本章练习

一、判断题

1. 品牌一旦获得市场认可,其自身的价值就会不断升值。( )

2. 品牌是企业的无形资产,必须有物质为载体,通过一系列的物质载体来实现品牌的有形化。( )

3. 企业品牌和统一品牌都是以企业名称为品牌名称的品牌。( )

4. 品牌定位的目的在于塑造良好的形象。( )

5. 比附定位是以顶级品牌为参照物,通过品牌关联提升自身品牌的价值与知名度。( )

6. 人际传播是人与人之间、人与企业之间的直接沟通。( )

7. 在品牌架构中,企业品牌就是母品牌,产品品牌就是子品牌。( )

8. 功能定位的实质是突出产品的效用,一般表现在突出产品的特别功效与良好品质上。( )

9. 企业经营理念是企业文化的核心要素。( )

10. 品牌文化的形成是企业和产品之间商业整合和互动的结果。( )

二、单项选择题

1. 下列不属于品牌风格的有(　　)。
   A. 色彩　　　B. 声音　　　C. 名称　　　D. 形状
2. 统一地区的消费者在文化上具有一致性,它为品牌文化的(　　)功能提供了基础。
   A. 满足功能　B. 培养功能　C. 推动功能　D. 塑造功能
3. 在企业品牌文化的形成过程中,品牌与产品已经发生分离的是(　　)阶段。
   A. 产品知名度阶段　　　　　B. 价值知名度阶段
   C. 文化知名度阶段　　　　　D. 社会知名度阶段
4. 危机管理属于品牌策略中的(　　)策略。
   A. 品牌维护策略　　　　　　B. 品牌架构策略
   C. 品牌推广　　　　　　　　D. 品牌定位
5. 中国石化、中国国家电网这类企业的品牌属于(　　)。
   A. 统一品牌　B. 企业品牌　C. 个体品牌　D. 全球品牌

三、多项选择题

1. 企业品牌可以传达(　　)。
   A. 经营理念　B. 企业文化　C. 企业价值观　D. 品牌的价值
2. 根据企业本体特征,可以将品牌划分(　　)等类型。
   A. 企业品牌　B. 国际品牌　C. 国内品牌　D. 统一品牌
3. 属于品牌定位误区的有(　　)。
   A. 定位不足　B. 过分定位　C. 区别定位　D. 情感定位
4. 属于品牌文化的功能有(　　)。
   A. 塑造功能　B. 培养功能　C. 满足功能　D. 推动功能
5. 品牌的主体包括(　　)。
   A. 广告语和广告歌曲　　　　B. 叙述
   C. 符号　　　　　　　　　　D. 形状

四、简答题

1. 简述品牌文化的内涵特征。
2. 简述企业文化与品牌文化之间的区别与联系。
3. 简述品牌定位的意义。

五、案例分析题

再造别克

美国人大卫·别克(David Buick)在1903年制造出第一辆别克汽车之时,没有想到这个品牌百年后会在一个遥远的东方国度里获得全新的解读——上海通用汽车今天提炼的别克品牌精髓,是充满了中国传统文化意味的"心静、思远,志在千里"。

2004年,上海通用开始了别克新一轮的"品牌战役",从生产厂商、员工到供应商、经销商,所有的价值链环节被动员起来,向它的目标消费群传递着同一种品牌文化——这一次,管理者以长远的眼光,把别克的诠释与企业未来的多品牌战略布局紧密关联起来。

在汽车合资厂商中,上海通用进入中国市场的时间比一些竞争对手晚了10年有余,但在一贯强调打造产品形象的业内,这家企业的品牌管理意识被认为是在日益激烈的竞争形势下颇有远见的做法。而在2003年,以别克为统领的四个子品牌系列产品超过20万辆的销量,逾80%的年增速,也的确对它的竞争对手们构成压力。

虽然第一代别克轿车有着鲜明的美国血统,而且从消费定位上看,老别克在美国的目标客户基本上是比较稳定、保守、讲究舒适的五十岁左右的中产阶级,这与在中国的工商界精英定位也颇相左,但上海通用却努力在其品牌内涵中灌注中国人的价值取向。于是,在别克最初的一些广告中,并不注重产品本身,而是品牌形象与企业形象一起在"当代精神当代车"或"别克精神:不容许任何水分"的创意中传播。美国车特有的一些功能优势,如安全、宁静等,也在其中被着意凸现。

但仅仅有精神层面的中国味道是不够的。如果说品牌蕴涵的精神是相对抽象、务虚的话,那么它传递出来的体验则是实实在在、可以感受的。上海通用为别克制定的目标是"为中国消费者创造全新的品牌体验"。于是在2002年,老别克全面停产,上海通用推出君威系列:不仅从名称上明确了品牌的东方意境,也开始从内外功能设计上与之全面配合,正式提出打造适合中国市场的中高档轿车。

通过一系列的产品改进,别克品牌形象在中国的再造获得了支撑。品牌本土化使别克的未经提示知名度在五年间由14%提升到了83%,提示后知名度达到100%,已经可以与先进入市场的竞争品牌并驾齐驱。

1. 别克公司生产四个子品牌的系列产品的做法属于(　　)策略。

    A. 架构规划策略　　　　　　B. 维护策略

    C. 推广策略　　　　　　　　D. 定位策略

2. 上海通用为别克制定的目标是"为中国消费者创造全新的品牌体验",这是一种(　　)理念。

    A. 倡导与目标消费群体相一致的消费文化

    B. 塑造高品位的品牌文化

    C. 塑造知名品牌

    D. 提高品牌的竞争力

3. "品牌本土化使别克的未经提示知名度在五年间由14%提升到了83%,提示后知名度达到100%,已经可以与先进入市场的竞争品牌并驾齐驱。"这说明了什么道理?( )

  A. 品牌文化建设可以促使企业的本土化
  B. 品牌文化建设可以塑造知名品牌
  C. 品牌文化建设可以促进地方和民族文化的传播
  D. 品牌文化建设可以提高品牌的竞争力

第三章　企业品牌设计

 学习目标

通过学习,让学生了解和掌握企业品牌设计不仅要设计图案,还要创造出一个具有商业价值的符号,并兼有艺术欣赏价值。同时,能以自己的审美方式,感受企业品牌标志的内在主题,能够用生动具体的感性形象描述、表现某一个企业品牌标志,准确传递企业信息。

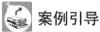 **案例引导**

长安乘用车再换新标志

2010年2月,长安汽车集团对其标志进行了重新包装,将长安汽车对未来的规划彰显其中。

此次,长安汽车公布了全新的企业品牌标志、主流乘用车品牌标志、商用车品牌标志以及公益品牌标志。4年前,长安汽车在北京发布了盾牌形标志,然而4年后,乘用车标志再次更换。对此,公司董事长徐留平表示:"目前,盾牌形标志和我们的产品造型以及所要表现的品牌精神有一定差距,因为长安汽车的主流乘用车品牌是时尚的、活力四射的,而盾牌偏稳重,活力四射的感觉稍有不够。"

此前,长安汽车中的微车仍然是销量的主要贡献者。而乘用车方面主要集中在中低端车型,无论是品牌还是销量,仍处在待突破环节。徐留平说:"品牌是企业的灵魂,是企业核心价值的承载和表达,是企业和消费者沟通的桥","长安品牌的核心价值,就是科技创新、关爱永恒,而全新品牌战略也是长安面向未来的企业战略蓝图确定的标志"。在未来的发展中,秉承"科技创新,关爱永恒"这一核心价值的长安汽车,将站在新的起点之上,从自主品牌领军企业向世界一流汽车企业迈进。

1. 长安汽车企业品牌标志及意义

长安汽车的企业品牌标志以"长安汽车"的中英文组合形式出现,简洁明确,更符合国际惯例,字体采用了深邃的蓝色,象征着科技创新,寓意着长安汽车对新技术和高品质的追求,努力为消费者提供令人惊喜和感动的产品和服务(见图3-1)。

长安汽车对其核心价值和旗下产品品牌进行了新的规划,在架构上进行了清晰的划分,为未来自主品牌的发展奠定基础。

2. 长安汽车乘用车标志及意义

长安汽车主流乘用车标志,以"V"为核心创意表现,雄浑刚健的 V 形,好似飞龙在天,龙首傲立于蓝色地球之上,同时又是 victory 和 value 的首字母,代表着长安汽车致力于打造世界一流企业的战略愿景和为消费者与股东创造价值的企业责任感(见图 3-2)。刚柔并济的 V 形,也恰似举起的双手,传递出长安汽车科技创新、关爱永恒的价值追求。在"科技创新,关爱永恒"的理念下将乘用车品牌向上延伸,通过发展中高端乘用车提升整体形象,增强核心竞争力。

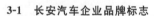

3-1　长安汽车企业品牌标志　　　　3-2　长安汽车乘用车标志

3. 长安商用车品牌标志及释义

长安商用车品牌标志则以太阳图形配合"长安商用"文字。这个标志与目前在长安微型面包车使用的标志基本相同(见图 3-3)。

4. 长安公益品牌标志及释义

长安公益品牌标志以绿色为基本色,核心则以"长安"为元素,组合成"爱"字,艺术而巧妙地传达"长安"的"大爱"之意(见图 3-4)。长安汽车将在"大爱行于天下,大善造福人间"的理念下推出"长安·爱行天下"公益品牌,强调企业公民的社会责任感。

图 3-3　长安商用车品牌标志　　　　图 3-4　长安公益品牌标志

第三章 企业品牌设计

【启示】

2009年,长安汽车提出了"打造世界一流汽车企业"的愿景目标,将发展的视野投向全球市场。而对前期的企业发展进行一次系统的梳理、搭建完善的品牌架构、提升企业品牌本身的竞争力,便成为长安汽车向更远大目标进军的关键。以企业品牌为主导、主流乘用车品牌为核心、商用车品牌为支撑、企业公益品牌为提升,长安汽车品牌战略体系形成一个互为依托、互相呼应、互补互利的品牌矩阵。秉承"科技创新,关爱永恒"的企业品牌核心价值,长安新品牌标志充分体现了科技、品质、时尚的特点。

第一节 企业品牌设计的内涵

一、品牌设计

1. 品牌设计的概念

广义的品牌设计包括战略设计、产品设计、形象设计、CI设计;狭义的品牌设计则认为品牌设计主要是指品牌的名称、商标、商号包装装潢等方面的设计,基本上等同于企业的视觉系统设计。

越来越多的企业将品牌作为一项事业来经营,并从品牌价值的增长中获得巨大利益。有人说企业投入到品牌设计上1美元,所获得的利益是227美元,品牌已成为企业号召消费者的旗帜。可口可乐的老总说过这样一句话:"可口可乐永远不会被消灭,即使一把火将可口可乐公司烧了,明天还会屹立起一个新的可口可乐公司来!"可见,品牌就是企业的生命、企业的灵魂,企业与品牌同在。

人们在购物时不由自主地在为设计买单。运动时穿着耐克、阿迪达斯的运动服,跟我们国产运动服有多大差别?为什么有人愿意用更贵的价格买耐克、阿迪达斯?其实买的就是设计带来的增值服务。耐克以设计著称,它没有自己的生产厂,只有自己的销售和设计机构。它以设计慢慢确定了让人们信任的品牌,形成品牌忠实度。

2. 品牌意识

品牌意识,是指人们对品牌或有关品牌现象的观点和态度的总称。它是国家、企业、个人对品牌和品牌建设的基本理念,是对品牌价值观、资源观、权益观、竞争观和战略观的综合反映。品牌意识贯穿品牌设计的过程中,品牌设计就是品牌意识的具体呈现。这个概念体现出两个方面的内涵:一是品牌意识主体的多层次化,就是说企业、消费者、政府部门、社会组织乃至所有的社会成员都应该有品牌意识,并努力塑造自己的品牌形象;二是品牌意识内容的丰富化,它涵盖了所有关于品牌与品牌建设的认知、情感与体验,其中最为重要的是品牌的战略意识、经营意识、管理意识等。

3. 品牌设计与品牌意识的关系

品牌设计是在品牌意识主导下,对品牌进行全方位的设计,使品牌能够体现出企业的价值观和消费者的权益观。在品牌创立之初,企业一般处于起步阶段,对品牌的设计往往带有很大的随意性和盲目性,如果在品牌设计之初就有很强的品牌意识,企业就会少走弯路,其成功的概率就会大得多。如果企业在创立品牌之后缺乏品牌发展意识,也会影响企业的进步。可见,品牌设计将关系到企业的命运和前途,对品牌设计的研究是企业走向成功的关键一步。

二、品牌设计的原则

企业进行品牌设计的目的是将品牌个性化为品牌形象。为了更好地实现这一目标,在进行品牌方案设计和实施时,应遵循下列原则。

(一)综合性原则

企业导入品牌战略,会涉及企业的方方面面,因此,品牌设计必须从企业内外环境、内容结构、组织实施、传播媒介等方面综合考虑,以利于全面地贯彻落实。具体而言,就是说品牌设计要适应企业内外环境,符合企业的长远发展战略,在实施时具体措施要配套合理,以免因为某一环节的失误影响到全局。

(二)消费者至上原则

品牌设计的目的是表现品牌形象,只有为公众所接受和认可,设计才是成功的,否则,即便天花乱坠也没有意义。以消费者为中心就要做到:

(1)进行准确的市场定位,对目标市场不了解,品牌设计就是"无的放矢";

(2)努力满足消费者的需要,消费者的需要是企业一切活动包括品牌设计的出发点和归宿,IBM成功的最大奥秘即在于其"一切以顾客为中心"的企业理念;

(3)尽量尊重消费者的习俗,习俗是一种已形成的定势,它既是企业品牌设计的障碍,也是其机会;

(4)正确引导消费者的观念,以消费者为中心并不表明一切都迎合消费者的需要,企业坚持自我原则,科学合理的引导是品牌设计的一大功能。

(三)真实性原则

品牌设计不是空中建楼阁,而是要立足于企业的现实条件,按照品牌定位的目标市场和品牌形象的传播要求来进行。品牌设计要对外展示企业的竞争优势,但绝非杜撰或编排子虚乌有的故事。坚持实事求是的原则,不隐瞒问题,不回避矛盾,努力把真实的企业形态展现给公众,不但不会降低企业的声誉,反而更有利于树立起真实可靠的企业形象来。

(四)创新性原则

求异创新就是要塑造独特的企业文化和个性鲜明的企业形象。为此,品牌设计必须有创新,发掘企业独特的文化观念,设计不同凡响的视觉标志,运用新颖别致的实施手段。日本电子表生产厂家为了在国际市场上战胜瑞士的机械表,在澳大利亚用飞机把上万只表从空中撒到地面,好奇的人们拾起手表发现居然完好无损,于是对电子表的看法大为改观,电子表终于击溃了机械表,在国际市场上站稳了脚跟。

(五) 双向效益原则

企业作为社会经济组织,在追求经济效益的同时,也要努力追求良好的社会效益,做到两者兼顾,这是一切企业活动必须坚持的原则,也是要在品牌设计中得到充分体现的原则。很多人认为,追求社会效益无非就是要拿钱出来赞助公益事业,是"花钱买名声",其实不然。赞助公益事业确实有利于树立企业的良好形象,但兼顾经济利益和社会效益并不仅止于此。它还要求企业在追逐利润的同时注意环境的保护、生态的平衡,在发展生产的同时注意提高员工的生活水平和综合素质,维护社会稳定,在品牌设计理念中体现社会公德、职业道德,坚持一定的道德准则。

三、品牌设计中的基本要素

品牌设计是一个复杂的过程。首先,要符合企业一贯的形象,适应消费者的接受心理;其次,要根据产品的具体需要进行设计,不能过于天马行空;最后,好的品牌设计要能够很好地传达企业的文化核心理念,将这种信息传递给消费者。因此,一个成功的品牌设计应包括以下几个要素。

(一) 定位准确

品牌设计定位准确,有助于提升企业形象,符合时代的要求,符合消费者的期望。每个品牌都有自己独特的市场定位和受众,即自己独特的消费人群。要进行恰当的品牌设计,要能够通过对于品牌形象的描绘,传达品牌的形象和企业文化内涵,让消费者通过这个标志正确认识到品牌的独特特征,将它和其他的品牌区别开来。要做到这一点,就需要在品牌设计的时候,对于企业的市场定位、品牌定位、受众定位做好恰当的分析,恰如其分地传达企业的形象,引导消费者认同代表企业形象的符号,起到美化品牌形象、加深消费者印象、提高和拓展品牌声誉的作用。并且,好的品牌设计不能和时代脱节,要顺应时代的需要,将之和品牌本身的风格相结合,将创新和经典结合起来。如经典品牌香奈儿的品牌设计,一直以来以奢华与简洁并重作为自己的产品特性。在品牌推广上,奉行精英化、年轻化的策略,从新一代奢侈品买家身上进行新的市场定位和产品设计;作为世界知名奢侈品,香奈儿游走在尖端和平民之间,尤其主打女性市场,取得了巨大的成功。既提升了市场份额,又将企业文化理念散播出去,提升了品牌的形象。

(二) 发掘不同的品牌内涵

通过不同角度、不同层次,不断发掘品牌内涵,寻找品牌价值与用户价值相一致的契机。品牌的内涵是一个较大的概念,它包含着企业成立以来的经营理念、文化氛

企业品牌与文化

围、员工情况等,传递着企业的人文气息,是企业的人性化表现。而针对消费者的不同文化水平、年龄层次、消费水平等,在进行品牌设计时需要通过不同层次的解析,展现企业文化的不同侧面,扩大受众面,增加接受范围,拓展市场的份额。如广东王老吉,在2003年之后,王老吉开始从广东及浙南地区向全国发展,将自己原本的立足点"预防上火,清热消暑"宣传开来,其亲民、实用的品牌形象很快传播开来,受到了群众的喜爱,将品牌的自有价值和用户的需要很好地结合在了一起,王老吉凉茶当年销售额增长近400%,获得了市场的认可和巨大的市场成功。

（三）创造易于识别的品牌设计

品牌设计要易于识别,具有自己的特点,让人一见就能产生深刻印象。在这个商品经济迅速发展的时代,市场竞争激烈,同类商品种类繁多,消费者在选择时拥有了更多、更广的选择。品牌设计的首要目的,就是要让品牌在众多的同类品牌中脱颖而出,产生独特的、良好的第一印象。现在深受年轻人喜爱的苹果品牌,走的就是这样一条独特的品牌设计的道路。在产品理念上,坚持创新、独特,对于产品的设计,坚持更快、更薄、更方便,其独特的"咬掉一口的苹果"的商标成为众多年轻人心中对于电子产品的潮流标志。

有一则电视广告是这样体现产品的品牌设计的:"小……小姐,我很喜欢你",一个男生怯怯地对一个女生说。"可我不喜欢脸上油腻的男生",女生说。男生飞快地洗脸,一会儿脸上油没了,又过去说"小……小姐,我很喜欢你"。"我已经结婚了",一阵笑声后画面结束。这是洗面奶的电视广告,虽然它的画面、音效制作都非常精美,但到底是什么样的商品的品牌却不知道。这就说明这个设计不能很好地让消费者记住,不能使产品的品牌价值很好地反映出来。

而有的品牌宣传的广告,反复播放品牌名称,尽管从设计的角度来评价,这种品牌设计并不是什么好的想法,但是这种方法增强了消费者的记忆。如"恒源祥"的广告,短短的30秒中,出现了12次品牌名称,让消费者牢牢记住这个品牌。

（四）品牌设计的创新性

品牌设计要构思新颖,不断创新,不仅在形态上还要在理念上进行革新。新的形态,不仅在于产品的外形、标志的设计上,也在产品的设计上是否越来越人性化、独特化。这是企业迎合市场发展需要,迎合消费者不断增长的物质文化需要,迎合不断发展的社会文化、审美水平需要的发展之路。对于企业来说,不断创新,需要从企业的经营理念上进行提高,体现在品牌设计上,则是将传统与经典相结合,创造出既符合时代需要又体现企业一贯理念的产品。如美国通用汽车在中国的品牌定位,即是面向大众,以轻便、实用为品牌立足点,摒弃传统的以重型机车为主的营销策略和市场定位。通用汽车在中国主打家用型汽车,几款主打产品皆以家庭生活、舒适休闲为品牌基调,将一贯以来的精密、严谨的品牌制作工艺放入新领域的开发之中,使得通用汽车的品牌形象焕然一新,在中国的销售也取得了突飞猛进的进展。

突出品牌的个性，是品牌设计创新的重要表现。个性化品牌设计是通过产品的外形设计突出品牌的个性化，来加强消费的记忆。比如：可口可乐的瓶子造型就是品牌资产的一部分，这个独特的产品造型不但加强了消费者对品牌的识别，重要的是使消费者提升了对品牌的联想，产生了巨大社会经济价值和社会情感价值的效果。可口可乐瓶子造型特别容易辨认。辨认的途径是通过风格要素的造型，而不仅仅是可口可乐商标。可口可乐的瓶子造型也被称为"世界上最有名的瓶子"。而另一个大家都知道的万宝路香烟品牌的最初成功不仅是因为它以牛仔形象作为品牌的定位，还因为它在品牌塑造的过程中塑造出了一种粗犷的、带有翻盖的、西部牛仔的烟盒，使得品牌一下提炼出男子汉气概。所以产品的品牌塑造要结合自己产品的特点进行品牌的全方面塑造。

另外，通过背景音乐增强消费者对公司品牌的识别也是品牌设计的重要内容。运用特别的音乐作为自己产品的特有品牌标记，通过音乐使得消费者认可品牌、记住品牌。音乐可以让人们产生联想，所以在品牌的塑造过程中选择很适合的音乐是一个很好的品牌塑造手法。比如：联想电脑的广告就有背景音乐，通过背景声音能给这个世界带来完美、和谐、统一，而且是一种特定的感觉，它能够加深人们对品牌的认识和记忆；美的微波炉电视广告，采用了新鲜蔬菜抖动的视觉冲击和清脆的音乐配合来表现其新鲜程度。

（五）做好品牌标志的设计

作为品牌形象体现的品牌标志应当独树一帜，不仅在标志的尺度、比例、构成关系上营造出独有的企业形象，让消费者能够引起共鸣，还要能够通过商标设计突出企业的文化内核和企业形象，传达企业理念。

（六）构建完善的品牌识别系统

构建完善的品牌识别系统，进行市场整合的有效发展，通过 CI 设计，使得品牌形象视觉化、系统化，将品牌地位往精密化、质量化方向发展，提升品牌地位，树立良好的企业形象。运用多种传播途径来进行市场整合，如互联网广告、户外广告投放、社会媒体宣传等（其中，网络手段作为新兴的、快捷的、受众最广的和最方便的宣传手段，得到了更多的重视），将品牌的形象、品牌的价值、企业的核心文化理念渗透给消费者。

（七）品牌系统的保护

对于品牌要自觉进行保护，根据市场的反馈，对品牌的发展状况进行评价，不断调整和完善品牌的发展战略，将产品的设计、销售、市场需要完美结合到一起。

品牌设计是一个复杂而系统的工程。它是在市场竞争下，企业宣传自己、提高市场占有率、提升企业竞争力、不断完善企业的要求下应运而生的。要做好品牌设计，需要在品牌的建立、品牌的推广、品牌的维护、商标的设计等方面展开。将企业的核心文化理念渗透在品牌设计中，将企业的服务理念、经营理念体现在品牌设计里，通

过品牌设计提高企业形象和宣传企业的经营理念。这样的品牌设计,必然是成功的。

如,烟台蓝白食品有限公司是一家食品生产企业,1998年经国家商标局核准使用"蓝白"商标,2001年4月"蓝白"商标被评为山东省著名商标。2002年5月,烟台芝罘区蓝与白快餐店挂牌营业,其门头招牌"蓝&白"突出"蓝"、"白"两字。蓝白公司认为,蓝与白快餐店的做法侵犯了蓝白公司的商标权和企业名称权,在协商无果的情况下,蓝白公司一纸诉状将蓝与白快餐店送上了被告席。烟台市中院审理后一审做出了蓝与白快餐店停止侵权的判决。蓝与白快餐店不服,提起上诉,最后经山东省高级人民法院调解,"蓝与白"对门头牌匾及价目牌进行整顿,同时补偿蓝白公司经济损失10000元。官司经过一波三折,"蓝白"最终讨回了说法。

 案例分析 3-1

盛事营销,借力有道

盛事难觅,而将品牌恰当、有效地切入,并借力做好营销更难。奥运会历来具有极高的社会关注度,是具有最广大世界范围的影响力的重大国际事件。北京奥运会以"科技、人文、绿色"为主题,而奇瑞的瑞虎安保车、A5混合动力车服务北京奥运,则很好地强化了奇瑞品牌"更安全、更节能、更环保"的理念和"勇于承担社会责任"的内涵。

北京奥运是中国人的奥运,中国自主品牌有责任服务奥运赛事。其次,奥运安全和环保是最受关注的两项内容,奇瑞分别以瑞虎、A5两款产品为奥运提供了保障。奇瑞瑞虎作为防护车在奥运安保工作中圆满完成任务,既反映了奇瑞过硬的安全技术,又借力奥运赛事增强了瑞虎运动、活力的形象。而奇瑞A5混合动力车以其出色的环保性能为奥运服务,满足了奥运严格的环保标准,彰显了奇瑞新能源汽车技术的领先性。通过对奥运的出色服务,奇瑞汽车"安全、节能、环保"的特性为国内外更广大的用户群体所认知,增强了所有用户对奇瑞品牌的信心和中国民众对奇瑞品牌的自豪感。

而奇瑞"东方之子"搭载"神七"航天英雄归来的策划则强化了奇瑞"自主创新"的品牌内涵。"神五"实现载人航天以来,中国的航天事业备受世人关注,神舟七号宇航员成功的太空出舱活动更显示了中国自主创新技术取得的重大突破,在国内外具有重大影响。因品牌气质的深切契合,奇瑞得以参加"神七英雄归来"举国振奋的庆祝活动。中国航天事业、中国自主汽车事业都是在独立自主的环境中成长,神舟七号与奇瑞东方之子"技术自主"的主张高度一致;中国航天专利数年均增长30%,神舟七号已创造突破性专利200余项,而奇瑞也已拥有2573项专利;同时,航天科研人员、奇瑞科研人员均是在克服技术封锁等种种困难的条件下,发挥中国人顽强拼搏的精神、智慧最终实现目标,是一对创造奇迹、以卓越表现征服世界的中华好兄弟。

奇瑞"东方之子"搭载航天"东方之子"归来的荣光场面被央视直播十余分钟,各省市电视台多轮转播;新华社向全球通发了新闻和评论;"自主创新,比翼双飞"——航天·奇瑞系列活动正在紧密进展中;"东方之子"搭载"神七"航天英雄归来的场景在诸多国际车展原型再现;"东方之子"礼宾车被赠予国家军事博物馆。这些令人兴奋的活动,都让奇瑞"东方之子"品牌为中国更广大民众所认知,并使知名度得到极大提升,同时还极大地增强了中国民众对奇瑞品牌的自信心、自豪感,让奇瑞品牌、"东方之子"子品牌在世界范围赢得了更多人的认同和信赖。

【总结】

奇瑞在品牌设计中,始终突出了"自主创新"这一核心理念。在北京奥运会期间,奇瑞产品的安全性能与奥运会的主题"科技、人文、绿色"相得益彰;之后,奇瑞又借"神七"之力,将两者的"自主创新"理念融合在一起,使品牌内涵又一次得到升华。

第二节 企业品牌名称的设计

一、品牌名称的概念与属性

日本学者山上定边曾说过:"现在的销售条件是:一命名,二宣传,三经营,四技术。"他把品牌的命名视为畅销商品的第一条件。日本丰田公司的储备名称就有4000多个。美孚石油公司商品名称先后花费40万美元,曾调查了55个国家的语言,编写了10000多用罗马字组成的商标后才最终确定下来。这些企业之所以不惜成本地进行企业品牌名称设计,就是因为他们已经深刻地意识到名称表达着一定的商品品质与特征,是企业经营信誉的象征和标志,是企业能够得到良好发展的开端。品牌的巨大影响力是靠长期的市场活动和一系列的营销战略逐步打造出来的,在品牌开发的过程中,品牌名称的选择是最具有创造力也是最重要的一个环节,它决定了品牌是否具有先天优良的素质。

(一)品牌名称的内涵

1. 品牌名称的概念

品牌名称是品牌中能够读出声音的部分,是品牌的核心要素,是品牌显著特征的浓缩,是形成品牌文化概念的基础。一个好的品牌名称本身就是一句最简短、最直接的广告语,能够迅速而有效地表达品牌的中心内涵和关键联想。中国自古就有"正名"之说,所谓"名不正则言不顺,言不顺则事不成"。名称的好坏,关系到品牌的成败。Coca-Cola译作可口可乐,音节顺畅响亮,而且暗喻饮料口感良好,使人快乐舒心,可谓天衣无缝。

日本索尼公司前董事长兼首席执行官曾经说:"我们最大的资产是4个字母S、

企业品牌与文化

O、N、Y,它不是我们的建筑物或工程师或工厂,而是我们的名称。"一位企业家甚至说企业能否发达,关键在于品牌名称起得好不好。艾·里斯和劳拉·里斯在其所著的《品牌22律》中也指出:"从长远的观点看,对于一个品牌来说,最重要的是名字。"在市场竞争日趋激烈的现代经济社会,科学命名的客观条件已经形成,市场调研、民意也成为一种时尚和决策的参数,品牌命名正走向科学化、产业化的轨道。目前国际性的品牌命名机构有:英国的 Interbrand、Novamark、Landor、Lexicon、Namelab,以及美国的 Namestormers 等。就拿英国的 Interbrand 来说,它已经为全球不同的国家的各行各业产品提供成千上万个命名。比如 Antaeus,这个品牌是 Interbrand 为法国"夏奈儿"男士香水设计的;再如 Sensor Excel,这是 Interbrand 为"吉列"设计的一个剃须用具品牌名称,译为"感觉优秀",准确表达了产品的特性。这一类例子还有很多。日本富士的 Nexia、福特公司第一辆全球汽车 Mondeo 品牌、Eli Lilly 公司生产的一种新的抗抑郁药等品牌名,均是出自 Interbrand 之手。据报道,2001年品牌命名在美国的业务已达15亿美元。英国环球命名公司一年的营业额在数千万美元,分公司更是遍及东京、纽约、米兰、马德里、汉城等地。该公司使用电脑命名的收费也绝对不低,一般都是视品牌行销的范围来收费的。如果一个只是行销国内的品牌,一个名称至少要3万美元;若是国际行销品牌,则要5万~10万美元。

2. 品牌名称的属性

品牌名称不同于产品名称,它是一种社会属性、人文属性。在市场经济日益发达与成熟的条件下,品牌名称是一种经济属性、企业属性,是经济领域的一种文化现象。产品名称则不同,它是根据产品的自然属性和功能来命名的。同一种产品由不同的企业进行生产,会有不同的品牌名称。例如,同样是汽车产品,就有奔驰、宝马、丰田、本田、标致等不同的品牌名称,甚至同一个企业生产的同一类产品,由于其性能、款式等的不同,也可以用不同的品牌名称以示区别。例如,同样是宝洁公司在中国生产的洗发水,就有飘柔、潘婷、海飞丝等多个品牌名称。也有另一种情况,即同一企业生产的不同种类的产品,都冠以同一品牌名称。例如,中国海尔集团生产的冰箱、空调、电脑、洗衣机、电视机等各种产品,都是以"海尔"作为品牌名称;荷兰菲利浦公司生产的音响、手机、灯泡、电动剃须刀、电视机等,也都是用"菲利浦"这同一个品牌名称。由此可见,品牌的社会属性、经济属性,尤其是它的企业属性是非常清晰的,每一个品牌名称都与一个特定的企业相关联。

(二)品牌名称的文化内涵

名称是一种符号,它可以反映取名者的道德修养、文化水准和对品牌寄托的希望,是一笔宝贵的文化财富。同时,它也反映了品牌的文化品位。随着品牌的创建和品牌形象的树立,作为品牌有机组成部分的名称也是一笔重要的无形资产。好的名称充满生机、活力与诱惑力,它能深深地根植在消费者心中,以至于消费者有相关需求时,会直奔名称而去,事情简单得就像我们感到口渴时直接去买一瓶可口可乐或雪碧一样。

1. 品牌名称是品牌文化的最直接体现,是品牌之魂

任何品牌都有一个名称,而且这个名称和它所代表的品牌有一种内在的联想和联系。品牌名称作为品牌之魂,体现了品牌的个性、特性和特色。不同企业所生产的同一种类型的产品,人们很难一下子把它们区分开来,而品牌名称却很容易地将它们加以区分。因此,产品是实体,品牌名称则是象征,是灵魂,它使消费者有一种很具体、很独特的联想。如:一提到"波音",人们的脑海中就会浮现出美国飞机的身影;一提到"微软",人们就会联想到电脑软件;一提到"雀巢",也会使人联想到瑞士产的速溶咖啡。同样,一提到国内一些著名的品牌名称,也会令人立刻联想到它所代表和象征的优秀产品和品牌。例如,长虹——彩电,格力——空调,小鸭——洗衣机,海尔——冰箱,格兰仕——微波炉,杉杉——西服,金利来——领带,健力宝——饮料,娃哈哈——纯净水,等等。业界有人对品牌名称有一个恰当的比喻:"一个好的产品是一条龙,而为它取一个好的品牌名字,就犹如画龙点睛,成为神来之笔,为产品品牌增添光彩,对提高产品品牌的知名度,扩大产品品牌的市场份额,起着很重要的作用。"

2. 品牌名称是品牌重要的组成要素之一,它表明了该品牌最基本的核心要素

品牌名称代表的品牌,给消费者以整体印象和基本评价。一提到某一品牌名称,人们很快对该品牌所代表的产品质量、技术、服务等有一个总的概念。因此,品牌命名的过程是一个将市场、定位、形象、情感、价值等转化为营销力量并启动市场定位与竞争的过程。好的品牌名称是一笔巨大的无形资产,它能给企业带来丰厚的回报。劳斯莱斯、奔驰代表了性能卓越的轿车,海尔、IBM 代表了优质的售后服务,柯达、富士代表了高质量的胶卷,摩托罗拉、诺基亚代表了先进的移动通信技术,英特尔、微软代表了电脑硬件与软件的技术前沿,等等。每一种品牌名称都给我们带来了有关的信息,而且长期影响人们的消费行为。因此,不能仅仅把品牌名称当成是无关紧要的代号或符号,而应进一步挖掘品牌名称这一重要信息所代表和象征的丰富内涵,著名的品牌更是如此。

3. 作为语言文字的一个独特部分,品牌名称具有鲜明的民族性

品牌名称扎根于民族文化的土壤,从中汲取养分,同时也能够反映一个民族的政治制度、历史传统、风俗习惯、宗教信仰。中华民族有 5000 多年的文明史,形成了独具特色的方块文字。因此我国的品牌大都以汉字来命名,体现了汉民族的文化特色。例如,方正、联想、孔府、神龙、凤凰、红双喜、剑南春等。作为经济发展的一种自然现象,品牌名称能折射出特定时代的经济文化和民族心态。如"全聚德"、"亨得利"所透示的是早期工商业者励精图治,以期快快发财致富的心态;"章华"、"耀华"所体现的是早期实业家们以"实业救国"、振兴民族工业的宏愿和艰涩。

当然,因经营者或命名者文化水平、道德修养与审美观念各不相同,品牌命名会

出现鱼龙混杂的现象,甚至显露出一些丑陋的东西,既不符合健康的审美标准,又不利于品牌形象的树立,成为文化糟粕、文化垃圾。我国市场上以前有"小猪猡"、"洋鬼子"、"乡巴佬"、"泡妞"、"二房"、"地主"等品牌名称,这些名称属于"命名无德",不会给企业带来什么益处,最终必将遭到消费者乃至整个社会的唾弃。

品牌名称要体现优秀的文化和文化中的精华。我国的传统文化源远流长,如果"择其善者"而融入品牌之中,必将大大提升品牌的亲和力和美誉度,受到消费者的信任和欢迎。同时,丰富而积极的品牌名称内涵,可以通过深入分析和生动演绎而最终成为品牌形象的理念基础。让我们看看下面这些生动形象的品牌名称。

大红鹰:寓意品牌越来越红火,有如鹏程万里的大红鹰。
希望:寓意品牌永远充满希望。
奔驰:寓意该品牌汽车速度快,性能卓越。
飘柔:寓意该品牌洗发水能使头发飘逸而柔顺。

 案例分析 3-2

"娃哈哈"的文化内涵

杭州"娃哈哈"是一个口碑不错的品牌。娃哈哈公司为自己生产的营养口服液取名时,颇费一番工夫。他们通过新闻媒介向社会广泛征集产品名称,然后组织专家对数百个应征名称进行了从市场学、心理学、传播学、社会学、语言学等学科的多角度的研究论证,最终选定了"娃哈哈"这三个字。理由有三:其一,"娃哈哈"三字中的元音 a,是孩子最早最易发的音,极易模仿,且发音响亮,音韵和谐,容易记忆,因而容易被孩子们所接受;其二,从字面上看,"哈哈"被各种肤色的人用于表达欢笑喜悦之情;其三,同名儿歌以其特有的欢乐明快的音调和浓烈的民族色彩,唱遍了长城内外、大江南北,把这样一首广为流传的民族歌曲与品牌联系起来,可以很好地提高它的知名度。

【总结】

作为一个经典案例,"娃哈哈"命名的成功,除了它通俗、准确地反映了一个产品的消费对象外,最关键的一点是它将一种祝愿、一种希望、一种消费的情感效应结合儿童的天性作为品牌命名的核心,而"娃哈哈"这一名称又天衣无缝地传达了上述形象及价值。这种对儿童天性的开发及祝愿又刚好是该品牌形象定位的出发点,也是该品牌市场竞争的出发点。

二、品牌名称设计的作用

品牌名称设计对品牌开发与建设有着重要的意义。

（一）便于识别

为品牌设计名称时首先需要考虑的就是识别功能，这也是品牌最基本的功能。首先，每个品牌名称都是由清晰的音节构成的，一个音节简洁、发音清晰、声调起伏的名称会使得品牌名朗朗上口，容易被消费者记住。一般而言，声母为"k"、"b"，韵母为"ang"、"ong"等音节的词往往发音较为响亮。其次，简短的名称容易被记住。名称长短对应平均认知度的比例是：4个字数之内的名称平均认知度为11.3%，5~6个字数的名称平均认知度为6%，7个字数的平均认知度为5%，8个字数以上的平均认知度为3%。

（二）体现品牌的独特性

这是指品牌名称具有强烈的自身特征，不落俗套。这里的自身特征不仅指名称的发音、文字结构、词的含义和字的含义，还包括文字组合在当代的意义联想和关联，以及无曲解的地域覆盖范围和翻译的便利。香港金利来（Goldlion）公司，起先它的中文被翻译为"金狮"，而"金狮"在粤语中发音类似于"甘输"，很不吉利，产品销路一直不好。直到有一天，公司老板曾宪梓先生在拜访朋友时发现了问题所在，才组织人员对品牌名称进行重新的研究。但是，给品牌命名也不是一件容易的事情，直到有一天曾宪梓去澳门旅游，偶然间发现游船是中英文混译的，于是计从心来，便有了现在的"Gold"翻译为"金"，"Lion"翻译为"利来"的中文名，于是才有了后来的辉煌。正是品牌名称的独特设计，使自身的品牌与其他类似品牌，尤其是竞争品牌拉开了距离，这样才可以避免不必要的不利关联，并且更容易体现品牌自身的特点。

（三）促进销售

品牌名称是品牌的重要组成部分和企业的无形资产。在新产品进入市场的初期阶段，产品本身的质量应该说是特别重要的一个因素，品牌也需要一个赖以生存的独特的产品质量。但从长远看，任何一种独特的产品都会由于越来越严重的同质化而失去原先的"独特性"，取而代之的市场竞争实质上也就是品牌的角逐。因此一个好的品牌名称实际上就是为企业创造了一个可以赢在起跑线上的可能。首先，一个好的品牌名称会让消费者产生好的联想。通过以品牌名称为核心的品牌打造可以加强消费者对品牌的亲切感和牢固的关联，最终使消费者成为品牌的忠实拥护者。其次，一个好的品牌名称，由于其朗朗上口或者赏心悦目，在实际的运作中可以为企业节省下一大笔阐述与传播的成本。

（四）实现增值

品牌名称就是产品和服务的代号，一个好的品牌名称不仅会提升商品的档次和品位，同时也会提升企业的形象。同时，一个好的品牌名称会清晰地传递给消费者关于产品或服务的特点、个性和承诺，在品牌进一步的建设中也会较容易地创造出一种与产品密切相关的文化，为打造品牌减少成本，带来便利。一个难听或者毫无个性的品牌名称在市场拓展中，为了跻身竞争，将不得不花费巨额的广告宣传费用让消费者

记住这个名称。即便如此,也很难最终塑造出理想的品牌形象和品牌文化。在以品牌角逐为主要市场竞争的今天,消费者将会以更高的标准要求品牌,因此,品牌名称就是商品至关重要的先天质素,好的品牌名称带给企业的增值是无法估量的。

 案例分析 3-3

宏基改名

　　国际权威营销战略专家,定位理论创始人之一的艾尔·赖兹说:"名字是信息和人脑之间的第一个接触点。在定位时代,你能做的唯一重要的营销决策就是给产品起什么名字。"

　　宏基电脑被誉为华人第一国际品牌。宏基电脑 1976 年创业时的英文名称叫 Multitech,经过十年的努力,Multitech 只在国际市场上小有名气,但就在此时,一家美国数据机制造商通过律师通知宏基,指控宏基侵犯该公司的商标权,必须立即停止使用 Multitech 作为公司及品牌名称。经过查证,这家名为 Multitech 的美国数据机制造商在美国确实拥有商标权,而且在欧洲许多国家都早宏基一步完成注册登记。商标权的问题如果不能解决,宏基的自有品牌 Multitech 在欧美许多国家恐将寸步难行。在全世界,以"-tech"为名的信息技术公司不胜枚举,因为大家都强调技术,这样的名称没有差异化;又因太雷同,在很多国家都不能注册,导致无法推广品牌。因此,当宏基加速国际化脚步时,就不得不考虑更换品牌。宏基不惜成本,将更改公司英文名称及商标的工作交给世界著名的广告公司——奥美广告。为了创造一个具有国际品位的品牌名称,奥美动员美国、英国、日本、澳大利亚和中国台湾省分公司的创意工作者,运用电脑从 4 万多个名字中筛选,挑出 1000 多个符合命名条件的名字,再交由宏基的相关人士讨论,前后历时七八个月,终于决定选用 Acer 这个名字。宏基选择 Acer 作为新的公司名称与品牌名称,出于以下几方面的考虑:①Acer 源于拉丁文,代表鲜明的、活泼的、敏锐的、有洞察力的,这些意义和宏基所从事的高科技行业的特性相吻合;②Acer 在英文中,源于词根 Ace,有优秀、杰出的含义;③许多文件列举品牌名称时,习惯按英文字母顺序排列,Acer 第一个字母是 A,第二个字母是 C,取名 Acer 有助于宏基在报章媒体的资料中排行靠前,增加消费者对 Acer 的印象;④Acer 只有两个音节,四个英文字母,易读易记,比起宏基原英文名称 Multitech,显得更有价值感,也更有国际品位。宏基为了更改品牌名和设计新商标共花费近 100 万美元。应该说宏基没有在法律诉讼上过多纠缠而毅然决定摒弃平庸的品牌名 Multitech,改用更具鲜明个性的品牌名 Acer,是明智之举。在不良名称上只有负的财产价值;如今,Acer 的品牌价值超过 1.8 亿美元。

【总结】

一个品牌的名称就是自己的身份，它既体现了品牌的文化、科技、生产理念，同时，也是自身价值的所在。宏基的早期品牌名称与许多同行业的品牌名称出现了重叠，没有差异，也很难让消费者认同，很难推广到更大的区域。改名之后，宏基品牌的自身独特性凸现出来，为消费者所认同。

三、企业品牌名称设计的原则

品牌名称设计应该遵循以下原则。

（一）易读易记原则

品牌名称的首要功能是识别功能和传播功能，要让消费者轻而易举地通过名称来识别产品，并且能够通过各种途径使名称在市场上广为流传。德国著名的品牌专家海因里赫·赖夫认为，评价品牌名称好坏的第一项标准就是是否简明。所谓简明，是指语言形式的简单，便于消费者识别和记忆。

创立品牌的根本目的就是要占领目标消费群的心理，通过一系列的消费互动和有战略性的宣传逐步强化一种独特的愉悦体验，从而使消费者忠于品牌。因此只有当品牌名称简短通俗并具有亲和力，才有可能做到有效的传播。好的品牌名称要做到简洁明快，个性独特，读音响亮，高雅出众，要有强烈的冲击力和浓厚的感情色彩。如康佳、长虹、红豆、海尔、剑南春、蓝月亮、柯达、波音等。

（二）无歧义原则

品牌名称是经过一番缜密策划而准确定位得出的，它以最大限度地占领未来的目标市场受众的心理为目的，因此品牌名称的字面含义和引申含义都首先必须引起目标消费群普遍对该品牌的心理共鸣。比如"太太"口服液，这个品牌名称就非常符合当前中国大多数已婚女性潜在的心理需求——希望成为雍容华贵的太太。其次，时间因素对于含义也起着微妙的作用，不同时代的用语也带着不同时代的文化内涵。具有同样字面意义的"老婆"、"妻子"、"娘子"和"夫人"，均不能替代这个时代"太太"一词在已婚女性心目中的地位。

此外，地域性差异也影响着各地的消费者对同一事物的看法。比如仙鹤，在中国和日本都象征着仙风道骨和长寿，但在法国被看成是愚蠢和淫荡的妇女。象征"福"的蝙蝠在中国常常被用在吉祥的装饰画和饰品上，而英文的蝙蝠（bat）则更大地关联着吸血鬼的意思。再如，我国的"白象"牌电池出口到欧洲国家备受冷落，主要原因是品牌名称设计失误。因为在欧洲人眼里，大象是"呆头呆脑"的象征，并且英文"白象"的意思是指"无用而累赘的东西"。谁愿意购买无用而累赘的东西呢！另外，我国的"芳芳"牌化妆品在国外也因品牌名称设计失误退出英语国家市场。"芳芳"的汉语拼音是 fang fang，而英文 Fang 是"毒蛇的牙"的意思，抹在"毒牙"上的东西怎么能抹在嘴唇上呢？这无形中增加了消费者的恐怖感。以上几个例子充分说明了由于地域之间

企业品牌与文化

的文化差异,对于同一个品牌名称的解读存在歧义,因此,在对品牌名称进行命名的时候,不仅要考虑到在本地区消费的因素,如果要外销,还要考虑到销往地的文化习俗。

(三) 适应地域文化原则

为了保证品牌名称具有广阔的适应性,能冲破文化壁垒,以实现企业扩大市场之愿望,必须广泛分析、认真研究各个国家和地区的价值观念、风俗习惯、审美情趣、忌讳偏好、文化传统等,在品牌名称的设计上尽可能投其所好,避其禁忌。

如 Coca-Cola 公司进入我国时,为了翻译一个合适的中文名字,面向全世界征集名称,它的征集活动恰好被我国语言学家朱彝看到,于是翻译成"可口可乐"。名字被采用后,可口可乐公司又想:用什么样的字体呢?经过调查后决定采用中国人喜欢的苏东坡的字体,于是从苏东坡的《丰乐亭记》里摘抄出这四个字,刚劲有力,气度非凡,很快风靡全国。宝洁公司洗发水的一个品牌——"Head & shoulders",到中国之后翻译成"海飞丝",而没有翻译成"头和肩膀";一个名叫"Bausch & Lomb"(布什和隆姆)的隐形眼镜到中国后翻译成"博士伦",深受消费者的喜欢。

不少国际知名品牌进入中国市场时,既保留了原品牌名称的精华,又兼顾了中国消费者的文化、生活习惯和审美心理,深具文化内涵。例如,宝洁公司将中华文化的内涵全部融入品牌,创出了具有中国文化风格的"飘柔"、"潘婷"、"舒肤佳"、"汰渍"、"玉兰油"等好听、好记、意蕴丰富的名称;爱立信刚进入大中华区时,品牌名称直译为"埃瑞克森",后采用中国营销专家的建议改用"爱立信",被赋予了深厚的中国文化背景,为爱立信这一洋品牌实现中国本土化、塑造美誉立了不少功。还有像"宝马"、"奔驰"、"伟哥"等都是洋品牌中文俗译的神来之笔,起到了诠释品牌个性与文化内涵的作用。

(四) 新颖性原则

品牌名称设计应力求构思新颖,既要有鲜明的特点,与竞争品牌有明显的区别,又要切实反映出企业或产品的特征,暗示产品的优良属性。例如宝洁公司在美国推出的白色肥皂取名为"象牙"(Ivory),暗示肥皂像象牙一样洁白无瑕,令人爱不释手。"蜜蜂"牌缝纫机,暗示企业像蜜蜂一样造福人类,同时也激励人们要像蜜蜂一样辛勤劳动,创造美好生活。"汰渍"牌洗衣粉,汰渍是"洗涤污渍"的意思。"雅戈尔"(Younger)服饰,英文含义是年轻人,暗含着人们穿上它显得特年轻。还有"奔驰"汽车、"飘柔"洗发水、"飞鸽"自行车等,这些品牌名称无不与产品的功能特征相联系,让消费者从名称中就能感受到产品的属性。

1909年,法国的西蒙家族买下了库瓦瑟白兰地公司,生产白兰地。他们使用了拿破仑名人商标,把酒命名为拿破仑白兰地。醇厚的酒质加上名人效应很快产生了广泛的影响,拿破仑白兰地渐渐成为质量和精品的永恒标志,成为欧美各国一致推崇的酒中极品。时至今日,享誉国际的拿破仑干邑白兰地已风行全球160多个国家,而拿破仑 VSOP（高级白兰地）于 1983 年获法国政府颁发的优质产品荣誉奖，是唯一获此殊荣的法国 VSOP 干邑白兰地。西蒙家族把法国历史上的一位著名人物和白兰地的品牌名称联系起来，利用名人效应，不仅新颖，而且暗示着企业对品质追求的一种气量。

（五）富含情趣原则

品牌名称大多都有独特的含义和解释。有的是一个地方名称，有的就是一种产品的功能，有的就是一个典故。内涵深刻，富有情意的品牌，能唤起消费者和社会公众的联想。红豆是一种植物，又称为相思豆，加上唐代诗人王维的"红豆生南国，春来发几枝。愿君多采撷，此物最相思"，诗篇的传颂，红豆被视为爱情、亲情和友情的象征。江苏一服装企业以"红豆"为品牌，富蕴中国传统文化内涵，情深义重，很快打开了市场。百年老字号企业"同仁堂"，其品牌名称来源于一副对联"同修仁德，济世养生"。它倡导"炮制虽繁，必不敢省人工；品味虽贵，必不敢减物力"，体现了以民众利益至上的崇高的企业精神，深受老百姓的信赖，百年不倒。

在日本，20 世纪 50 年代，樱花胶卷的市场占有率超过了 50%。但后来，它渐渐让位于富士胶卷，最终被富士胶卷击败。据调查，樱花公司失败的原因不是产品质量，而是产品名称。在日文中，"樱花"一词代表软性的、模糊的、桃色的形象，"富士"一词则同日本的圣山富士山联系在一起。从中可以看出，品牌名称中所蕴涵的情趣和意味，对消费者的影响是巨大的。

（六）联想性原则

品牌名称影响消费者的品牌认知和品牌联想，有时会决定一个品牌的兴衰成败。因此，企业一开始就要为企业确定一个有利于传达品牌定位方向、有利于品牌传播的名称。这种名称要寓意丰富、启发联想，可以直接或间接地传递产品的某些信息，让消费者从中得到愉快的联想。一般来说，品牌名称可以巧妙、含蓄地蕴涵以下意义。

1. 产品的性能和特点

品牌名称具有宣传产品的功能，如果品牌名称能够反映产品的某些性能和特点，向消费者透露产品的有关信息，就能够引导消费。如雪花电冰箱、冰熊电冰箱、飞鸽自行车、去飞风筝、草珊瑚含片、两面针牙膏等。桑塔纳原是美国加利福尼亚一座山谷的名称，该地因盛产名贵的葡萄酒而闻名于世。山谷中经常刮起强劲的旋风，当地人称这种风为桑塔纳。德国大众公司以桑塔纳来命名自己的轿车，会使人们联想到轿车像旋风一样迅捷，也会使人们联想到轿车像旋风一样风靡全球。

2. 品牌的具体服务对象

任何品牌都有具体的服务对象，有自己的目标消费者。如果品牌名称能同目标消费者有适当的关联，让人们通过品牌名称知道品牌的消费主体，就可以大大提升品牌的信息传递效果，并引导消费。例如，以儿童作为服务对象的产品，可以起一个容

 企业品牌与文化

易发音、活泼、有灵气的名字,像"娃哈哈"、"小白兔"、"好孩子"等都是儿童市场上出类拔萃的品牌;以女性作为服务对象的产品,可以起一个娇柔、富有情调、包含着美丽字眼的名字,如"太太"、"永芳"、"柔娜"、"发嘉丽"等都是很好的女性用品品牌。

3. 品牌经营理念

如果通过简单的品牌名称能够传达品牌的经营理念,那么就能够赢得社会公众对品牌的认同和信赖,从而提升品牌形象。例如,20 世纪 20—30 年代的"抵羊"毛线就表达了"抵制洋货"的经营理念,雀巢品牌名称反映出"哺育、关爱"的价值观念。像"健民"、"百合"、"万家乐"、"青春宝"这样的品牌名称都是对社会公众表达良好祝愿。

(七) 合法性原则

品牌名称的合法性是品牌被保护的根本。品牌在命名时应遵循相关的法律条款,考虑该名称是否有侵权行为,还要注意名称是否在允许注册的范围之中。

对品牌的法律保护意识在我国一直是一个薄弱的环节。老字号品牌由于缺乏这种法律意识而被投机者钻空子抢先注册的例子很多,如天津的"狗不理"品牌作为我国的老字号品牌已是闻名遐迩,1994 年天津狗不理集团有限公司在当时的国家工商局注册了"狗不理"商标,1999 年 12 月 29 日,"狗不理"商标被国家工商局认定为驰名商标。1995 年 7 月 31 日日本大荣株式会在日本抢注"狗不理"商标,由于以前属于国有企业,直到 2005 年的近十年的时间里,"狗不理"一直没有对日本这一侵权行为提出抗议。2005 年 9 月,天津"狗不理"改制成功,投资人对"狗不理"品牌在日本受到侵权,以及韩国也有抢注"狗不理"的准备感到难以容忍,遂与日本大荣株式会社交涉,解决"狗不理"品牌的纠纷。

然而,在国内第一个使用"狗不理"名称的企业并非是天津狗不理集团有限公司。20 世纪 40 年代,济南天丰园饭店的"狗不理"猪肉灌汤包就已经家喻户晓了。由于缺乏品牌意识,只是曾于 1999 年向济南市工商局申请企业免检时,在其呈报的申请中显示,该企业以经营"狗不理"猪肉灌汤包闻名,属饮食业中的老字号。因此,2006 年 11 月 20 日山东省高级人民法院二审判决天丰园饭店不得在企业的宣传牌匾、墙体广告中使用"狗不理"三字,但仍可保留"狗不理猪肉灌汤包"这一菜名。由此可见,品牌名称首先必须遵照法律的有关规定进行设计和申报,只有这样才能得到法律的可靠保护。

四、品牌名称命名的方法

在对品牌用汉语进行命名时,要严格遵循汉语的语言规则,一般要考虑以下两个制约因素:一是选名的范围一般局限于汉语中常用的 3500 个语素;二是命名必须符合合成词法的规定。品牌命名方法归纳成以下十点。

（一）地域法

将企业及产品品牌与地名联系起来，使消费者从对地域的信任产生对品牌的信任。著名的青岛啤酒就是一个很好的例子，青岛让人联想到这座城市"红瓦"、"黄墙"、"绿树"、"碧海"、"蓝天"的壮美景色，使消费者在对青岛认同的基础上产生对青岛啤酒的认同。同样，飞速发展的蒙牛乳制品，就是将内蒙古的简称"蒙"字，作为企业品牌的要素。消费者看到"蒙"这个字，就会联想到"风吹草低见牛羊"的内蒙古自然景色，进而对蒙牛产品产生信赖。

（二）时空法

将相关的历史渊源作为企业及产品品牌命名的要素，使消费者对该品牌产生正宗的认同感。众所周知，"道光346酒"就是在1996年6月，凌川酒厂的老厂搬迁时，偶然发掘出穴藏于地下152年的清道光乙巳年的四个木酒海（古代盛酒容器）。经国家文物局、锦州市人民政府组织考古、酿酒专家鉴定，这批穴藏了一个半世纪的贡酒实属"世界罕见，珍奇国宝"。企业于是抓住历史赋予的文化财富，为用这种酒勾兑的新产品取名"道光廿五"。"酒是陈的香"，消费者只要看到"道光廿五"，就会产生喝到祖传佳酿的感觉。运用时空法确定品牌，借助历史赋予品牌的深厚内涵，迅速获得了消费者的青睐。

（三）目标法

将品牌与目标客户联系起来，进而使目标客户产生认同感。这方面的例子有"太子奶"，这个名称马上会让人联想到这是孩子们消费的乳制品品牌名称。还有"商务通"，直指那些在商海里拼搏的消费群，创造了一个电子产品的奇迹。运用目标法来命名品牌，对于获得消费者认同具有强大的作用。

（四）人名法

将人名、明星或企业首创人的名字作为企业及产品品牌名称，充分利用人名含有的价值，促进消费者认同产品。如"李宁"牌，就是体操王子李宁利用自己的体育明星效应，创造的一个中国体育用品的名牌。这类例子还有很多，如"乔丹运动鞋"、"本田"汽车、"张小泉"剪刀、"王致和"腐乳等。用名人姓名来命名品牌，可以很快速地提高认知率；用创办人姓名命名品牌，体现创办人怀有"不创名牌誓不休"的坚定信念。

（五）中外法

运用中文和字母或两者结合起来为品牌命名，使消费者对产品增加"洋"感受，进而促进产品销售。安徽芜湖市的奇瑞QQ汽车就是单独运用英文字母作为品牌名称的，消费者看到"QQ"两个字母，立即会联想到互联网上著名的即时通信软件QQ，于是就会产生可爱活泼的亲切感。"雅戈尔"品牌用英文YOUNGER音译作为品牌，增加了西方文化的感受。运用中外法，要巧妙结合，切忌为洋而洋，或为中而中，尤其是

 企业品牌与文化

防止乱用洋名,否则可能使消费者产生厌恶,起到反作用。

（六）数字法

借用人们对数字的联想效应,促进品牌的特色。如"三九药业"的品牌含义就是:健康长久、事业恒久、友谊永久。"7-11"是世界上最大的零售商和便利店特许商,该公司用"7-11"为企业命名的意思是用自己从1946年推出的深受消费者欢迎的早7点至晚11点的营业时间的服务特色命名的。运用数字命名法,可以使消费者对品牌增强差异化识别效果。

（七）功效法

用功效法对产品品牌命名,使消费者能够通过品牌对产品功效产生认同。如"脑轻松"就是一个健脑益智的营养口服液的品牌;"飘柔"洗发水,以产品致力于让使用者拥有飘逸柔顺的秀发而命名。运用功效法命名品牌,可使消费者一看到品牌名称,就联想到产品的功能与效果。

（八）价值法

把企业的追求凝练成语言,为品牌命名,使消费者能够感受到企业的价值观念。如"同仁堂"、"德仁堂"药业,传达出北京"同仁堂"和四川"德仁堂"的"同修仁德,济世养生"的远大追求。因此,运用价值法为品牌命名,对消费者迅速感受企业价值观具有重要的意义。

（九）形象法

这是指运用动物、植物或自然景观为产品品牌命名。如"七匹狼"服装,给人以狂放、勇猛的感受,使人联想起《与狼共舞》的经典情节;"圣象"地板,让人联想到大象都难以踏坏的地板。运用形象法命名品牌,可使人产生联想与亲和的感受,提升认知速度。

（十）企业名称法

这是指将企业名称作为品牌的名称。如"海尔"、"春兰"、"KODAK"、"三洋"等。国外著名品牌一般是采用缩写的形式,如"IBM"的全称为 International Business Machine Corporation,"3M"的全称是 Minnesota Mining and Manufacturing Corporation。将企业名称的每一个词的第一个字母组织起来构成一个新词,其特点是简练;运用企业名称法来进行产品品牌命名,有利于产品品牌与企业品牌相互促进,达到有效提升企业形象的目的。

值得指出的是,"功效法"虽然已经作为一种现状在目前的市场上出现,但实际上从严格意义来说,根据《商标法》的要求:商标不得直接表示商品的质量、功能、用途、数量以及特点。所以在给品牌命名的时候,应当尽量去避免直接表述商品的功效,但依然可以通过"价值法"或"形象法"等其他手法进行文化上的演绎。

第三节 企业品牌标志的设计

一、企业品牌标志的概念

(一)企业品牌标志

1. 标志

标志是表明事物特征的记号。它以单纯、显著、易识别的物象、图形或文字符号为直观语言,除表示什么、代替什么之外,还具有表达意义、情感和指令行动等作用。标志,在现代汉语词典中的解释是:表明特征的记号。

2. 品牌

品牌是一种识别标志、一种精神象征、一种价值理念,是品质优异的核心体现。培育和创造品牌的过程也是不断创新的过程,自身有了创新的力量,才能在激烈的竞争中立于不败之地,继而巩固原有品牌资产,多层次、多角度、多领域地参与竞争。作为公司的名称、产品或服务的商标,品牌和其他可以有别于竞争对手的标示、广告等构成公司独特市场形象的无形资产。

3. 品牌标志

品牌标志是一个信息的集合,它首先是视觉语言信息的集合,通过自身的色彩、造型、图案等视觉元素引发消费者对其产品产生联想,和同类产品拉开视觉距离,达到促进销售的目的。品牌标志自身能够创造品牌认知、品牌联想和消费者的品牌偏好,进而影响品牌体现的品质与顾客的品牌忠诚度。

4. 品牌标志和商标的区别

品牌标志和商标的不同主要体现在以下四个方面。

(1)两者的话语权不同。注册商标是法律上的概念,而品牌标志是口碑与社会影响范畴的概念。

(2)两者受保护方式不同。注册商标由于执行的是法律程序,因此受到法律的保护;品牌标志要依照市场规则不断发展,自我保护。

(3)两者增值方式不同。注册商标的增值不仅依照法律也依靠市场规律而运作,品牌标志主要是依靠营销策略,运用科技、文化等手段,在社会中长期积累塑造自身的附加值。

(4)两者认定不同。国家工商行政管理总局商标局是受理商标注册的唯一机构,注册商标要取得国际上的认定,还须根据《商标国际马德里协定》进行注册。注册商标的认定是政府法律行为。品牌标志的认定则是由具有一定公信力的行业权威机构或组织通过市场调研和评估而评定的。比如国内的知名品牌的认定是由中国名牌

战略推进委员会认定。世界名牌是由美国的《商业周刊》认定。

（二）企业品牌标志的内涵

企业标志设计是标志设计的主要应用部分之一，是企业视觉传达系统中的重要组成部分，是企业视觉形象的核心内容。它构成企业形象的基本特征，体现企业的内在素质，是企业文化内容的集中体现。

图3-5　铁路系统的标志

企业标志设计不仅仅是一个简单的图形设计、文字设计，或者图形与文字的简单组合，而是要创造出一个既具有商业应用价值的、又兼有艺术欣赏价值的视觉形象。最终设计出来的标志图形是对企业整体形象的艺术概括，设计师通常运用自己的创造方式，用生动具体的感性形象去描述它、表现它，促使标志设计的主题思想深化，从而达到对受众准确直观地传递企业信息的目的。如铁路系统的标志是将"工人"两个字变形成一个火车头的造型，见图3-5。

 案例分析3-4

联通标志内涵

中国联通的公司标志是由中国古代吉祥图形"盘长"纹样演变而来的。回环贯通的线条，象征着中国联通作为现代电信企业的井然有序、迅达畅通以及联通事业的无以穷尽，日久天长。见图3-6。

图3-6　中国联通的标志

标志造型有两个明显的上下相连的"心"，它形象地展示了中国联通的通信、通心的服务宗旨，将永远为用户着想，与用户心连着心。

中国红：国旗色，代表热情、奔放、有活力，是中国情结最具代表性的颜色。象征快乐与好运的红色增加了企业形象的亲和力并给人强烈的视觉冲击感，与活力、创新、时尚的企业定位相吻合。

水墨黑：最具包容与凝聚力的颜色，是高贵与稳重的象征。红色和黑色搭配具有稳定、和谐与张力的视觉美感。

红色双"i"是点睛之笔，既像两个人在随时随地沟通，突出了"让一切自由连通"的品牌精神，又在竖式组合中巧妙地构成了吉祥穗造型，强化了联通在客户心中吉祥、幸福的形象。

i：发音同"爱"，延伸"心心相连，息息相通"的品牌理念；英文释义"我——i"、"信息——information"，迎合"以客户为中心"的营销模式以及"向客户提供一体化的通信与信息服务"的品牌营销总体思路。

【总结】

联通的标志既体现出企业文化的内涵，同时也传递出企业的价值观、市场观和人文观。整个标志由图案、文字、字母三个部分组成，颜色也有黑和红两种，字母的颜色寓意着深刻的内涵，给人以启发。

（三）企业品牌标志设计的基本原则

企业标志设计不仅要设计图案，还要创造出一个具有商业价值的符号，并兼有艺术欣赏价值。标志图案是形象化的艺术概括。设计师须以自己的审美方式，用生动具体的感性形象去描述它、表现它，促使标志主题思想深化，从而达到准确传递企业信息的目的。企业标志设计的难点是如何准确地把形象概念转化为视觉形象，而不是简单的像什么或表示什么。既要有新颖独特的创意，表现企业个性特征，又要用形象化的艺术语言表达。

企业标志设计具有双重任务：一是能够被快速识别；二是在被快速识别的同时，表达出企业的名称、性质、产品、特点、信誉等含义。标志设计要实现这一目标，必须遵循一定的原则和要求。

1. 要便于识别和记忆

标志是信息传播的载体，通过自身简洁概括的形象来传递特殊的含义。根据人的感知特性，标志设计应该首先抓住与感知和记忆有关的特征，引起人们的视觉注意和心理共鸣，使人们产生心理认同，从而形成良好的视觉印象。要设计出既便于识别又形式美观的标志图形，就要遵循一定的造型要求：要具有简洁的特征，使标志形象更具有力度感和视觉张力；色彩的运用也对标志的表现力有着举足轻重的作用。

广州亚运会的标志设计（见图 3-7），以柔美上升的线条，构成了一个造型酷似火炬的五羊外形轮廓，构图以抽象和具象相结合，在灵动、飘逸中不失稳重，象征着亚运会的圣火熊熊燃烧、永不熄灭。既体现了广州的城市象征，又表达了广州人民的美好愿望，表现了运动会应有的动感。这个标志的整体外观就像一只羊，和广州的别称"羊城"暗合，使它与其他任何一届亚运

图 3-7　广州 2010 亚运会标志

会区分开来。

2. 必须是原创作品

设计贵在原创性和首创性。原创的标志不仅具有独特的外形，能给受众留下深刻的视觉印象，还要经得起时间的考验。由于是原创，凝聚了设计者独特的思维方式和创意，不会给人似曾相识的类同感，这样的标志设计才具有趣味，才能成为企业独特的代表，是谁也无法取代的。

我国的一些企业用"凤凰"做产品名称的不少，品牌标志也多是具有传统特点的凤凰图案，如凤凰牌自行车的品牌标志（见图3-8）就是一只很传统的凤凰形象。而凤凰电视台同样选择了凤凰作为品牌标志（见图3-9），但是，在设计上，突破了传统的凤凰图案，用抽象的手法绘制了一凤一凰，这一阴一阳的两个主体像两团燃烧的火，极富动感地共容在一个圆内，既具直观性又有象征意。凤尾和凰尾突出开放的特点，寓意着凤凰电视台将以开放的思维和开阔的视野去认识这个纷繁多姿的世界。同是使用凤凰这个品牌名称，但是，凤凰电视台的标志突出了开放交汇的现代意识，突破了传统的凤凰形象，具有独创性，给人们留下了深刻印象。

图3-8　凤凰自行车的标志

图3-9　凤凰资讯台的标志

3. 表达的意念要准确

企业品牌标志设计是企业形象的总代言，是各种信息的综合表现体，受众是社会公众。这就要求标志所表达的理念，不管是企业的名称，还是商品的属性、经营特色等，都必须准确。无论是对哪种设计元素的运用，无论采取何种表达方式、表现手法，内容和形式都要有机地融合、统一。

案例分析3-5

CBA标志的变化

CBA（中国篮球联赛）原标志由篮球、篮筐、篮球剪影人及CBA字母构成（见图3-10），过于具体化的表现手法使整个标志缺乏延展性和想象力，并没有展现任何联赛的理念。原标志没有赋予中国篮球联赛的任何身份特征,放在众多国际级别的比赛标志中,有篮球特性,却没有中国特性。另外,原标志的设计手法过于具象烦琐,线条复杂,不够概括,应用难度比较大,原标志红黄色彩搭配源自中国国旗色,有国家级比赛的正式感,却缺乏国际感,且色相饱和度过高,对比过于强烈,受众接受心理上有生硬、老套的感觉。

新的CBA标志(见图3-11),深刻挖掘中国文化精髓,借鉴了既具中国识别性又被国际认可的脸谱元素的构成方式,将其线条走势与篮球纹理创意结合,使整个标志深具中国文化的内蕴魅力,又有与国际接轨的时代感,显示独特的中国身份。面孔作为人最具代表性的元素,代表着憧憬与希望,将数以万计关注篮球的人们抽象浓缩为一张CBA的全新面孔,暗示CBA正因为他们的关注才可以成长发展,并肩负他们的希望立志成为国际顶级的联赛;同时,CBA也是代表中国体育向世界展现的一个全新面孔。

新标志进行了不同颜色的配比,五大洲的颜色突出联赛的包容性和凝聚力,体现国际化的发展方向,并降低了色相的饱和度,使整个标志和谐生动,具有开放的、流动的视觉体验和生命活力的心理体验。

图 3-10 旧 CBA 标志

图 3-11 新 CBA 标志

【总结】
CBA旧的标志存在最大的问题就是它所表达的理念并不准确,既没有突出篮球联赛的理念,也没有突出中国本土特色,很难让人接受。CBA的新标志,用极具中国特色的脸谱形象,又巧妙地把篮球的纹理融于其中,把中国人对篮球的热爱和中国篮球渴望走向世界的情怀用中国元素完美地呈现出来。

4. 具有广泛的适用性

企业标志设计应该适用于多种视觉传达的媒体,适用于各种应用的场合。无论标志放大或缩小,人们都能轻松地看清楚,快速地识别它。能够应用于平面广告宣传、电视广告宣传,在产品上的应用和CI系统的应用等。虽然各种媒介具有各自的特点和优势,但每一种媒介也有一定的局限性。要使标志设计具有广泛的适用性,就必须在设计过程中考虑周到,把各种情况都考虑进去。

国家体育场的标志(见图3-12)以"鸟巢"外形为基础,设计简洁大气,流畅的线条富有强烈的动感,把体育场的外形和标志有机地统一起来。这种标志,无论使用在什么样的媒体中,清晰明快的线条都会给人留下深刻印象。

图3-12　国家体育场标志

5. 标准规范,便于制作

对企业标志设计的大小、尺寸、色彩、应用都制定一个标准,并用法规或法律来规定。这样可以使企业标志设计的使用更加规范,有助于标志应用于不同的材质、不同环境,保持统一和最好的视觉效果。现代经济的发展,很多企业的国内、国际合作越来越紧密,要想使企业的标志在国内的任何城市或者国外的城市被人们快速识别,就必须严格按照各企业所设计规定的标志使用规范来运用。这样不仅增强了企业的知名度,也使一些图谋不轨的制假者无机可乘。

6. 具有一定的视觉美感

标志的造型符合形式美的规律,在简洁明了的基础上,给人以审美的享受。这种视觉美感,要符合大众的审美情趣,只有这样才能被大多数人所接受。另外还要高瞻远瞩,用未来的眼光来设计标志,这样的标志设计才经得起时间和时代的考验,才会具有永恒的艺术生命力。

图3-13　杭州城市标志

杭州城市标志(见图3-13)以汉字"杭"的篆书进行演变,体现了中国传统文化底蕴;将无可替代的城市名称与无可替代的视觉形象合而为一,具有独特性、唯一性和经典性。标志中"杭"字巧妙地将航船、城廓、建筑、园林、拱桥等诸多要素融入其中,构图精致、和谐相融,而开放的结构又显示出大气舒展的气度,是"精致和谐、大气开放"城市人文精神的完美的视觉表达。

二、品牌标志与企业文化

美国一位设计师普罗斯说过:"人们总以为设计有三维:美学、技术和经济,然而更重要的是第四维——人性。"任何一个组织的品牌标志的设计,都应该立足于人,而非产品或金钱,要体现出企业的人文精神。

 案例分析 3-5

保时捷的品牌标志

保时捷的英文车标采用德国保时捷公司创始人费迪南德·保时捷的姓氏。图形车标采用公司所在地斯图加特市的盾形市徽。"PORSCHE"字样在商标的最上方,表明该商标为保时捷设计公司所拥有;商标中的"STUTTGART"字样在马的上方,说明公司总部在斯图加特市;商标中间是一匹骏马,表示斯图加特这个地方盛产一种名贵种马;商标的左上方和右下方是鹿角的图案,表示斯图加特曾是狩猎的好地方;商标右上方和左下方的黄色条纹代表成熟了的麦子颜色,喻指五谷丰登,商标中的黑色代表肥沃土地,商标中的红色象征人们的智慧和对大自然的钟爱,由此组成一幅精湛意深、秀气美丽的

图 3-14 保时捷的标志

田园风景画,展现了保时捷公司辉煌的过去,并预示了保时捷公司美好的未来,保时捷跑车的出类拔萃(见图3-14)。

【总结】

企业标志不仅是一个图案设计,还要创造出一个具有商业价值,并兼有形象化的艺术欣赏价值符号,促使标志主题思想深化,能更好地将企业文化、企业精神、经营理念、战略目标等通过特殊的图形形式固定下来,从而对企业产生认同感。

(一)品牌标志对企业内涵表现的形式

能反映企业文化内涵的标志,才最有生命力。将品牌内涵反映到标志上,主要是将品牌名称和主体标志语与公司完美结合,烘托出品牌特征。标志中所能体现的企业内涵有三种类型。

1. 单一内涵

比如中国工商银行和中国银行的标志,皆采用古钱币的形式,表现银行的货币,而不同的是,工行标志中间是一个象形的"工"字,中行品牌标志中钱孔是一个象形的"中"字(见图3-15)。可以说,单一的内涵中传导出品牌形象。

2. 双重内涵

比如中国建设银行的标志(见图3-16)是将两个重叠的破损缺口古钱币构出中国建行的英文名称前两个首字母"C",以及另一内涵是人们所说的"OK"时的手势,双重组合具有双重意思。

图 3-15　中国银行的标志

图 3-16　中国建设银行的标志

3. 多重内涵

著名的世界雪糕品牌"和路雪",红黄搭配的"双心"标志,富有人情味,给人温暖的品牌内涵(见图 3-17)。可见,品牌标志有内涵,才会为人们所喜所爱,直至认同。

图 3-17　和路雪的标志

(二) 品牌标志对企业文化的反映

1. 品牌标志要有视觉冲击力

品牌标志有视觉冲击力,才会在千千万万的标志中脱颖而出。在视觉的效果上,标志要达到无论是放大还是缩小,都能够一眼看得出来,都能引起人们的特殊兴趣的效果,比如太阳、长城、龙凤图形等,已成为人们视觉选择上的文化基础。

2. 品牌标志要反映时代个性

品牌标志,鲜明地标志着时代的经济发展。《中国工商报》在 2001 年 1 月 18 日以整版篇幅刊出"点评中国老商标",展示百年来我国品牌商标的历程。从展示中我们可以看到百年来品牌标志设计理念的变化,打下了深刻的时代烙印。

品牌标志可以反映时代的文化和特征,没有时代个性的标志,就无法与新时代的公众沟通。我国许多老字号标志,如北京同仁堂、大中华、贵发祥、狗不理、内联升(见图 3-18)等,这些老字号与肯德基、麦当劳、万宝路比起来,品牌标志的个性虽没有那么的鲜明和生动,却体现了时代特征。

3. 品牌标志要寓入文化因素

品牌标志只要有文化韵味,便会给人艺术享受,让人产生某种联想,甚至引起某种情思。如古井贡酒的标志(见图 3-19),由有特色的地方古树、老井构成,很显然是标明古井酒的来源地——亳州市古井镇,使人产生一种古远的文化情思。

图 3-18　中国老字号"内联升"的标志　　图 3-19　古井贡酒的品牌标志

4. 企业文化是标志创作的源泉

标志的创作来源于企业文化又高度地概括企业文化,它是企业文化的凝练与升华。成功的标志设计应是内容与形式的完美结合,纯粹地追求形式感而没有内容,对企业和消费者来说是苍白的。日本 SONY 公司理事、宣传部长黑木靖夫提出"软件导向论",其实就是认为企业的形象系统应深入到企业文化的深处,这一观点得到越来越多的同行的认可。我们无论是从标志内容还是形式上的探析,都可以在企业文化当中汲取丰富的营养,寻找灵感,给予设计思维方向上的启示。企业文化包括企业的方方面面,在管理领域中,主要指企业的指导思想、经营理念和工作作风,包括价值观念、行业准则、道德规范、文化传统、风俗习惯、典礼仪式、管理制度以及企业形象。因此每个企业都有自身的风格、特点,都有各自的管理理念,呈现出多种多样的内容与形式。

企业的标志就是企业信息传播的直接方式,它可以代表着企业的理念、公司的规模、经营的内容和产品的特质,是将企业抽象的精神内容以具体可见的造型、图形表达出来。

5. 新颖别致还要不落俗套

品牌标志,永远要给人耳目一新的感觉。国内外许多成功的企业,皆是借助于新颖别致、不落俗套的商标图案来强化自己的竞争实力,从而引起人们的喜爱。天津顶新国际食品公司推出的系列方便面,以"康师傅"命名,独特的品牌商标,照亮了康师傅的品牌形象。巧克力糖果品牌"麦力素"(M&M),它的名字不仅以简单的印刷体字母注册,而且以各种习惯使用的艺术形式或设计奇特的样式注册,从而成为玛氏公司最有价值的强势品牌。品牌标志要走出自己的一条创意之路,模仿和克隆是不利于品牌构建的。我国品牌标志,在追求新颖别致、不落俗套这方面还不够完美,大量雷同的标志泛滥成灾。这样下去,企业必将失去"自我"。

图 3-20 是两个医院标志的设计图,大家可以分析一下两者之间有哪些雷同?

图 3-20　两个医院的标志

（三）标志与企业文化的调和

标志以特定而明确的造型或图形来表示事物、代表事物，可以从多方面展现企业的诉求。

1. 以企业品牌经营为诉求目标

有很多企业以企业名称或品牌名称作为公司的标志，即所谓的字体标志。追溯现代企业标志设计的发展史，用企业名称做标志的也不少，例如 IBM 公司、可口可乐公司、SONY 公司，这些知名企业不仅成功地经营了品牌，而且提升了公司标志的价值。品牌与标志合二为一，极大地强化了品牌概念，增强了记忆度。它们的标志设计被视为经典，与其优秀的企业文化息息相关，它们企业形象设计的思路与企业管理文化相结合的典范也成为今天众多企业学习的楷模。

2. 以体现企业名称的含义为诉求目标

有人说 21 世纪是图形的世纪，这话不无道理。面对铺天盖地的信息，图形化的形式比文字形式更能吸引人的注意。文字的表达烦琐而冗长，根本不能引起强烈的视觉刺激，而图形符号比文字符号更具直观性、生动性，更为概括、抽象，使人一目了然。尤其在如今争夺眼球的时代，这一点尤其重要。很多企业的标志采用具象化的图形直接表明公司的名称，如彪马公司美洲豹的标志（见图 3-21），非常生动形象，以图形强化公司品牌，易于记忆，更是广告传播的一种有效手段。

图 3-21　彪马公司美洲豹的标志

3. 以体现企业精神、理念文化为诉求目标

企业的精神、理念是企业赖以生存的原动力,也是构成企业文化的核心内容。企业的理念识别系统包括企业的经营理念、经营信条、企业使命、企业目标、企业精神、企业哲学、企业性格、座右铭和经营战略等具体内容。企业的理念属于思想、文化的意识层面,它是属于抽象思考的精神领域,理念识别就其自身而言是无法实现其自身的,它不能具体显现自身的内涵,它必须依赖企业活动和企业视觉形象设计来完成。好的标志创作能将企业所追求的理念主张予以明确化,再转化为通俗易懂的图形,并以最合适的题材作为创意的表现,最后形成企业独有的价值与文化。

4. 以体现企业经营内容与产品外观造型为诉求目标

企业经营的内容或其生产的产品是企业生存的依靠,如果设计师能够将产品的特征进行高度的概括、艺术化的处理,得到的标志图形不但具有直接说明或象征企业经营内容、服务性质、产品特色等告知作用,而且具有准确地为企业定位的功效,有着强烈的"归属意识",能够快速地唤起企业和消费者的认同。

"千秋茶叶"的标志(见图3-22),选择该企业经营内容的相关事物一片茶叶去创作,使得标志的设计体现出一种强烈的归属感,并直接利用图形表达企业职能和产品的特色。

5. 以企业品牌的传统历史或人文环境为诉求目标

企业文化是社会的亚文化,因此某一地域、某一国度的企业文化都会或多或少地带上社会文化、民族文化的烙印。在标志的创意上刻意强调企业品牌悠久的历史传统文化或独特的地域人文环境,可诱导消费者产生权威性的认同或对于某种文化情趣的追寻怀旧。由于历史文化的因素,这类标志的设计构思具有强烈的故事性与说明性的特点,通常以写实或卡通的造型作为表现形式,或者具有装饰风格的图案或某种浓厚的艺术文化形式,简练、生动、个性突出,其他标志很难与之雷同,如肯德基的标志(见图3-23)。

图3-22 千秋茶叶标志

图3-23 肯德基的标志

三、品牌标志设计的程序

(一) 调查研究

首先要进行市场调查,通过调查获得有关信息资料,作为设计的依据和创意的出发点。企业在为品牌设计标志时,要精心策划,全力以赴,期望开发出一个精致、成功的标志,使之具备进入市场的先天优良素质。

在做品牌标志设计之前,必须对市场进行了解,大致从以下几个方面着手:①品牌经营理念与未来的发展规划;②品牌经营的内容、产品的特点、服务的性质;③企业经营的规模与市场占有率;④产品的特性、用途、价格、工艺流程;⑤产品的产地、销售地区、品位;⑥产品销售对象及其年龄、性别、职业、风俗习惯,同类产品竞争对手的规模、生产能力、市场占有率、价格等情况;⑦对同类竞争企业的标志、品牌标志。对这些都加以收集、整理、分析,从中比较各标志的优缺点作为设计的参考。

同时,在设计之前还需要确定以下事项:①是否作为企业的唯一品牌标志,还是需要照顾到企业其他品牌之间的关联;②是否要考虑与企业原有标志之间的延续性问题,还是全新设计;③是否与企业本身的识别相关联。

在上述分析研究的基础上,方能整理出设计的意念与表现的重点。但是还必须对企业外部环境进行调查研究,比如收集、整理、分析研究在市场竞争中相关企业的品牌、标志,并通过市场调查竞争企业标志的知名度、消费者对竞争企业标志的客观印象,以及产生某些印象的原因,从而了解广大消费者对品牌标志设计题材、造型要素、构成原理、表现形式的好恶程度,以此作为设计的参考。

(二) 意念开发

意念开发即立意。当一一分析了企业的规模、品牌印象、经营理念、经营内容、产品特色、技术和服务等因素后,结合企业与市场对该品牌的期望,一个大体清晰的品牌面貌便产生了。从设计角度说,有了一个明确的设计方向和目标,可以通过选择合适的设计主题和素材,使之具体化。依照设计主题和素材分类,可以考虑以下八个设计方向:①以企业、社团或公司名称为题材;②以企业、社团或公司名称的首字(或首字母)为题材;③以企业、社团或公司名称与首字(或首字母)组合为题材;④以企业、社团或公司名称或首字(或首字母)与象形符号组合为题材;⑤以企业、社团或公司名称的含义为题材;⑥以企业、社团或公司的文化、经营理念为题材;⑦以企业、社团或公司经营内容、产品造型为题材;⑧以企业、社团或公司的传统、历史为题材。

依据上述设计方向进行设计可产生不同个性和形象特征的标志。一般来说,企业商标品牌的知名度高、企业产品的市场占有率强、企业的规模大者,较适合采用文字系统标志。

若是企业名称和品牌的知名度不高,为了刻意强调企业名称和品牌名称,提高其知名度,也可以用文字标志的形式,通过视听觉结合的方式来强化品牌名称的诉求力,在消费者心中留下深刻的印象。相对于字体标志来说,图形标志的图案或抽象的符号比较直观和形象,具有强烈的识别性、说明性和亲切感,对于社会大众的识别认同较具有诉求力。

(三)设计表现

当标志设计的意念开发取得很多的发展方向的时候,可从中选择几个符合该品牌市场期望的发展方向,进行个别深入的垂直发展。设计重点在于:①确定标志的基本造型要素,是以点、线、面、体单一因素造型,还是综合多种因素进行设计;②选择恰当的构成原理,依据形态构成美的原则即形成法则进行分析和探讨,如动与静、节奏与韵律、比例与尺度、空间与分割、对称与均衡,在合理运用构成原理的基础上调动造型要素,力争创造出符合品牌精神、有独特个性、应用时有较大灵活性的标志视觉图形。

(四)标志的精细化作业

精细化作业就是指从大量的草图方案中筛选出三个左右比较完整、满意的方案进行调整和完善。也就是对筛选的方案进行广泛的征求意见,除了征求同行的意见外,还可以征求各种职业,不同年龄段,特别是受众群中人士的意见,从而进行调整和完善。从图形的完整性、黑白关系、长宽比例、线条粗细、放大或缩小、疏密关系等方面反复斟酌比较,最后确定一至两个最佳方案,再做以下方面的检验:①标志是否准确反映主题内容;②标志造型的视觉修正;③标志色彩的研究;④标志是否简洁、醒目和美观;⑤标志是否具有独特的个性;⑥标志与静态、动态、材料组合的适应性;⑦视觉符号相互之间是否还有巧妙结合的可能性;⑧若译成英文是否有不好的含义。

 技能训练

【训练目标】

(1)了解品牌标志与企业文化内涵之间的关系。
(2)熟悉品牌标志设计的基本要点。

【训练内容】

图 3-24 是"美的"不同阶段的品牌标志。

图 3-24　美的不同阶段的品牌标志

【训练步骤】

(1) 请查阅相关资料,了解"美的"的发展历史,以及不同发展阶段的品牌标志的内涵。

(2) 分析这四个时期的品牌标志内涵之间的相同与不同之处。

(3) 结合相关知识,深刻领会品牌标志设计的基本原则。

【训练要求】

(1) 要熟练掌握品牌设计的相关知识。

(2) 要能结合品牌文化与企业文化之间的关系理论来进行分析。

本章小结

本章从企业品牌设计入手,在对企业品牌文化认识的基础上,分析了企业品牌建设的重要作用和基本原则,进而提出了企业品牌建设是企业文化的重要组成部分的观点。接着又对品牌建设中的两个重点,即品牌名称的设计和品牌标志的设计,进行了论述,结合大量鲜活的实例,对品牌设计的内涵进一步挖掘,为相关从业者提供了一些实用性的知识。

本章练习

一、判断题

1. 品牌意识,是指人们对品牌的观点和态度的总称。( )

2. 好的品牌设计要能够很好地传达企业的文化核心理念,将这种信息传递给消费者。( )

3. 品牌设计就是品牌标志的设计。( )

4. 品牌名称间接体现品牌文化。( )

5. "凤凰"、"红双喜"、"剑南春"等企业名称体现了民族文化特色。( )

6. 个性化品牌设计是通过产品的外形的设计突出品牌的个性化,加强消费者的记忆。( )

7. "同仁堂"、"德仁堂"这些药业企业的名称采用了价值法命名。( )

8. "永芳"、"柔娜"等企业名称能让人联想到产品的功能。( )

9. 企业标志设计前进行市场调查的目的是为避免设计的标志雷同。( )

10. "同仁堂"、"大中华"、"贵发祥"、"狗不理"这些老字号的标志都陈旧了,体现不出时代的特色。( )

二、单项选择题

1. 工行标志中间是一个象形的"工"字,这种内涵的表现形式属于( )。

  A. 单一内涵 B. 双重内涵 C. 多重内涵 D. 简单内涵

2. 企业标志设计既要创造出一个具有商业价值的符号,还要有(　　)价值。
   A. 人文　　　　B. 民俗　　　　C. 艺术欣赏　　D. 社会
3. 飘柔洗发水的品牌名称的命名是(　　)法。
   A. 形象　　　　B. 功效　　　　C. 目标　　　　D. 价值
4. 品牌名称的(　　)性是品牌被保护的根本。
   A. 独创　　　　B. 新颖　　　　C. 合法　　　　D. 形象
5. 产品是实体,品牌名称则是(　　)。
   A. 象征　　　　B. 虚像　　　　C. 内涵　　　　D. 名称

三、多项选择题
1. 品牌设计的创新性体现在(　　)方面。
   A. 形态　　　　B. 理念　　　　C. 色彩　　　　D. 名称
2. 企业品牌具有(　　)属性。
   A. 文化　　　　B. 经济　　　　C. 企业　　　　D. 社会
3. 品牌名称设计的作用包括(　　)等方面。
   A. 便于识别　　B. 体现个性　　C. 促进销售　　D. 增加影响
4. 企业标志设计具有双重任务,具体是(　　)。
   A. 能够被快速识别　　　　　B. 表达出企业的含义
   C. 体现企业的经营诉求　　　D. 展示企业的文化品位
5. 企业名称设计联想性原则中,可以蕴涵(　　)意义。
   A. 产品的性能和特点　　　　B. 品牌的具体服务对象
   C. 品牌经营理念　　　　　　D. 产品的生产者

四、简答题
1. 简述企业品牌标志设计的基本原则。
2. 简述品牌名称和产品名称的区别。
3. 简述品牌设计与品牌意识的关系。

五、案例分析题

橡果国际品牌设计方案

橡果国际,是主要从事产品研发、生产、营销策划、商品零售等业务的大型技工贸一体化企业。公司以电视、网络等多种媒体为推广手段,以计算机信息管理系统为辅助工具,成功创立起多媒体的商业推广平台。在中国快速增长的个人消费品市场上,橡果国际通过纵向垂直整合,取得了令人瞩目的市场业绩。

橡果国际的图形标志(见图3-25)将抽象的橡果果实进行艺术变体,同时增强若隐若现的橡叶,使其视觉感更丰硕、饱满和充实,体现出橡果国际稳定成长、成熟的企业发展态势和领袖风范。中英文标志,通过大粗黑的稳重粗犷字体,表现了橡果国际电视直销行业领跑者的实力,标志更稳固,更有气魄。"O"字母的圆形内含

图 3-25　橡果国际的标志

抽象的艺术橡叶,表现出橡果国际"纳百川,容乃大"的伟大胸襟和气概,也预示了橡果国际打造名品遍天下的国际大集团的企业理念。整个标志组合较简约、大气,具有国际化大品牌的视觉冲击力和记忆力。

1. 橡果国际的图形标志体现了企业价值的(　　　)。
   A. 单一性　　　　B. 多重性　　　　C. 双重性　　　　D. 指向性
2. 橡果国际的标志组合较简约、大气,具有国际化大品牌的(　　　)。
   A. 视觉冲击力和记忆力　　　　B. 广泛的适用性
   C. 民族性　　　　　　　　　　D. 原创性
3. 从橡果国际的图形标志的设计理念上,我们能看到产品外观造型要体现(　　　)的诉求。
   A. 消费者　　　　　　　　　　B. 企业经营者
   C. 企业经营内容　　　　　　　D. 社会

第四章　企业形象的策划与塑造

 学习目标

了解企业形象的含义、构成要素和根据不同划分标准而划分的企业形象的主要类型；理解企业形象作为企业的一种重要无形资产对于企业经营目标的实现所具有的重要意义，理清打造企业品牌、塑造企业形象与建设优秀的企业文化之间的内在关系；掌握企业形象的宣传推广中有哪些常用的媒介和各种媒介的优点和不足之处，以及受众对于企业形象认知的特点。

 案例引导

TDK 的形象之变

日本 TDK（东电化）集团在 20 世纪 60 年代末，因经营不善所形成的高负债导致企业陷于困境。1969 年，素野总经理上任后，对企业形象进行了一系列策划，公司素质逐步得到改观，经营开始出现高速增长势头。特别是 1976—1981 年五年间，TDK 的总销售额由 911 亿日元增至 2700 亿日元，五年间增长了 2 倍。增长速度一直稳定在两位数。

TDK 的成功取决于采取了以下策略。

1. 突出产品技术性能，抓龙头，以乘积效用来带动整体产品结构的良性发育

TDK 在企业技术储备和研究开发上狠下工夫，把技术分为肯定性技术、否定性技术、本公司没有技术。雇佣最优秀的技术人员进行技术开发和改造。公司规定，TDK 发售的产品在市场中不允许超过三年，产品应不断更新。为了确保市场，公司要求世界各地销售人员每天必须搜集当地产品信息反馈给总部，以便调整生产计划，适应市场。在产品结构上，抓录音带和录像带，通过铁氧体技术以及由铁氧体派生的烧结技术，开展多角化经营。铁氧体和磁铁占销售量的 1/4，电子设备的零部件及陶瓷零部件各占销售量的 1/8，磁带五年间从 263 亿日元增加到 1343 亿日元，增加了 4 倍多。TDK 在当今已成为录像带、录音带的高质量象征。

2. 重视人员培训，积极引进人才

TDK 对事业部人员进行定期考核和培训，在用人上，公司一贯倡导能力主义，

 企业品牌与文化

以目标管理、个人申报、人事考核一体化的自我管理制度取代以资历和学历看人的做法,以此作为人事管理的根本。新职员必须经过三年的企业内部培训,育人目标是"一个萝卜一个坑,不许一人掉队"。对管理人员采用"中途录用"原则。公司是战后发展起来的企业,事业部长级、科长级干部40%是从其他公司引进的人才,不同企业工作的经验各异,思考问题的角度也不同,汇在一起使TDK的经营风格别具一格。大家思维敏捷,锐意改革,促进了公司的发展。

3. 宣传标志,突出品牌,积极行销

品牌如同一个人的名字一样,必须便于消费者识记。如果公司的名称念起来绕口,就不利于消费者记忆。为了突出公司的视觉识别,就要对企业进行标志设计,经过调研,最后以"TDK"作为公司标志。标志凝聚了许多无法用文字和语言表达的意义和内容,让人记忆深刻。公司广告和公司宣传及社会赞助、体育事业助办等活动,皆以 TDK 出现,公司声誉有了提高。加上重视产品质量和技术,TDK 销售市场拓展很快。五年间,TDK 国外销售额平均增长率为 33%,国内达到 20%,TDK 成了世界录音带、录像带业的销售之王。

4. 建立导向开发的组织结构,挖掘内部潜力

TDK 建立事业部组织结构,将事业部细分为"下一期事业部"、"未来事业部"和"现有事业部"三部分。现有事业部主要承担企业目前的生产和赢利任务,未来事业部主要研究集团公司未来命运的开发工作,形成战略决策后由下一期事业部逐步完成。为了鼓励员工树立远大志向,带有自豪感工作,公司不断改革组织制度以及大规模地持续进行岗位转换,使公司经常处于交替转换、蓬勃向上的状态。为了创立一种文化氛围,TDK 生产工厂的环境要求像花园一样美丽,给员工每天一个清新悦目的感觉,让员工在愉快的心情、优美的环境中工作。这样积极性才能得到更好发挥。

【启示】

企业形象是企业营销的重要组成部分。良好的企业形象不仅可以得到公众的信任,而且能激励员工士气,形成良好的工作氛围。良好的企业形象不仅有利于企业招募人才,保留人才,而且有利于企业养成精益求精、奋发向上、追求效率的企业精神。另外,良好的企业形象不仅能增强投资者的好感和信心,容易筹集资金,而且它还能扩大企业知名度,扩大广告宣传效果与说服力,巩固企业基础,使企业营业销售额大幅度上升,扩大企业的市场占有率。

第一节 企业形象的含义与特征

随着社会经济和技术的高速发展,人类社会进入信息时代,信息传播迅猛发展,传播的媒体和手段不断被创新,大量的信息充斥着整个社会。因此,信息时代的企

竞争必然会越来越激烈，而企业决胜的关键因素往往是社会大众对于企业有好感，认同企业的实力和文化，相信企业所传达的信息等，即企业在社会大众心目中留下了一个长久有效的良好形象。当然，这一过程不可能一蹴而就，它是在企业通过各种方式和途径与社会大众进行长期的接触和互动过程中逐渐形成的。

一、企业形象的含义

（一）企业形象的概念

企业形象（Corporate Image，简称 CI）是企业文化建设的核心内容，它是企业精神文化的一种外在表现形式，体现了社会对企业的承认和接受程度。目前，学术界对于企业形象的界定存在多种不同的意见，代表性的观点主要如下。①反映评价论。主要是从主体的角度出发，把企业形象视为主体对企业实际的反映和评价。如严辉武认为："企业形象是指企业在社会公众心目中的总体看法、印象和评价。"叶万春认为："企业形象是企业内外对企业的整体感觉、印象和认知，是企业状况的综合反映，是社会公众和企业员工对企业的整体印象和评价。"②企业标志论。即把企业形象理解为企业独一无二的标志和特征，是企业显示区别的要素。如卢小雁等认为，企业形象即企业识别系统，包括理念识别、行为识别和视觉识别。③综合存在论。这种观点把企业形象视为由主观、客观、有形、无形等因素构成的综合体。比如朱健强认为："企业形象是一个包容面非常广的多方面的综合体。不仅包括产品、商标、厂房设备等外在的有形因素，还包括信誉、风格、价值观、经营哲学、行为规范等隐含的无形要素。"罗长海也认为所谓企业形象，是企业在其全部活动过程中所展现的各种特征和品质，是企业文明的总体状态，也是社会大众对企业的印象和评价，是客观企业形象、主体企业形象和社会企业形象三者的有机统一和复合。

总结以上观点不难发现，虽然不同学者对于企业形象的界定侧重角度有所不同，但是基本上有一点是大家所共同承认的，即企业形象的实质并不是企业本身，而是一种人们对于企业的感知的再现。当然，这种感知在很大程度上依赖于企业对于自身形象展示上所作出的努力。在此，我们将企业的形象定义为，社会成员依据一定的标准和要求，通过各种标志，对企业经主观努力所表现出来的行为和成效等方面的整体印象和综合评价。它的实现需要通过企业与社会成员及其他企业的双向沟通。

（二）企业形象的构成

1. 企业文化

企业文化是 20 世纪 80 年代初美国管理学家在日本企业成功之路的启发下，提出的新的企业管理理论。它是企业的经营思想、精神信念、道德风尚等观念形态的统称。它所包含的企业宗旨、企业精神、员工道德规范等，体现了企业的价值观和社会观，是现代企业形象的精髓。

2. 企业标志

企业标志即企业的标记。它的实用范围比较广泛,往往见诸于牌匾、徽标、服装、商标、广告、包装、样本、名片、信笺、展览、建筑等一系列视觉传达系统。现代企业标志能以鲜明的格调色彩、独特的样式造型、形象的信息表达传输给外界,从而产生强烈的影响,使人们一看到这种标志、装饰、图案,就知道代表着哪家企业,什么产品。

3. 技术装备

在现代社会,科学技术是生产力已成为人们的共识。没有先进的技术和装备就难以制造出高水准的产品。一个拥有雄厚技术装备实力的企业必然能赢得用户的信任。

4. 资产数额

现代企业是在激烈的竞争中发展壮大的,它拥有的固定资产、流动资金的数量表明了其规模与实力。

5. 人才阵容

现代企业的竞争实质是人才的竞争。一个人才济济、各种专家门类齐全、阵容整齐的企业,必然令人刮目相看。人才,尤其是高级人才,能给企业带来明显的经济、技术优势。如果一个企业拥有知名的专家、学者,那么,这个企业的知名度就一定会很高。

6. 产品质量

产品质量是用户评价企业的最高标准,是影响企业形象的实质性要素,因而有"质量是企业的生命"之说。企业能生产出高质量的商品,其意义不仅仅在于商品本身能给用户带来较高的实用价值,而且还在于它能给企业带来用户的信任与崇尚,从而派生出更加珍贵的"第二价值"。南方药厂之所以能发展成集团,沈阳飞龙公司之所以红红火火,皆因先有了名牌产品,尔后才有知名企业。

7. 销售服务

热诚的服务态度,熟练的服务本领,灵活的服务方式,先进的服务手段,满意的服务效果,是企业的魅力所在。

8. 环境设施

企业的生产作业环境、办公环境是企业形象的最直观要素。企业的大门、厂房、办公室、生活服务设施、环境规划建设等,无一不与企业的声誉密切相关。

9. 管理水平

管理水平是企业形象的重要组成部分。现代企业,内部生产作业的复杂性,外部市场需求的多变性,都对经营管理提出了更高的要求。一个企业,只有组织机构设置合理,管理层次与幅度适当,管理程序有条不紊,办公设施先进,现代管理方法与手段应用广泛,管理人员精明强干,办事效率高,才会给人留下深刻的印象。

10. 经济效益

经济效益是企业经营成果的最终体现,经济效益的好与坏,对企业形象至关重要。效益高,企业的声誉就高,由于资金充足,企业发展的各项投入也会增加,企业形象必然呈上升趋势。效益是企业形象的基石,没有效益的企业连生存都没有保障,当然就更谈不上什么自身形象了。

表 4-1 反映的是企业形象的组成要素。

表 4-1 企业形象的组成要素

产品形象	质量、款式、包装、商标、服务
组织形象	体制、制度、方针、政策、程序、流程、效率、效益、信用、承诺、服务、保障、规模、实力
人员形象	领导层、管理群、员工
文化形象	历史传统、价值观念、企业精神、英雄人物、群体风格、职业道德、言行规范、公司礼仪
环境形象	企业门面、建筑物、标志物、布局装修、展示系统、环保绿化
社区形象	社区关系、公众舆论

(三) 企业形象的分类

根据不同的分类标准,可以将企业形象划分为多种类型。

1. 企业内在形象和外在形象

这是以企业的内外在表现来划分的。好比观察一个人,有内在气质和外在容貌、体型之分,企业形象也同样有这种区别。内在形象主要指企业目标、企业哲学、企业精神、企业风气等看不见、摸不着的部分,是企业形象的核心部分。外在形象则是指企业的名称、商标、广告、厂房、厂歌、产品的外观和包装、典礼仪式、公开活动等看得见、听得到的部分,是内在形象的外在表现。

图 4-1 是一家餐饮企业企业外在形象的设计。

2. 企业实态形象和虚态形象

这是按照主客观属性来划分的。实态形象又可以叫做客观形象,指企业实际的观念、行为和物质形态,它是不以人的意志为转移的客观存在。诸如企业生产经营规模、产品和服务质量、市场占有情况、产值和利润等,都属于企业的实态形象。虚态形象则是用户、供应商、合作伙伴、内部员工等企业关系者对企业整体的主观印象,是实态形象通过传播媒体等渠道产生的印象,就好像我们从镜子中去观察一个物体,得到的是虚像。

企业标志　　　　　　企业宣传册　　　　　　户外广告牌

员工服饰及VIP卡

图4-1　一家餐饮企业的外在形象设计

3. 企业内部形象和外部形象

这是根据接受者的范围划分的。外部形象是员工以外的社会公众对企业形成的认知，我们一般所说的企业形象主要指这种外部形象。内部形象则指该企业的全体员工对企业的整体感觉和认识。由于员工置身企业之中，他们不但能感受到企业的外在属性，而且能够充分感受到企业精神、风气等内在属性，有利于形成更丰满深入的企业形象；但是如果缺乏内部沟通，员工往往只重局部，看不到企业的全部形象，颇有"不识庐山真面目"的感觉。我们认为，内部形象的接受者范围更小，但作用很大，与外部形象有着同等重要的地位，决不可忽视。

4. 企业正面形象和负面形象

这是按照社会公众的评价态度不同来划分的：社会公众对企业形象的认同或肯定的部分就是正面形象，抵触或否定的部分就是负面形象。任何企业的企业形象都是由正反两方面构成的，换言之，企业形象应一分为二，公众中任何一个理智的个体都会既看到企业的正面形象又看到企业的负面形象。对于企业来说,一方面要努力扩大正面形象,另一方面又要努力避免或消除负面形象,两方面同等重要。因为往往不是正面形象决定用户一定购买某企业产品或接受某项服务,而是负面形象一定使得他们拒绝购买该企业产品和接受其服务。

5. 企业直接形象和间接形象

这是根据公众获取企业信息的媒介渠道来划分的:公众通过直接接触某企业的产品和服务、由亲身体验形成的企业形象是直接形象,而通过大众传播媒介或借助他人的亲身体验得到的企业形象是间接形象。对企业形象作这种划分十分重要,如果一个用户在购买某种商品时看到的是粗陋的包装、落后的设计,试用时也是这里有毛病、那里也不如意,无论别人告诉他这产品如何如何好、这家企业如何如何不错,他也一定不去购买,因为直接形象比间接形象更能够决定整个企业形象。有些企业以为树立企业形象只靠广告宣传,却不注重提高产品质量和服务水平,就是只看到间接形象而忽视了直接形象。

6. 企业主导形象和辅助形象

这是根据公众对企业形象因素的关注程度来划分的:公众最关注的企业形象因素构成主导形象,而其他一般因素构成辅助形象。例如,公众最关心电视机的质量(图像、色彩、音质等)和价格(是否公道合理),因而电视机的质量和价格等构成电视机厂的主导形象,而电视机厂的企业理念、员工素质、企业规模、厂区环境、是否赞助公益事业等则构成企业的辅助形象。企业形象由主导形象和辅助形象共同组成,决定企业形象性质的是主导形象,辅助形象对主导形象有影响作用,而且在一定条件下能够与主导形象实现相互转化。

二、企业形象的特征

(一) 主观性与客观性

企业形象的定义表明形象源于社会企业的表现,具有客观性,但评价者是公众,因而又具有主观性。主客观相统一的形象是真实形象,虚构、想象、误解的形象是虚假形象,企业领导及其成员所追求的形象是理想形象。形象的两重性要求企业既要做得好,又要说得好。由于不同公众的价值观、利益取向、审美取向以及获取的企业信息往往不同,因此同一企业在不同公众心目中会产生有差异的形象。在人际互动中,企业的各种情况会被公众广泛知晓,不同的评价会逐渐收敛,从而使公众能对企业做出较为客观、真实的评价。但公众对企业的要求仍会存在差别,因此主客观趋于统一并不意味着公众对企业会有统一的评价。

(二) 整体性与多维性

企业的形象是指企业的整体形象,然而这一整体形象又是通过构成企业形象的

诸多要素的具体表现而呈现出来的,企业在哪一方面出现失误都可能使企业形象受损。更为重要的是,整体形象系统与各子形象系统都有各自的作用,其功能不能相互替代。例如,在诸如企业评优、升级、资产或竞争力评估中,人们就关心企业各方面总体的情况,强调的是整体形象;而在企业之间的对比识别上,不同企业之间会存在部分形象要素一致的情况,这样一来,有着差异的形象要素的作用就显得十分重要,这些差异会帮助在企业之间进行多维度、全方位的对比。然而,各类公众都有自己独特的利益和评选方式,他们一般关注的是与自身利益有密切关系的子形象或形象要素。如果一家企业表现的是一个贫乏的市场形象,那么企业捐钱于慈善事业也并不会有助于购买者忽视产品与市场的缺陷。塑造企业的整体形象不仅是为了发挥整体形象的功能,更是为了在这一过程中促使企业把各项工作做好,以处理好各类公众关系。因此,多维性不仅指影响企业整体形象的因素的多维性,还指企业的各子形象的功能也是多维且各不相同的。

(三)相对稳定性与可变性

企业形象无论在何种状态,主观的认识一般落后于实际的变化,从而表现为企业形象的相对稳定性。在塑造、推广企业形象初期,即使企业的若干形象要素出色,但是被公众广泛知晓直至深入人心,并非一日之功。形象的主客观性一旦趋于统一,相对稳定性就更为明显,即使企业稍有疏漏一般也不会危及企业形象,形象具有缓和功能。但当较大的失误持续发生时,公众就会改变对企业的评价,形象的主客观性又趋于统一。如果企业此时才醒悟并采取多种补救措施,就可能为时已晚,形象改善的滞后效应又会发生。企业形象的相对稳定性实质源于形象主客观的矛盾运动。但企业形象并非永远不变,恰恰相反,现代企业时刻都在公众舆论的监督之下,而影响甚至足以毁灭企业形象的危急时刻随时有可能到来。一个企业千辛万苦建立起来的形象,如果不能很好地处理发生的危机事件,则可导致形象的巨变,美好形象将不复存在。美国的安然公司、南京的冠生园,都是前车之鉴。

三、企业形象的价值

在现代市场经济中,企业形象是一种无形的资产和宝贵的财富,它可以和人、财、物这三者并列,其价值还可以超过有形的资产。这就要求一个真正的现代化企业必须树立自己的企业形象,国际知名的大公司,如 IBM、松下、丰田、三菱、福特、西门子等,都莫不如此。实践经验证明,谁要是不重视企业形象,即使有优质的产品和良好服务,也难于在竞争中取胜,甚至可能失败。具体来说,企业形象的价值主要表现在以下几个方面。

(一)良好的企业形象可以增强员工对企业的认同感

在对企业价值观内化的基础上,员工的集体意识和团队精神都会得到提升,进而自觉地约束自己的个人行为,服从于企业整体的行为规范。同时,员工都会为在一个拥有良好企业形象的企业工作感到自豪和充满自信,团体向心力和凝聚力也会增强,从而为整个企业营造一个良好的工作氛围,提高企业的工作水平。

(二)良好的企业形象可以增加消费者的信心

对消费者而言,良好的企业形象可以增加他们对企业的产品或服务的信赖感,增加消费信心,从而有利于产品的推广与销售。人们在市场当中的消费行为并不总是以价格作为唯一参考的,大家很多时候更愿意选择的是自己信得过的产品。对消费者来说,名牌产品的品牌心理价值远远重于其品牌物理价值。

(三)良好的企业形象会吸引和汇聚人才

人才是企业的创业之源和发展之本,没有人才,企业就无法生存和发展。产品的竞争,归根结底是人才的竞争。企业有了良好的形象就会将各类优秀人才源源不断地吸引过来。相反,企业形象不佳,人才就会流失。

(四)良好的企业形象可以吸引资金的投入

良好的企业形象为吸引社会上的投资提供了优越的条件,它促使股东乐意购买企业的股票,银行也乐意为它提供优惠的贷款,保险公司乐意为其作保。同时还可以吸引供应商,寻找到对企业有利的、稳定的经销渠道。通过企业良好的形象与他们建立供货关系,使其成为企业不可缺少的亲密伙伴。

(五)良好的企业形象能有效打造企业与其他交往对象的关系

例如,可以得到政府部门的信任,社会舆论的广泛支持,和社区公众建立友善合作关系,甚至还有助于妥善处理和协调与竞争对手的关系,互惠互利,共同发展。人们的关心、理解和支持,使企业处在和睦友善的经营环境之中,为企业的发展创造更好的条件。

四、企业形象的建设

考察一个企业的形象,可以洞察文化的系统概貌和整体水平,也可以评估它在市场竞争中的真正实力。一个企业良好的形象主要表现在企业环境形象、产品形象、领导和员工的形象上。

(一)科学的企业理念,是塑造良好企业形象的灵魂

当前,企业理念已成为知名企业最深入人心的概念,许多企业都制定了企业口号,反映企业的理念,显示企业的目标、使命、经营观念和行动准则,并通过口号鼓励全体员工树立企业良好形象。"口号"通常指企业理念的表现形式。海尔集团的"日事日毕、日清日高"和"有缺陷的产品就是废品",三洋制冷有限公司的"创造无止境的改善"等,都说明精神理念在企业中的重要性。实践证明,培育和弘扬企业精神,是塑造企业良好形象的一种很有效的形式,对企业的发展能起到不可低估的作用。当然,培育企业精神不能单一化,要与现代企业制度建设、企业的经营管理目标及思想政治

工作结合起来,使其成为企业发展的精神动力。

(二) 优美的环境形象,是塑造良好企业形象的外在表现

企业环境代表着企业领导和企业员工的文化素质,标志着现代企业经营管理水平,影响着企业的社会形象。

第一,企业环境是企业文化最基本的反映。如果说企业是员工赖以劳动和生活的地方,那么,就要有一个适合员工劳动和生活的保障设施,使员工能够合理地、安全地、文明地进行劳动和生活。

第二,企业的厂区、生活区、办公设施、生产车间、产品、现场管理、生产服务等都是企业形象的窗口,因此,每个企业要精心设计厂区的布局,严格管理厂区的环境和秩序,不断提高企业的净化、绿化、美化水平,努力创造优美高雅的企业文化环境,寓管理于企业文化建设之中,陶冶员工情操,提高企业的社会知名度,为企业增光添彩。图 4-2 是海尔的厂区环境示意图。

图 4-2　海尔的厂区环境

(三) 优质的产品形象,是塑造良好企业形象的首要任务

产品形象是企业形象的综合体现和缩影。在现代企业制度中,企业自己掌握自己的命运,自谋生存,自求发展。而生存发展的出路,则往往取决于企业的产品所带来的社会效益的好坏。首先,企业要提供优质产品形象,就要将质量视为企业的生命。产品的形象不仅是经济问题,还是关系到企业声誉、社会发展进步的政治问题,是企业文化最直接的反映。抓好产品形象这个重点,就能带动其他形象的同步提高。要把抓产品形象渗透到质量管理体系当中去,在员工中形成人人重视质量、个个严把质量关的良好风气。其次,要在竞争中求生存,创名牌,增强企业的知名度,创造出企业最佳效益。在市场经济中,随着统一、开放、竞争、有序的全国大市场的逐步形成,企业必须自觉地扩大自己的知名度,强化市场竞争。多出精品,使产品在市场中形成自身的文化优势。同时,要加强产品的对外宣传,富于个性的宣传是塑造企业形象的重要手段。

(四) 清正的领导形象,是塑造良好企业形象的关键

企业领导在企业中的主导作用和自身示范能力是领导形象的具体体现,也是塑造良好企业形象的关键。首先,企业领导的作风是企业形象的重要标志。有什么样的领导者,就有什么样的企业文化和企业形象。因此,企业领导干部要不断提高自身素质,既要成为真抓实干、精通业务与技术、善于经营、勇于创新的管理者,也要成为廉洁奉公、严于律己,具有献身精神的带头人。其次,要提高企业领导对企业文化的认识程度,成为企业文化建设的明白人。一是企业领导要将自己塑造成具有高品位的文化素养和现代管理观念的企业家,适应市场经济的需要,使企业在竞争中立于不败之地。二是要把握好企业文化的方向和基本原则,在学习、借鉴优秀企业经验的基础上,拓宽视野,不断创新。

(五) 敬业的员工形象,是塑造良好企业形象的重要基础

员工的整体形象是企业内在素质的具体表现,把培养有理想、有道德、有文化、有纪律的"四有"新人作为企业文化建设的重要内容;培养员工干一行、爱一行、钻一行、精一行的爱岗敬业精神;树立尊重知识、尊重人才的观念;创造一种有利于各类人才脱颖而出的环境和平等、团结、和谐、互助的人际关系,从而增强企业的凝聚力、向心力,以员工良好的精神风貌,赢得企业良好的社会形象和声誉。

坚持"以人为本"的原则,使企业文化建设为提高全员素质,调动全员积极性服务。豪华的装修,雄厚的财力,并不能解决企业发展问题,其关键还是人。发动员工全员参与企业文化的实践,应做到"三个满足",即满足员工参与民主管理的需要,满足员工渴望成才的需要,满足员工物质文化生活的需要,以此适应员工实现个人价值和物质、精神需要的意向,创造一种适应企业发展的良好文化氛围。企业要不失时机地采用岗位练兵、技术竞赛、脱产轮训和党校、政校学习等形式,从政治、技术、业务上培训员工,进一步健全以基础教育、技术等级教育、学历教育为主要内容的全员培训网络和考核管理办法。同时,要开展各种有益于员工身心健康的娱乐活动,达到寓教于乐的目的,努力造就一支适应市场经济需要的思想好、纪律严、业务强、作风硬的员工队伍。

 案例分析 4-1

"金利来"的发展之道

"金利来"是原香港中华总商会会长曾宪梓先生一手培育成功并发展壮大的世界级服装品牌。

曾宪梓,年轻时到泰国兄长的念善领带公司工作。由于兄长的公司经营清淡,他决定在兄长那里学习制作领带的技术,后回香港发展。他在兄长那里苦干了几年,于 1968 年从泰国回到香港创业。

企业品牌与文化

　　创业之初,他置身在香港一间小屋里,这个小屋既是住所,亦是工厂。靠一把尺子、一把剪子及一架蝴蝶牌缝纫机,他自己设计和裁缝,然后扛着成品去推销。他每天从早到晚,工作达16小时之久。曾宪梓刚在香港制作领带时,使用的是兄长在泰国注册的"金狮"牌商标。后来他觉得创事业必须先创立自己的牌子,而且要千方百计创出名牌,这样才有发展前途。于是,从70年代起,他把自己制作的领带以"金利来"的牌子命名,从此"金利来"逐步走向市场。

　　经过20多年的精心经营,金利来已成为东南亚地区的一个名牌,曾宪梓的事业因此逐步发展壮大起来。金利来有限公司有了各类专用厂房和现代化设备制作领带及其系列产品。

　　曾宪梓制作领带,讲求质量和注意科学管理,更注重创立名牌—名牌推广—企业扩展的过程,从寻求优势、创造优势到发挥优势,从树立产品形象到树立企业形象,这样便形成了"金利来"发展的三大战略。

　　曾宪梓认识到创立名牌是一个长期艰苦的过程,需要不懈的努力。这一过程应包括创立名牌意识、生产出优良产品、获得广泛的社会认知和品牌维护四个方面的内容。创立名牌意识,既取决于企业家本身的价值观念、气质、精神、抱负,也取决于他对环境和机会的认识、把握。优良的产品品质、稳定的质量,固然是创立名牌的基本条件,但是,如果没有获得广泛的社会认知,仍难成名牌。这需要大量的广告投入,运用现代化传播手段,树立产品形象。曾宪梓不惜投入重金,做的"金利来领带,男人的世界"的广告已被社会广泛认知,成为大众的消费意识。"金利来"领带的销量因此不断提高。

　　创立名牌难,维护名牌更难。"金利来"成为名牌后,曾宪梓并没有故步自封,而是千方百计地维护名牌。在确保产品质量的同时,不做骗人生意,在各地销售点设立统一装修、统一形象的专卖店、专卖柜,并拿出营业额的5%作为广告费用,强化名牌形象。由名牌创立、维护到名牌推广,"金利来"由"男人的世界"延伸到"女人的世界"。借"金利来"的名牌效应,曾宪梓大举向男士服装、饰品、皮具和女士用品、非制衣业的百货行业扩展,经营地域由香港地区扩展到新加坡、泰国、马来西亚等东南亚国家和中国大陆,成为雄霸亚洲的世界名牌。"金利来"赚了钱后,还注重反哺社会,先后赞助了两亿多港元用于内地的社会公益事业,从而更加强化了企业形象。曾宪梓先生在谈到香港回归后"金利来"的前途时说:"我是新中国培养的青年,对生我、养我、育我的祖国充满了感激。没有祖国,也就没有我。我在香港生活了34年,对资本主义、社会主义都有透彻的了解,因此能全面比较香港和内地的情况,作出合乎实情的决定。29年来,'金利来'从无到有,从小作坊到今天的企业集团,其大发展得益于中国的改革开放。香港回归对'金利来'也是一大机遇。"

【总结】

经济不断发展、市场不断成熟的今天,企业的生存、发展、壮大得益于企业的理念和价值观。金利来注重培育企业的发展潜力和发展动力,力求更高层次、更广阔的发展空间。

第二节　企业形象的塑造

企业形象塑造是指对企业的经营理念、价值观念、文化精神等方面的塑造过程,并通过对企业的视觉设计,将企业形象有目的地、有计划地传播给社会公众,从而达到使社会公众对企业产生理解、支持和认同的目的。

一、企业形象塑造的基本原则

任何企业要想在公众中建立信誉,保持良好的形象,并不是一件容易的事,因而必须注意遵循以下几条原则。

(一)整体性原则

整体性原则即树立一种全局观念。对于一个组织来说,建立信誉和树立形象是一项全方位的工作,它不只是靠某一个部门去独立完成。因此,企业的公共关系部门要从全局出发,制定统一的公共关系政策来协调企业的公共关系活动,使之统一化、整体化和科学化,使企业各个部门的公关工作能相互促进、相辅相成、协调一致。否则会出现相互重复,甚至自相矛盾的不良后果。

(二)长期性原则

建立信誉、树立形象是一项持久性的战略目标。它不是一朝一夕之事,而是企业公关人员及全体员工长期努力的结果。这是一种"聚生"的过程,要靠平时一点一滴的积累,这样的形象才有比较坚实的基础,否则一夜之间塑造的形象,很可能在一夜之间倒塌。另一方面,随着社会的不断进步,公众的需求会在许多方面发生相应的变化,因此企业要不断适应变化着的公众对企业评价标准的改变,不断改进和更新自己,使得本企业的形象总是处于适应社会潮流的比较高的层次上。从这一点上看,树立形象更是一项长期的任务,它要求公关人员不断努力,不可懈怠。

(三)竞争性原则

企业形象的树立是竞争的结果,同时也是加强企业竞争力的一个相当重要的手段。所以,企业建立信誉、树立形象不能靠弄虚作假和排挤对方,而是要凭企业自身的实力,如妥善的经营、优质的服务、得力的宣传方法、真诚的社会交往和良好的职业道德。企业只有认真了解对手的长处,在不断改变、完善自我的同时,吸收他人的优秀经验,才能在信誉和形象上赶上和超过竞争对手,在竞争中立于不败之地。

二、企业形象的调查与评估

（一）企业形象调查

1. 企业形象调查的特点

企业形象调查是指运用科学、系统的方法，有目的、有计划地了解企业在社会公众心目中的总体形象和评价的过程。通过这一过程可以全面了解社会公众是如何看待一个企业的，从而为企业进一步有针对性地塑造自身的形象提供依据。

企业形象调查具有如下特点。

（1）多维度性和完整性。企业的形象是企业多方面要素的综合反映，因此，企业形象调查应该是多维度、多侧面、多层次进行的，并在此基础上对收集来的材料进行深入的综合分析，形成对企业整体形象的认识。

（2）不可量性。企业的形象是一个复杂的社会心理现象，很多时候无法量化，所以，对企业形象的调查往往只讲究形成一个定性分析的印象。

（3）描述和评价性。一方面要对企业形象的形成过程进行详细、客观的记录，另一方面要对企业形象形成过程的利弊得失进行判断和分析。

2. 企业形象调查的基本内容

针对企业形象的调查主要包括如下一些基本内容。

（1）公众要求调查。企业是要面向社会，为社会服务的，企业形象评价的主体也是社会大众，因此，企业形象的调查必然要考察公众对于企业的生产经营活动提出的期待和要求。

（2）企业形象要素调查。企业形象要素的调查包含两方面内容：其一是企业的外在形象调查，主要包括企业的产品质量、服务特色、营销方式、公共关系、商品的包装、广告宣传等；其二是企业的内在精神调查，主要包括企业宗旨、经营管理特色、领导者与员工素质、人才储备、技术力量、研发能力、创新与开拓精神等。

（3）企业知名度与美誉度调查。要了解有多少社会大众对企业有所知晓，又有多少人对企业给予了好的评价。

（4）企业期望形象调查。要确定企业对于未来所要呈现给社会大众的形象是怎样的。

3. 企业形象调查的基本过程

1）调查准备阶段

调查准备阶段主要解决调查对象的确定、调查的选题等问题，并在此基础上，制订一个切实可行的调查计划。

首先，是调查的选题，即确定一个要调查的题目。选题是企业形象调查的起点，它为整个调查指明了总的方向和目标。在选题过程中具体的工作包括下达任务、查阅文件、召开小型座谈会、访问专家、分析公众等，最后确定调查课题。需要注意的是，在进行调查的过程中，任何一个问题都存在着许许多多可以调查的事情。除非对该问题做出清晰的定义，否则搜集信息的成本可能会超过调查得出的结果价值。因此，在选题时，应该尽量使所选题目具体化。另外，在选题时还必须注意常规形象调查课题与针对性调查课题的关系。一般的常规形象调查是必要的，但也要依企业情况，作针对性的调查，这种针对性的调查更为有用。选题应该包括对针对性课题的确定。

其次，调查对象的确定。企业形象调查的对象非常广泛，可以说，大凡与企业有关系者，都属于调查对象范围。因此，在进行企业形象调查时，必须界定清楚企业的关系者边界，并把这些关系者分别列举出来。概括地说，企业调查的对象可分为企业内部和企业外部两部分。企业内部调查的对象包括：①公司高级主管、部门经理与一般员工；②董事、监事、股东；③公司员工及投资者、管理人员的关系环境，如家庭成员，等等。企业外部调查的对象包括：①一般消费者，区域市场消费者；②客户机构、经销商；③现有或将有的交易对象与流通关系者；④同业机构与个人、竞争企业可能提供有益情报的人员；⑤政府、地方性管理机构、传媒机构与公共团体、有关群众组织，如消费者协会、物价协会等；⑥社会一般求职者；⑦金融机构、证券交易与代理机构、一般股民；⑧海外市场与国际社会，等等。对关系者下定义时，需要强调的是，不仅要针对目前的关系者，还要对将来的关系者考虑周详，如可将现在已有竞争关系的竞争者可以定义为关系者，对于将来很有可能会转变为竞争关系的竞争对手也不容忽视。同时，企业形象调查的对象虽是以企业的"关系者的定义"为基础而确定，但也并非所有的关系者都是调查对象，这要依体制归纳的结果而决定。

最后，是制订调查计划。调查计划是整个调查的行动纲领。它应该包括调查课题、调查重点、调查方法、调查工具、抽样计划、样本数、接触方法、调查执行者、调查日期、调查费用预算等。在进行调查之前，可以做一个调查计划表。

2）调查实施阶段

调查实施阶段的主要任务，是组织 CI 专案人员，按照调查计划的要求，系统地搜集资料和数据，听取被调查者的意见。这个阶段包括采访调查对象，派发、回收调查表或调查问卷，搜集识别样品等调查活动。实地调查时具体采用的调查方法主要包括以下几种。

（1）访谈法。访谈法即选择一些有代表性的特定对象，就一些所关心的问题与他们进行深入的交流，了解他们的意见。具体的访问对象的确定既要有针对性，又要尽量广泛，同时还要考虑到访问对象的层次结构的组合。为保证访谈的效果和效率，在进行访谈之前最好先拟定访谈提纲，特别是直接访问企业领导人时，应该事先将访谈内容的提纲交给企业领导，在获悉他们确已做好准备，且能充分提供访谈信息的前提下，才能择时造访。当然访问的时间也应该预先告知，供对方选择。访问的内容必

须突出重点,有的放矢。调查访谈的形式可以是个别访谈或交谈,也可以是群体访谈。个别访谈要采取平等、对应、尊重的态度,且宜采取温和拉家常的方式。谈及的内容必须事先设计好,问题的提出应该深入浅出,通俗易懂,切勿理论性太强。群体访谈可以采用头脑风暴的形式。

(2) 问卷调查。该种方法是将所需要调查的问题汇总形成调查问卷,将问卷发送到被调查者手中,由其填答。问卷调查的形式包括自填式问卷、访谈问卷和邮寄问卷三种。具体采用哪种形式,要依据调查的具体情况而定。问卷调查法具有其他调查方法不可替代的利于大规模收集资料和进行资料分析的优点,在国内外被广泛应用于企业形象的调查。

(3) 现场实地考察。调查者还可以到企业工作现场去体察企业的环境氛围、员工的精神状态、现场管理作业秩序等。但要注意调查目标明确,事先要做好充分准备。在实地走访之前应该事先安排好访问的内容和时间,让被调查者有所准备,同时也可省去调查过程中的不便和麻烦。

(二) 企业形象的分析

在经过了大量的调查工作之后,可以收集到有关企业综合形象的大量反馈信息,此时需要将这些信息进行细致的整理和深入的分析,最终形成对企业整体形象的认知。

企业的形象既是一个整体评价,同时又是针对各企业形象要素的全面考评,所以企业形象的分析一般包含企业整体形象分析和企业具体形象要素分析两部分。

1. 企业整体形象分析

企业整体形象分析主要是沿着企业的知名度和美誉度两个维度展开的,也就是从宏观的角度分析有多少人对企业有所了解,又有多少人对企业给予了好评。

在分析方法上,目前被采用较多是"四象限图"。具体的做法是,按照有多少人知道企业(企业的知名度)和有多少人对企业给予了好评(企业的美誉度)两个维度构建坐标系,然后将调查结果在坐标系中标出位置,再根据情况所处的象限位置考察企业在公众心目中的整体印象。

例如,图4-3就反映了某个企业对100个个体的调查后,通过分析,考察他们对于企业的了解和评价情况的结果。图中的5个点分别代表了五种不同的情况,如A、B两点处于第Ⅰ象限,代表的是调查对象对于企业有较多的了解,并给予了很高的评价,而且A种情况比B种情况的评价效果更好;C点处于第Ⅱ象限,其代表的情况是知道企业的人不多,但知晓者都对企业给予了不错的评价;D点处于第Ⅲ象限,代表的是知道企业的人比较少,而且都对企业给予了不太乐观的评价;E点所代表的情况则是有很多人知道企业,但是大家所作出的评价却很低。

2. 企业的具体形象要素分析

通过对企业进行知名度和美誉度分析,可以获得企业在公众心目中的总体形象,

第四章 企业形象的策划与塑造

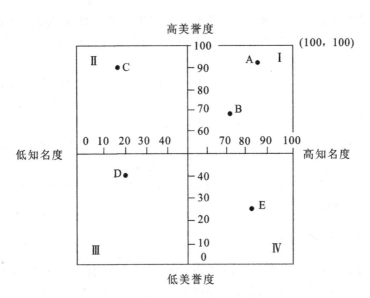

图 4-3 某企业的整体形象调查情况分析

但是这一总体形象产生的依据是什么,也即企业的各形象要素的具体表现,却无从获得。因此,在确定了企业的整体形象之后,还要对每个形象要素进行分析,特别是可以通过对企业的实际形象和期望形象进行对比分析,找出"形象差距",进而为今后进一步调整企业形象提供参考依据。

对于下面这样一个企业形象要素调查的统计结果,可以按照对于不同要素项的表现评分,构建表 4-2。

表 4-2 企业形象要素调查表

评价 考察项目	非常	相当	比较	一般	比较	相当	非常	评价 考察项目
企业经营策略得当	70	20	10					企业经营策略不得当
企业规模大		10	20	70				企业规模小
产品质量好				15	25	60		产品质量差
售后服务佳					20	70	10	售后服务不佳
企业广告宣传出色						80	20	企业广告宣传不出色
企业社会责任感强					25	55	20	企业社会责任不感强

根据公众对考察表的具体评价结果可以得到公众对企业各个形象要素的印象,

如上表反映出的结论是：企业的经营策略非常得当，规模一般，但是无论产品质量、售后服务还是广告宣传都存在着很大问题，而且企业在履行社会责任方面也做得很不够。

通过上面的分析可以了解到公众对于企业的各形象要素的总体评价，这是企业客观实际形象的呈现，进一步还可以参照企业为自身设计的理想形象，找到现实形象与理想形象的差距，从而为今后的企业形象调整提供参考依据。

综上所述，关于企业形象的调查和分析是一个复杂的工作过程，这一过程对了解、改善企业形象具有十分重要的意义。而且，因为企业在市场竞争中总要根据市场环境的要求不断调整自身的形象，所以对于企业形象的调查和分析工作要根据现实状况不断重复进行。

三、企业形象的策划

企业的形象不是偶然形成的、随意确定的，而是要在周密的分析基础之上进行科学、详细的策划来完成。所谓企业形象的策划，是指在对公众和企业的经营环境进行充分的分析基础之上，确定企业的形象目标，并按照科学的程序对企业形象塑造的具体活动和操作步骤进行构思、设计的过程。

（一）企业形象策划的功能

按照组织行为学的权变观点，企业的经营环境总是在不断变化的，所以，企业的形象塑造也不是一劳永逸的，而是要不断根据环境的变化作出调整。企业形象的策划可以帮助人们在这一调整过程中做到有的放矢。具体来说，就是通过对于环境的分析，强化调整的目的性。同时，在对企业形象塑造的过程中进行详细的策划，还可以在整个过程中对人力、财力、物力有一个通盘的考虑，进行统筹规划，这就可以更好地提升企业形象塑造的效果和效率，处理好当前形象与未来形象和整体形象与特殊形象的关系。另外，企业的形象塑造是一个长期过程，需要通过许多具体活动的长期宣传才能取得最终效果。在对企业形象塑造的过程中进行详细的策划，可以保持各项塑造活动之间的内在联系不被割裂，从而保证整个塑造活动的连续性。

（二）企业形象策划的一般过程

企业形象策划的一般过程主要包含四个基本步骤，分别是分析预测、确定目标、形象定位、制订方案。

1. 分析预测

通过调查和分析的手段对企业的经营环境以及公众对企业的总体印象和评价进行考察和分析，并进一步预测企业未来的发展走向。具体的内容在企业形象的调查与分析中已经有介绍，这里不再赘述。

2. 确定目标

确定目标即在调查分析的基础上，确定企业要达到的企业形象状态和标准。确定企业形象策划的目标可以对整个策划工作作出方向指引,协调各部门之间的分工合作。而且,它又可以作为对企业形象塑造的最终效果进行考核的依据。企业形象塑造的目标往往不是单一的目标,而是一个目标体系,它可以分为以下几种类型。

(1) 长期目标。长期目标主要涉及的是企业的长远发展和战略规划等方面,内容上可能比较抽象,例如,"让公众能够持久地接受企业的产品"就是一个典型的长期目标。长期目标设计的时间跨度一般在五年以上。

(2) 近期目标。它是围绕着企业的长期目标制定的具体实施目标。其内容是具体、明确的,例如,"提升企业的售后服务水平"。近期目标设计的时间跨度较短,较常见的是年度工作目标。

(3) 一般目标。一般目标即企业通常情况下都会重视的目标,如"扩大市场占有份额"等。

(4) 特殊目标。特殊目标指的是企业依据其对象客户的特殊要求,所制定的满足他们期望的目标。比如,播放器生产商会应用户的要求,增加播放器的兼容性和纠错能力。

确定企业形象塑造的目标时要注意目标的可行性和可操作性。也就是说,一方面,所制定的目标应该是在企业能力范围内,是能达到的;另一方面,目标概念应该是可操作的,否则会使人无所适从。另外,还要在考虑企业经济效益的同时,兼顾社会效益。

3. 形象定位

形象定位即确定企业在公众心目中的位置。具体的工作内容就是了解不同类型的公众,如客户、股东、同行、员工等对于企业有怎样的认知,他们认同企业的什么,不认同什么,对企业的哪些地方感兴趣,哪些地方不感兴趣……进而扬长避短,确定企业将要塑造的形象。

4. 制订方案

方案的制订是企业形象策划的实质性内容,是一个将企业形象目标具体化、操作化的过程。一般来说,方案的制订包括方案设计和方案审定两项内容。

1) 方案设计

在进行方案设计的时候,除了要依据的是企业形象的目标之外,还要考虑具体的活动主题、活动项目、活动的时机与策略、活动的实施细则以及经费预算等内容。

(1) 确定活动的主题。企业形象策划的活动主题是对整个活动的一个集中概括,对整个活动起着宏观指导作用。因而,活动主题设计得是否得当,直接关系到整个活动的成败。主题的形式是多种多样的,在设计的时候根本上取决于策划活动的总体目标。比如,浙江省的旅游形象策划的主题就被设计为"诗画江南,山水浙江",为的就是突出浙江的山美水美、诗情画意。当然,除了要突出目标之外,很多时候还要考虑到公众的心理特点,将主题尽量设计得新颖、生动、形象,便于公众记忆。

(2) 设计活动项目。设计活动项目即策划多种多样的活动塑造企业形象。活动项目可以被划分为以下几种类型。①宣传型活动项目。它以信息传播为主要内容,如新闻发布会、记者招待会、产品展示会、制作视听广告等。这种活动最显著的优点就是能将企业希望传播的信息最直接、广泛地传达给受众。②交际型互动。它以增进人们的交往活动为主要内容,如企业或客户的联谊会、宴会、座谈会等。这种类型的活动可以帮助企业同其他各有关方面增进感情交流,建立更牢固的关系。③社会型活动。它以各种社会性、公益性、赞助性活动为主要内容,如资助慈善事业、赞助文体活动、支持教育事业创办希望小学等。社会型活动最直接的好处就是可以扩大企业的社会影响力。④服务型活动。它以提供各种实惠服务为主要内容,如企业的售后服务、技术支持服务等。这种服务也能帮助企业赢得良好的声誉。应该根据企业塑造的具体目标来选择合适的活动形式。

(3) 选择活动的时机与策略。选择合适的时机与策略也是企业形象策划活动能够得以成功的必要条件。例如,当奥运会、世博会等重大活动召开时,很多企业会争相参与,通过与活动主办方建立关系,诸如战略合作伙伴关系等,来宣传企业的实力和社会责任感。通常,以下的一些时机是企业应当借助的:①企业开业时;②企业更名或与其他企业开展合作时;③企业开始推广某种新产品、新服务时;④企业发生某种失误或被误解时;⑤遇到突发事件时;⑥受公众关注度较高的重大事件发生时,等等。

(4) 拟订实施细则。拟订实施细则即将活动内容具体化为每一步实际的工作步骤。在未来实施过程中,实施者要按照这些工作步骤进行实际的操作,最终将计划落实。计划的活动是多种多样的,而活动的实施细则需要根据不同的活动项目制定,这需要在现实的工作中不断总结经验,丰富积累,只有做得多了,才能摸索出一些基本经验。

(5) 编制预算。编制预算即将整个企业形象塑造活动所需要配置的资源一一列举出来。编制预算对于企业的形象塑造活动十分重要,它不但可以帮助我们对活动所需的资源进行合理的安排,还可以借助预算方案考察各项企业形象塑造活动的效率。一般来说,企业形象塑造活动的预算开支主要包括以下几大类。①重大项目费用。如企业的年度广告、重要赞助、筹办的重要会议、大型纪念活动等。②一般项目费用。如印制传单和宣传小册子、开展社会调查、筹备一般会议等。③人员活动费用。如工作人员的交通费、住宿费、招待费、场地和器材租用费用等。④器材购置费。如购买各种耗材和设备的费用等。

编制预算所采用的具体方法主要有两种。①按销售量抽成法。此种方法是按照单位的年度销售总额抽取一定的比例作为企业形象塑造的预算费用。这种方法的优点在于预算的确定简便易行,其缺点是预算可能会和实际需要脱节,而且缺乏弹性。②目标作业法。此种方法是事先制定出企业希望达成的详细目标和详细计划,然后再按照目标和计划将所需要的各项费用详细列举出来,最后再估算出总金额。这种方法的好处在于计划性强,不足之处主要是对预测和估算的要求较高。如果预测或估算不准就可能出现不足或超支的情况。

2)方案审定

计划方案被设计出来了,但是并不能马上付诸实施,还要对方案是否适当、是否可行进行论证审定。这项工作通常由领导、专家、策划人员和实际工作者以答辩的形式共同来完成。审定的内容主要包括:①目标是否明确,程序是否合理;②对时间、人力、物力、资金等限制因素进行分析;③预测潜在问题;④对结果进行综合效益评价等。

四、企业形象塑造的宣传

现代企业经营者经常讲"酒好也怕巷子深"。它强调的就是产品宣传的重要性。对于企业而言,即使企业形象再好、产品再好,也需要借助宣传、借助推介才能广为人知。企业形象宣传的目的就是要利用新闻传媒、广告、社会舆论等各种有效形式,使企业的形象被社会所认知,使企业的产品和项目被消费者所认可。所以说,从某种意义上讲在激烈的市场竞争中,企业的自身形象就是企业的生命线。

(一)企业形象宣传的原则

1. 实事求是原则

虽然企业形象的宣传是为了扩大企业的知名度,树立良好的企业形象,但是这一切都应该以实事求是为前提。如果不讲实话,弄虚作假,那实际上就是在欺骗公众,反而会使公众对企业感到厌恶。

2. 主题明确原则

在做企业形象宣传时要确立一个明确的主题,即宣传企业某一方面的良好形象,如企业的产品、售后服务等。比较忌讳的是对企业的每个形象要素进行全面的宣传,这样会干扰受众的注意力。例如:农夫山泉的宣传广告就着重强调"我们不生产水,我们只做大自然的搬运工",通过突出企业对于原材料的严格把关,集中彰显了企业产品的质量;泸州老窖则把宣传的重点放在了国窖传承,历史悠久上。

3. 独特性原则

塑造企业形象的一个基本要求就是具有独特的个性化特征,如果没有自己的特点,就可能混同于一般的其他企业,无法使公众对企业留下深刻的印象。像沃尔玛的笑脸、肯德基的白胡子老爷爷这些具有鲜明特色的品牌标志,都是成功的典型例子。

4. 注重推广原则

要想使企业形象的宣传取得预期的效果,就必须花费大量成本做推广。例如,在醒目的、容易受到公众关注的媒体上做反复的宣传,加深公众的印象。

（二）企业宣传的媒介

在现实生活中企业形象的宣传主要是通过以下一些媒介开展的。

1. 电视

其优点有：①直观，产品可以实物展示；②能够给人以视觉、听觉的全方位作用；③信息高度密集；④有大量的受众等。缺点主要体现在：①受播放时间的限制；②成本较高；③覆盖面浪费；④消费者无法选择信息。

2. 广播

其优点有：①地区市场可以选择；②便于改变宣传内容；③成本较低等。缺点主要体现在：①受到播放时间限制；②消费者无法选择信息；③覆盖面浪费；④无视觉图像。

3. 杂志

其优点有：①读者可以选择；②可以更好地影响到富裕的群体；③给宣传者带来声誉；④读者可传阅；⑤色彩设计优美。缺点主要体现在：①通常不支配本地市场；②较长的时间间隔；③无法迅速传递信息等。

4. 报纸

其优点有：①地区市场的可选择性；②受众广泛；③方便安排广告和广告的信息；④成本低廉等。缺点主要体现在：①信息的生命期短；②色彩差；③有时人们并不愿去看报纸上的广告等。

5. 销售网点展销

其优点有：①宣传的灵活性和创造性强；②能够更详细地展示产品；③信息针对性强等。缺点主要体现在：①易受经销商人为因素影响；②准备周期长；③成本高等。

6. 室外广告

其优点有：①可根据市场的特殊性进行信息选择；②反复宣传；③成本较低；④色彩好等。缺点主要体现在：①覆盖面窄；②影响较小；③信息量少等。

7. 宣传小册子和广告单

其优点有：①提供详细的信息；②可以辅以销售者的介绍；③为潜在的购买者提供信息的途径；④画面优美等。缺点主要体现在：①成本较高；②效果不确定等。

8. 招待会、宴会等会议

其优点有：①交流可以是全方位的；②面对面的交流可以克服时空沟通障碍；③便于展现全面的形象等。缺点主要体现在：①筹备成本高；②可控性差等。

9. 网络

其优点有：①可以自由选择文字、声音和图像等多种媒体；②受众广泛；③成本低廉;④受众可进行信息检索等。缺点主要是覆盖面浪费。

(三) 企业形象宣传的媒介选择

宣传的媒介多种多样,它们各自都有鲜明的优点和不足之处,这就需要在进行企业形象宣传时根据具体的情况作出恰当的选择。选择媒介的依据主要有以下几条。

(1) 根据目标进行选择。比如,想提高企业的知名度,最好选择大众传播媒介;期望与其他企业或社会知名人士沟通,最好通过招待会、宴会的形式。

(2) 根据对象进行选择。比如,知识分子愿意读报、上网,司机获得信息的途径主要是广播等。要依据产品的主要消费群体来选择合适的媒介。

(3) 根据传播的内容进行选择。比如,希望宣传的内容能够给受众以生动、具体的印象,最好选择电视、广播或网络等媒介;所宣传的信息需要受众进行反复的思考才能理解,最好还是选择杂志、报纸这些能印刷的媒介。

(4) 根据经费预算进行选择。宣传总是要付出一定成本的,如果宣传的预算充裕,可选择的余地就比较大,如果预算较少,就要选择那些相对收费低廉的宣传媒介。

(四) 受众的认知特点

前文提到过,企业形象宣传的受众是一个将自身设计的想象通过一定的媒介传播给社会大众的过程。因此,进行企业形象宣传的时候,必然要考虑到社会大众的认知特点。只有这样才能有的放矢,使企业形象的宣传达到预期的效果。社会大众的认知特点主要表现在以下几个方面。

1. 选择性注意

注意,是一种心理活动,指的是主体对于对象的一种指向或集中,或者说是一种对刺激的有选择的反应。有一些对象容易对主体形成有效的刺激,那么主体更易于注意到他。反之,也有一些对象对主体的作用因为主体没感受到,被主体忽略了。注意是有选择性的,所以只有将宣传的形式和信息的内容与受众的信念、理想、价值观、伦理观等对接,才能对受众形成有效的作用。必要的时候还应该对信息的刺激强度、对比度、新颖度和重复率作出调整。

2. 选择性理解

公众注意到了,不等于理解。理解的过程是要将以符号为载体的信息还原为现实的意义。不同人会因为认知方式、价值观念、教育程度和过往经历等因素的影响,对同一对象的理解产生差异,也就是所谓的"仁者见仁,智者见智"。公众认知的选择性理解的特点要求我们在进行企业形象宣传时,在注意内容和形式的同时,还要注意公众的需要、情绪、价值观念等因素,进而引导公众向被希望的方向作出理解。

3. 选择性记忆

公众理解了不一定能转化为具体的行动。这主要是因为公众不可能对所理解的信息都进行有效的记忆,因而无法形成一定的定势心理。公众总是更容易记住那些

 企业品牌与文化

自己喜欢的或感兴趣的事情，所以在这一过程中，还要充分考虑到公众的偏好和兴趣。

五、企业形象塑造效果评估

企业形象塑造效果评估是指将企业形象塑造方案中所设计的在一定时期内所要实现的主要目标与通过塑造活动所达到的实际形象目标进行比较，看其实现程度如何。如果形象目标没有完全实现，则应找出差距，提出问题；如果形象目标全部得以实现，则应总结经验，实事求是地用目标值加以表示；如果现实的形象超越了预先计划目标，则应寻求美好形象得以建立、发展的真正原因，分析其是否是由于企业自身的努力所带来的结果，并及时表扬工作做得好的部门和人员。有关企业形象塑造的评估，有多种方法可供借鉴。

（一）个人观察反馈法

个人观察反馈法是指企业负责人或公关人员在开展形象塑造活动时，现场了解进展情况，感受当时的气氛并估计其效果的方法。评估人员把实际情况与计划目标相比较，提出评价和改进建议，这是一种最简单、最常见、最直观的方法。其优点是评价反馈迅速，改进意见具体，易于落实。缺点是很难测出公共关系活动的长期效果。

（二）目标管理法

目标管理法是指在企业形象塑造工作中建立目标体系，每个环节、每个部门、每个个人都有自己的目标和措施，在计划实施之中和之后进行评估的一种评估方法。采用这种方法，应在制订计划时就考虑到效果评测，即用量值方法对目标进行分析，判定通过方案实施之后是全部达到目标，还是部分达到目标。这里对目标评定多采用列表法，通过列表把目标分解成为一些具体项目，每个项目还可以分成若干个子项目，再按项目在目标中的重要程度，列出一定的比例，在活动实施后，根据目标达标情况打分，从而确定目标达标程度，衡量和评价工作的效果。

（三）调查法

调查法是指通过企业公关活动情况、公共关系状态的调查来评定公关活动效果的一种评估方法。主要有两种方式。

1. 比较调查法

比较调查法即在一次公关活动前后分别进行一次调查，比较先后调查的结果，分析企业形象塑造活动的结果，这种方法称为比较调查法或对比调查法。例如企业的销售额及利润的增减受市场环境和企业内部因素的影响，虽然制约因素很多，不完全是公共关系活动的成效，但在一定时期内借助于企业形象塑造活动的效果还是明显的。假如某企业开展大型展销活动时配合大量的公共关系活动使销售量急剧上升，这时就可以应用对比调查法，从一定时期的销售量、利润率对比说明企业形象塑造活

动的效果。

2. 公众态度调查法

公众态度调查法即在一系列企业形象塑造活动之后,对主要目标公众进行调查,了解其对组织评价的变化。

(四)内外部监察法

1. 内部监察法

内部监察法是指由企业内部人员对相关部门的工作和活动进行检查和评价的方法。如企业领导层和管理人员可以从企业经营管理中观察出特定时期内,企业形象塑造的目标达到的程度和效果。内部监察范围包括所进行的工作和取得的成果、目前存在的问题、将来的计划安排。

2. 外部监察法

外部监察法是聘请企业外部的专家对本企业形象塑造活动进行检查和评价。外部专家可以通过调查、访问和分析,对企业形象塑造活动及其效果作出较为客观的衡量和评价,并就未来提出建议和咨询。

(五)企业形象地位评估法

企业形象地位评估法即前面提到的对企业的知名度和美誉度进行考察。

(六)企业形象要素分析法

它所涉及的内容也主要是前面提到过的企业形象要素分析。

企业形象塑造活动评估方法较多,在实际工作中要根据各项企业形象塑造活动的目的和要求,遵循"准、简、省"的原则,采用适当的方法,也可综合运用这些评估方法。要真正做到评估客观、公正、全面,评估人员必须超然于企业立场之外,排除主观因素干扰,以科学、负责的精神进行检测和评价。

案例分析 4-2

安踏的企业形象塑造

安踏(中国)有限公司创建于 1991 年,旗下有香港安踏国际投资有限公司、安踏(福建)鞋业有限公司、北京安踏东方体育用品有限公司等。20 多年来,安踏公司秉承"安心创业、踏实做人、创百年品牌"的经营理念,经过不懈努力,已发展成为国内最大的集生产制造与营销导向于一体的综合性体育用品企业。

一个占地面积达 100 余亩(约 66666.7 平方米)、具备 10 条现代化生产线的花园式工业园坐落在美丽的侨乡晋江市。这 10 条全部实行电脑化管理的生产线,从 2004 年 1 月开始全面投入使用以来,使安踏高端产品的研发、生产、配送能力得到

企业品牌与文化

了突飞猛进的提高。

从2001年开始,安踏迈出了决定性的一步,即产品的多元化和品牌的国际化。开始跨向运动服、配件等服饰系列产品领域,这意味着安踏已经从单一的运动鞋向综合体育用品品牌过渡。2004年,安踏公司全面实施海外推广战略,相继在新加坡、希腊等国家和地区开办了安踏专卖店,销售成绩相当喜人,同时又在匈牙利展开安踏业务;在捷克、乌克兰建立了紧密的合作伙伴关系,并以此为窗口,全面拓展欧洲市场。到目前为止,安踏公司在国内外已拥有近5000家安踏体育用品专卖店。

中国商业联合会、中华全国商业信息中心的统计数据表明:安踏运动鞋2001—2004年连续四年运动鞋市场综合占有率在全国同类产品中荣列第一。现在的安踏是一个集"中国驰名商标"、"中国名牌产品"、"中国免检产品"等荣誉于一身的国内著名品牌。一个立足于国内、放眼于国际战略发展的拓展者。

安踏形象代言人从1999年的奥运冠军孔令辉,到NBA(美国男子职业篮球联赛)著名球星斯科拉、世界女排冠军的中国队队长冯坤、世界乒乓球冠军王皓、CBA(中国篮球联赛)的潜力球员王博,强大的体育明星阵容塑造并提升了安踏的专业品牌形象。

1998年安踏首创了安踏极限运动精英赛,至今,该赛事已发展为全国规模最大、关注率最高、影响最广的极限运动赛事;此外,安踏公司还先后赞助了中国大学生篮球联赛,中国男、女排球联赛等赛事,赞助总金额达亿元,博得了社会各界的赞赏和认同。

2004年10月,安踏斥巨资连续三年赞助中国篮球职业联赛,成为CBA职业联赛运动装备唯一指定合作伙伴。据介绍,包括投入在产品研发、市场推广等项目的费用,安踏赞助CBA的费用投入预计将超过1.2亿元。这让中国体育行业震惊:民族品牌打破国际品牌垄断国内顶级赛事的格局,安踏吹响了体育品牌争夺国内市场的号角。2005年2月,安踏还与中国乒乓球协会正式签约,独家赞助中国乒乓球俱乐部超级联赛2005—2008年连续四个赛季的唯一指定运动装备,双方的合作将进一步推动中国乒乓球事业的发展,同时也为安踏品牌树立了良好形象。

安踏引领了中国制鞋行业迈入国际竞争的轨道,自2004年推出的全明星战靴,到为CBA球员量身定制的"王者系列"专业篮球鞋,证明了安踏有能力让中国球员穿上自己民族独立研发的专业篮球鞋。这意味着中国从此就有了和我们的体育大国相匹配的专业运动产品,中国的专业体育品牌也必将为世界所认同。

同时,为了CBA系列产品的开发,安踏2005年的一大动作是创建了"运动科学实验室",实验室位于安踏总部,占地面积4000余平方米,设备价值2000万元,有近50位研究人员。新成立的安踏运动科学实验室是国内体育用品领域首屈一指的研发机构,它的核心战略就是用科技来领航品牌,从篮球、跑鞋等专业运动设备入手打造满足专业运动需求的高端产品,把专业化做到实处。

第四章 企业形象的策划与塑造

从2006年开始,安踏喊出的新口号是"keep moving,永不止步",这句国际化的口号将成为安踏的一个里程碑,是对安踏体育事业最新的阐述,也代表安踏为追求更高目标的拼搏精神。随着2008奥运会在中国举办,安踏的品牌核心中早已融入了现代体育精神,从积极支持中国体育各大赛事开始,走与中国体育事业共同发展的道路,安踏都在加强体育营销的投入力度。这一切都源于安踏公司不懈的追求。安踏采用全方位质量监控体系,质量管理人员早在产品企划阶段便进行质量监测,以确保整个生产过程均经过严格的质量监控管制。安踏采用国际检测标准及国际性检测器材,让内部的鞋类及服装常规质量检验专家能同时进行300个检测项目。为了提升质量,安踏引入原材料同步抽样检验制度,以便及早发现质量问题。此外,安踏亦派员到自营工厂及供货商的生产基地对生产过程及制成品进行实地检验,以确保制成品均达到国家制定的质量标准。

为了最大限度地保证消费者利益,安踏还设定了消费者保障机制,一旦发现问题产品,立即上报,及时解决处理,给予消费者满意的答复。安踏终端零售商手中的店铺管理规定多达70多项,甚至细致到了衣服的叠放和摆放规范。一些经常在国内飞来飞去的"神秘顾客"会偷偷收集那些店面违规的证据,公司据此进行处罚,或者给予那些符合规范的零售商以奖励。安踏对产品质量管理的严谨作风,获得了来自国际及国家的认可及认证。2009年,安踏通过具有超过百年历史的国际性的鞋类及皮革类产品验证机构CTC认证,荣获《2009 CTC认证证书》,这证明安踏在优化生产及质量控制上所取得的工作成果。此外,安踏的鞋服产品均已通过ISO 9001质量管理体系认证。

【总结】

安踏在内涵建设上,一方面通过引进先进的技术来保证企业产品的质量和更新换代,另一方面通过提供细致周到的售后服务,让消费者感受到了企业负责任的态度和对消费者利益的认同。

第三节 企业形象与企业文化、企业品牌的关系

一、企业形象与企业文化的关系

企业形象与企业文化具有不同的内涵,但两者又存在千丝万缕的联系。

(一)企业文化与企业形象的区别

1. 两者的侧重点不同

虽然,广义上企业文化可以说是企业在经营发展过程中企业员工所创造的物质文明和精神文明的总和,既包含了物质文化也包含了精神文化,但是,在具体谈及企业文化时,总是更多地侧重于企业精神文化的内容,往往把企业文化看成是企业的意

识形态和上层建筑;作为一种印象的塑造和管理,企业形象则更侧重于如何打造企业内涵的外在表现。

2. 两者的内涵范畴不同

企业文化以企业精神的共识为核心,由企业哲学、企业目标、企业民主、企业道德、企业制度、群体意识、企业形象等构成一个大系统,而企业形象只是企业文化大系统的一个子系统,它是企业文化的一部分。

3. 两者的形成机制不同

企业文化主要是在企业的长期经营、运作过程中各级、各部门和所有员工的相互作用中形成的,因而是源于企业内部的作用机制;企业形象则是在企业与社会的互动中被逐步塑造。企业在公众心目中的形象源于公众的感知和理解,这些是企业自身所无法左右的。

(二) 企业文化与企业形象的联系

企业文化和企业形象虽然有着不同的内涵,但两者之间又是密不可分的。

(1) 企业文化是企业形象的内容和基础,是企业形象的灵魂,企业形象的塑造受企业文化的指导和约束。企业文化是企业信奉并付诸实践的价值理念,这种大家都认可的价值观和理念会在公司内形成一个统一的做事原则和做事风格,从而形成对事物的是非判断的统一认识,进而影响到员工的行为,而员工的行为和行为的结果最终影响到了社会对企业的评价。所以说,如果把企业比作一个人,那么企业形象就如他的外表或行为留给别人的印象,而企业文化则是他内在的修养和素质,是他的价值观和精神世界。企业形象不仅决定了企业对外表的重视程度,而且还影响着企业的行为,因此,可以说企业形象实质上就是外界对企业文化所带来的各种影响的反映。只有好的企业文化才会有好的企业形象,良好的企业形象是在良好的企业理念、企业文化指引下逐步形成的。

(2) 企业形象也会反作用于企业文化。企业形象是企业文化的载体,两者是内容与形式的关系。企业形象通过各种传媒反映企业的文化内涵与精神理念,将企业独特的文化品质传递给社会公众,使受众对企业及其文化有了进一步的了解和认同。同时,公众也会反过来通过企业所表现出来的形象来评价其企业文化的优劣。当一个企业在公众面前展现了不良的形象时,人们就会倾向于认为该企业的文化是畸形的,如唯利是图、社会责任感不强等,这就需要企业进行反思,对其文化和形象作出调整。

二、企业形象与企业品牌的关系

在商品极其丰富的现代社会,广大消费者在市场上的消费行为的本质已经超越了有形的物质形态,而渐渐偏向了无形的精神领域,特别是消费者对于品牌的要求越来越突显出来。买东西认牌子,而且当消费者长期对某个品牌抱有认同态度之后,他在消费时对于该品牌产品的选择就会成为一种习惯。当一个品牌的产品能够普遍获得公众的认同时，则会奠定该品牌产品在市场中的坚实地位。

一般地说，品牌是一系列包括产品功能、利益和情感的象征性价值的复合体。一个品牌就是一个名字，一种象征，一种符号，一种设计或是这些的综合意义。只有当品牌获得可持续的差异优势时，才构成一个特定产品的品牌价值。那么企业的品牌形象与企业的形象又有着怎样的关系呢？

首先，两者是相辅相成的。

第一，品牌形象是企业形象的一部分。这也是最重要的一部分，从一定意义上可以说企业产品形象就是企业形象。因为企业毕竟是一种经济行为主体，产品才是其受到公众关注最多的一环，也是其实现利益的工具。而品牌形象直接决定产品形象，具有良好产品形象的产品，能够更好地满足顾客的心理需求，使顾客产生好感和信任，进而对企业有一个更好的评价。

第二，从形象塑造角度来说，两者是相辅相成的。一个具有良好品牌形象的名牌产品，能提高企业的知名度和美誉度，从而促进良好企业形象的确立；反过来，企业有了良好的形象，也会为品牌形象的塑造创造条件，因为企业美名远扬，其产品更易被消费者所接受、喜爱，从而使其品牌在消费者心目中确立起来。所以，企业形象的塑造离不开品牌形象的塑造。

其次，两者之间存在着不同之处。

第一，两者的内涵不同。企业形象是一个综合概念，是企业内在素质的一种强化形式，指企业有意识、有计划地将企业的各种特征向社会公众主动地展示与传播，从而使公众对企业有一个标准化、差别化的印象和认识，而品牌是存在于人们心理的关于品牌各要素的图像及概念的集合体，主要是品牌知识及人们对品牌的主要态度。

第二，企业形象与品牌形象针对的对象不同。企业形象的塑造要面对所有与企业正在打交道和将来可能打交道的群体，比如经销商、供应商、政府机关等，比较复杂；品牌形象针对的主要对象就是消费者。

第三，企业形象与品牌形象负担的市场职能不同。企业形象的相关应用，比如名片、办公用品、办公环境，只有关联单位才会接触到，除了个别消费者与周边人群，大多数的消费者几乎永远都没有机会接触到企业内部环境。消费者更重视品牌形象与强势品牌带来的品质保障，比如 NIKE 品牌委托全球各地的企业在加工，消费者认的是耐克这个品牌，而非加工企业。

三、企业品牌、企业形象与企业文化的关联

企业品牌是一个错综复杂的象征，它是产品、服务、声誉、效益、消费群体及社会形象等的无形总和；企业形象是企业自身在消费者心目中的地位和价值的体现，是企业在长期经营中形成的消费者对企业的评价或口碑。良好的企业品牌和形象是各企事业单位的一项重要的无形资产，它不仅代表了一组忠实的顾客，形成了稳定的消费

群,还由于知名度、信任度和美誉度使企业的营销成本减少,使销售额稳定,利润上升。综观现在的企业,可以得到这样的结论:业绩突出的企业往往具有优秀的企业文化,企业文化最终影响着企业的经营绩效。

(一) 企业形象受企业文化的指导和约束

企业文化是企业信奉并付诸实践的价值理念,这种大家都认可的价值观和理念会在公司内形成一个统一的做事原则和做事风格,从而形成对事物的是非判断的统一认识,进而影响到员工的行为,而员工的行为和行为的结果最终影响到了社会对企业的评价。所以企业形象是外界对企业文化所带来的各种影响的反映,只有好的企业文化才会有好的企业形象,良好的企业形象是在良好的企业理念、文化指引下逐步形成的。"海尔"这个家电品牌家喻户晓,它已经成为消费者心目中优质产品和服务的象征,渗透到员工内心的"海尔,真诚到永远"、"为客户提供星级服务"等价值理念,体现了海尔品牌的诉求点由单一的产品诉求转向全方位的服务。正是这种理念深入人心,从而对员工的行为产生引导,才会形成优质产品和服务的企业形象。梅赛德斯奔驰公司的"公平、尽责"核心理念,以及"安全、优质、舒适、可靠"传统价值观,形成了现在成功人士梦寐以求的品位、身份的象征。

(二) 企业形象既是企业文化影响结果的一部分,又是企业文化的外在表现

企业文化作为一个大系统,含有企业哲学、企业精神、企业目标、企业民主、企业道德、企业制度、团结意识、企业文体活动、企业价值观、企业实体、企业素质、企业形象等若干子系统,几乎涵盖企业生产经营活动的方方面面。它像气泡一样渗透到了企业经营的每一个工作环节,影响到了公司、企业经营的每一个成果。企业文化内聚人心,外树形象。一个企业在社会的形象可以通过如下三个载体来反映:企业的物质表象环境,企业员工的行为和企业运营的业绩。企业的物质表象环境是企业形象的表层载体,它就像人的脸面和穿着一样,给人以第一印象,企业的建筑、厂房、厂歌、厂内环境、员工着装仪表、商标、产品的包装、广告与宣传都是在社会中企业的外在表象,让社会对企业形成初步的认识,而企业这些表层现象正是企业文化的最外层的物质文化。一个企业对各处环境和建筑及宣传的投资可以反映出这个企业的文化,一个对企业本身和文化感到自豪的企业会通过其环境来反映,同时企业的表象环境反映了企业对员工的态度,因而企业的物质表象环境是企业文化的外在表现。员工的行为展示的是企业员工形象、管理形象、经营形象、市场形象等,同时员工的行为又受企业长期形成的共同价值观的影响和制约,所以员工的行为也是企业文化的外在表现。企业文化最终影响企业的经营业绩,企业的经营结果就是产品和服务的形象,业绩好的企业受社会的认同度也会高,因此企业的运营业绩同时是企业文化在反映企业的经营与管理时的外层表现。人们通常通过一个人的为人处世来判断他的素质和涵养,同样,人们也可以通过企业的外在行为来判断它的企业文化,从而形成对企业的评价。

第四章 企业形象的策划与塑造

（三）企业文化是企业形象的灵魂与支柱

有什么样的企业文化就有什么样的企业形象，可以这么说，如果把企业比作一个人，那么企业形象就如他的外表或行为留给别人的印象，而企业文化则是他内在的修养和素质，是他的价值观和精神世界。这不仅决定了他对外表的重视程度，而且还影响着行为，所以企业文化支配和支撑着企业的形象。在这个世界上，从事银行工作，甚至其他经济工作的人，几乎没有谁没有听说过花旗银行，用很多经济指标衡量，花旗银行都是世界上较好的、比较成功的银行，能在"花旗"工作是各国名牌大学顶级优秀学生的就业梦想；在各经济学或金融类专著中，只要出现"金融创新"的字眼，那么，在后面的注释必定会频频出现"花旗银行"的大名。"以人为本，客户至上，追求创新"的文化素养已经成为"花旗"的精神支柱，伴随着她的成长、壮大乃至成功。

企业文化与企业形象既密不可分又有区别，两者的区别如下。其一，企业文化是企业员工的意识形态，它是企业领导引导并在员工长期工作中形成的。企业文化由深层向表层可分为精神文化、制度文化、行为文化和表层物质文化，这些形成的主体是企业的员工；形象需要社会公众和社会机构的认同和评价，不以企业员工的意识的转移而转移，企业形象的意识主体是社会，但可以通过企业的行动和业绩来改变，而这些又受企业文化所支配。其二，企业文化以企业精神的共识为核心，由企业哲学、企业目标、企业民主、企业道德、企业制度、群体意识、企业形象等构成一个大系统，而企业形象只是企业文化大系统的一个子系统，它是企业文化的一部分。其三，企业文化是内在的、精神性的范畴，是企业的意识形态和上层建筑，而企业形象则侧重于企业内涵的外在表现。其四，企业文化的功效以企业员工的认同为评判标准，企业形象的塑造则以社会公众的认知和评价为标准。

综观现在所有知名、拥有好口碑的企业无不具有独特、优秀的企业文化。中国移动认为，文化建设锻造内力，形象塑造磨炼外功，内外兼修将成为中国移动通信塑造卓越品牌和迈向世界一流通信企业的动力源泉。其价值观是持续为社会、企业创造更大价值，企业精神为"改革创新、只争朝夕、艰苦创业、团队合作"，企业服务理念是沟通从心开始。这就是中国移动的服务品牌和形象灵魂。以"创新"为企业文化的核心，在变化莫测的市场中"迅速反应，马上行动"，如今的海尔不仅是国内知名的家电品牌，而且正在朝着国际化品牌的路线前进，不断壮大的海尔离不开海尔精神的支撑。麦当劳的"质量、服务、清洁"的价值理念指导着每一个员工每一天的工作，它的品牌形象让顾客感受消费的不仅是它的食品，更是消费它的文化，正是这种文化使它成为全球最大的以经营汉堡为主的速食公司。在日本，曾有过这样感人的一幕：一位头发花白的老人在经过一家五星级酒店的停车场时，看到一辆丰田汽车车尾处沾满了飞溅的淤泥，他走过去，从口袋处掏出一个洁白的手帕，主动为这辆汽车清洁污垢，车主很奇怪地问其原因，他说"我不希望在街道上看到这么脏的丰田车"，后来才知道他是已退休十年的丰田工人……丰田人这种认真负责的精神造就了风靡世界的丰田

汽车。

在管理企业的时候,不仅要重视企业物质和财富的增长,更要重视员工的思想基础建设,不要一味地为了追求企业的业绩而追求业绩。企业未来的竞争将是品牌和形象的竞争,而品牌的竞争归根到底又是文化的竞争。企业文化的建设不是一朝一夕的事,是日积月累的结果,但它对企业的发展具有长期深远的影响。人是企业最重要的主体,积极健康的企业文化将挖掘员工的潜能、引导员工的行为,从而最终体现在效益和业绩的增长乃至社会形象的塑造上。

总之,企业文化是企业形象的灵魂,而对于外界来说,对于一个企业文化的了解则要依托于对企业形象的感知,企业的品牌又是构成企业形象的最重要的因素,所以三者之间是相辅相成的。放眼世界,宝洁、三星、惠普、可口可乐等各大知名企业,无一例外地都会非常重视自己的形象和品牌的塑造。一方面,严抓生产,不断创新,提高产品品牌在公众心目中的形象,赢取他们的认同;另一方面,积极地通过大力的广告宣传、热心参与社会事务等各种企业形象营销手段,提升自身的知名度和美誉度。这些都是他们能够在激烈的市场竞争中立于不败之地的重要保证。在企业文化已经成为企业生产力的重要一环而变得日益引起人们的关注的今天,一个企业要想生存并健康发展,就必然要重视企业文化的建设。而这其中,企业形象和品牌形象的塑造又是一个必要的手段。

 技能训练

【训练目标】

(1) 了解企业形象塑造的基本内涵;

(2) 掌握企业形象塑造的基本途径和方法。

【训练内容】

组织学生以某一企业的企业形象塑造为背景,设计一套用于调查企业在公众心目中形象的调查问卷并进行分析,写出分析报告。

【训练步骤】

(1) 对所选的企业进行深入调研,全面了解企业的文化建设的具体措施;

(2) 设计好问卷,并请企业相关部门的专业人士给予修正;

(3) 做好问卷的调查、资料整理分析等工作。

【训练要求】

问卷基本内容应包含企业总体形象、具体要素形象以及企业的知名度和美誉度调查,并针对调查结果对企业形象进行分析。

本章主要介绍了企业形象的含义及价值、企业形象的塑造,以及企业形象与企

业文化和企业品牌的关系等内容。企业形象一方面是企业文化的重要载体,另一方面又是企业 CIS 战略实施的基础,因此本章在本书知识体系中处于一个十分重要的衔接地位。对于学习者来说,通过对本章的学习既可以帮助大家进一步深化对企业形象的理解,明确企业形象对企业的经营和企业文化建设的重要作用,又可以帮助大家掌握企业形象塑造的步骤和方法,从而强化自身素质和技能的培养。

本章练习

一、判断题

1. 企业形象是企业的一种无形资产。（　　）
2. 企业文化是企业形象的核心。（　　）
3. 企业形象的塑造要以对市场的深入调查和分析为基础。（　　）
4. 企业形象的策划往往要确定多个主题。（　　）
5. 企业形象指的是企业的总体形象在人们心目中的反映,和各经营要素无关。（　　）
6. 企业品牌、企业形象和企业文化之间具有密切的联系。（　　）
7. 企业形象的宣传应遵循实事求是的原则。（　　）
8. 品牌形象是企业形象塑造中的一个最为重要的环节。（　　）
9. 如果我们要向社会名流推广企业形象,最好的方式是通过在报纸上刊登宣传广告。（　　）
10. 企业形象的分析包括两个层面,一个是总体形象分析,另一个是具体要素形象分析。（　　）

二、单项选择题

1. 如果希望向农民朋友宣传企业,那么(　　)是最佳的。
   A. 报纸　　　B. 电视　　　C. 广播　　　D. 室外广告
2. 当前,进行企业形象调查,最常被采用的方法是(　　)。
   A. 访谈　　　B. 问卷调查　　C. 实地考察　　D. 文献调查
3. 企业形象的评价主体是(　　)。
   A. 企业自身　B. 社会大众　　C. 其他同行　　D. 专家
4. 在进行企业形象策划方案的设计时,主要依据的是(　　)。
   A. 塑造目标　B. 经费预算　　C. 受众心理　　D. 经营环境
5. 下列关于企业文化和企业形象关系的陈述中不正确的是(　　)。
   A. 企业文化是企业形象的核心
   B. 企业形象是企业文化的外在表现
   C. 企业形象会反作用于企业文化
   D. 两者具有相同的内涵

三、多项选择题

1. 企业形象的特点主要包括（   ）。
   A. 主观性和客观性　　　　　　B. 多维性
   C. 整体性　　　　　　　　　　D. 相对稳定性和可变性
2. 企业形象宣传的原则包括（   ）。
   A. 实事求是　　B. 主题明确　　C. 独特性　　D. 注重推广
3. 下列属于社会大众的认知特点的是（   ）。
   A. 选择性关注　B. 选择性记忆　C. 选择性理解　D. 选择性行为
4. 下列关于企业形象与企业品牌的关系的陈述正确的有（   ）。
   A. 两者内涵不同　　　　　　　B. 两者承担的市场职能不同
   C. 品牌形象是企业形象的一部分　D. 两者相辅相成
5. 企业形象策划的一般过程主要包括（   ）等基本步骤。
   A. 分析预测　　B. 确定目标　　C. 形象定位　　D. 制订方案

四、简答题

1. 企业形象的价值主要表现在哪些方面？
2. 企业整体形象分析包括哪些内容？
3. 在进行企业形象宣传时，主要根据哪些因素来对宣传的手段进行选择？

五、案例分析题

最佳企业公众形象奖

　　我国从2005年开始，由国务院发展研究中心企业研究所、北京大学中国信用研究中心、搜狐财经、光华传媒发起的"最佳企业公众形象奖"，至今已举办了多届。作为最早将公众评价理念引入企业评价体系，并致力于传播企业社会责任和可持续发展理念的项目平台，此项评价活动关注食品安全、企业社会责任、全球变暖、企业公益基金会等主题，并逐步被社会、媒体和公众认可。2010年2月3日，来自国内外共31家企业摘得这项大奖，中国国际航空公司、诺基亚等25家企业获得了"2009最佳企业公众形象奖"；中国工商银行、海南航空公司等6家企业获得了年度企业大奖；"壹基金"因在2009年度慈善事业中作出了贡献，被授予"评委会特别荣誉奖"、"年度慈善贡献奖"。企业公众形象评价主要根据公开的评价指标体系，从公司治理、赢利能力、员工关系、投资者关系、消费者关系、商务关系、品牌传播、危机管理、企业社会责任和可持续发展能力十个方面对企业进行综合评价。

1. 案例当中描述的企业形象评估方法属于（   ）。
   A. 目标管理法　　　　　　　　B. 调查法
   C. 内部检测法　　　　　　　　D. 企业形象地位评估法
2. 案例当中罗列的评价依据的指标体系集中体现了企业形象的（   ）特征。
   A. 主观性　　B. 客观性　　C. 多维性　　D. 可变性

第五章　企业形象的 CIS 战略

 学习目标

通过企业形象的 CIS 战略的形成与发展的知识内容,了解企业理念识别系统(MIS)、企业行为识别系统(BIS)、企业视觉识别系统(VIS)、企业听觉识别系统(AIS)的设计规律和原则;理解企业理念识别系统、企业行为识别系统、企业视觉识别系统和企业听觉识别系统等的构成规律,系统相互之间的关系与作用;掌握企业形象识别系统的导入程序和内容,系统的功能与特征,系统的作用与意义,以及系统管理运营与战略实施的方法和手段。

 案例引导

海尔集团的价值观体系构建

人才观:人人是人才,赛马不相马——你能翻多大跟头,就给你搭建多大的舞台。

市场观:"只有淡季的思想,没有淡季的市场"、"市场唯一不变的法则就是永远在变"、"否定自我,创造市场"。

生存观:永远战战兢兢,永远如履薄冰。

质量观:有缺陷的产品就是废品。

服务观:真诚到永远。

创新观:全体员工不仅产品创新,文化创新,而且观念始终都要保持创新。

竞争观:只有保持竞争对手的水平,就能掌握市场主动权。

【启示】

价值观是企业形象识别系统的核心,是引导企业形成统一行为模式的精神元素及企业生存发展的根本。海尔企业的价值观涵盖了人生观、世界观、科学发展观等多方面,在正确价值观的指导下,海尔集团得到了全面快速发展。"走出去、走进去、走上去",海尔集团就是以这种战略走进世界 500 强行列,成为中国和世界的骄傲。

 企业品牌与文化

第一节 CIS 战略概述

一、CIS 战略的含义

CIS 是英文 corporate identity system 的缩写,直译为"企业识别系统"、"企业的同一化系统",意译为"企业形象设计"。CI(corporate identity)是指企业有意识、有计划地将企业的各种特征向社会公众传播与展示,促使公众在市场环境中对某一特定的企业有一个标准化、差异化的印象和认知。

"identity"一词有一致、同一、辨认、识别及个性特征等多种含义。CIS 的核心内涵,是用整体统一的形象,塑造企业的内涵个性、特征,并构建成定位鲜明的品牌形象符号识别系统。

一般来说,企业识别系统由三个要素构成,即理念识别系统(mind identity system,简称 MI 或 MIS),行为识别系统(behavior identity system,简称 BI 或 BIS),视觉识别系统(visual identity system,简称 VI 或 VIS)。随着现代社会经济的快速发展,企业的管理与市场经营战略也在不断地更新完善,如在企业识别系统的基础上,又增加了听觉识别系统(AIS)和环境识别系统(EIS),这些识别系统既独自发挥作用,又相辅相成,构成一个协调的整体,促使现代企业识别体系更加系统与科学,企业的经营管理体系和对社会化影响作用的双重功能更加趋于完善。

企业识别系统是企业经营管理战略的重要组成部分,融合了现代设计观念和技术手段、企业的历史与文化,彰显出企业的时代特征及理念,它是企业品牌的形象符号及精神标志。企业识别系统已经成为企业系统化、科学化、现代化经营管理与发展的重要组成部分。

(一)企业识别系统的文化价值观

企业识别系统的文化价值的现实意义,即通过建立企业共同价值观与行为准则,凝聚全体员工向心力和集体感,并在一定程度上整合企业文化团体的分散因素。因此,CIS 的导入与实施,必须以明确的方式表达企业文化的现实意义,使其成为全体员工的共识。另外,还要对企业原有文化的存在方式进行重新检验与整合,并在此基础上为企业的决策者提出实现目标的最优规则。

从企业文化价值观来看,CIS 主要从以下几个环节进行导入。

1. 企业的文化价值导向

价值导向是企业经营者和全体成员的最高要求和做事准则。因此,价值观对于企业的发展具有现实意义,企业价值观对于企业的经济、技术因素和组成因素具有支配作用。企业价值观不是独自存在的,体现在企业的生产、经营、组织、生活等各个方面,通过企业的经营战略、企业精神、企业品德、企业目标及视觉系统等显现出来。企

业价值导向应该代表成员的主导价值观,或者能够把成员内在的价值取向吸引和统一到企业价值观的体系中来。它是企业经营战略与发展的核心,引导企业的文化观念,与社会现实紧密相连,带动企业始终沿着正确的路线发展。

2. 企业的经营理念

企业经营理念是指企业经营的指导思想和方法论。具体体现为经营环境的适应和开发,经营资源的有效利用,经营组织机制和多种制度的运用等。它主要包括企业的社会责任感、企业的效益观念及系统观念等。

3. 企业的精神文化

企业精神是在企业长期经营活动中形成的,代表企业价值观和广大员工的意愿,反映企业目标,是推动企业发展的一种思想意识和精神品质。它通过简洁、精练、富于哲理的语言表现出来。它由企业内涵(精神文化生活)和企业精神文化的外延(宣传推广)两部分组成,企业的精神文化是构成企业品牌品质的主要元素之一,是企业发展的动力和无形资产。

4. 企业的道德品质

企业道德是在一定社会制度、文化观念、道德形态下调整企业之间、企业与成员之间、成员与成员之间的行为规范的总和。它是企业行为系统的核心,也是企业文化的标志。

在企业竞争日趋激烈的今天,构建企业文化价值观,是企业战略管理的主要内容,具有重要的现实意义。时代的发展与变迁,传统的社会文化及企业文化模式必须经过市场竞争的重新整合与完善,创造具有新时代特色和传统文化相融合的新型企业文化模式。CIS不仅能给企业构建一个良好的外部环境,而且还能给企业创造一个内外和谐、彰显新时代企业文化价值特征的,体现企业个性的全面企业形象,为企业的成熟与发展,走入全球经济一体化发挥作用。

(二)企业识别系统的特征

1. 整体性

它是由企业内部的诸多因素构成的统一体和集合形式,是一个完整的有机体。

2. 社会性

企业形象是社会公众对企业综合认识的结果,绝不是人们对某个企业的个别因素的认识结果,是综合多方面的因素形成的,是不以人的意志为转移的社会现象。它还受一定社会环境的影响和制约,不可能脱离赖以生存和发展的社会及自然条件而独立存在。

3. 相对稳定性

一个企业的形象一旦在公众的心目中形成,便表现出相对的稳定性,一般很难改

变,即使企业发生变革,这种变革也很难立刻改变企业已存在的形象模式。因为公众倾向于保留原有企业已存在的形象,这是公众心理定势作用的结果。因此,相对稳定的良好的企业形象有利于企业利用其稳定特点开展经营管理活动,可以借助已存在的有利条件为企业创造更多的经济效益和社会效益。

4. 对象性

企业形象作为人们对企业的一种综合性认识,是一种总的印象,在表现上反映出其主观性的特点,但社会大众的思维方式、价值观、利益观、审美水平等不同,使得他们对企业形象的认识途径、认识方法都各不相同。

5. 可变性

虽然企业形象具有相对稳定性的特点,但这种稳定性是相对的,随着企业内部因素和外部环境的改变,企业形象也会随之发生转变。只要变化空间与时间长度充裕,且这种变化又正好符合公众目标和需求,那么,公众对企业的态度和舆论就会发生根本性的转变。

6. 传播性

企业形象可以通过各种传播渠道从某一类公众传送给另一类公众。这一特征为企业形象策划实现自身的目标提供了理论依据。

7. 偏差性

企业形象在传播中常会出现和客观实际不符的情形,如企业形象超前或滞后于企业现实。出现偏差,是由于公众获得某一企业信息不充分。由于信息不充分,人们就主要从某些方面去臆测,因此易出现偏差现象。

8. 创新性

企业形象是发展的,随着消费者的价值观和消费需求的更新,对企业形象也提出了创新的要求,所以企业形象具有把创新、继承、延续有机地结合起来的特征。

(三)企业识别系统的导入内容与程序

CIS 导入是指结合企业的具体情况,开始推行或再次推行(对原有实施的 CIS 进行修改和调整)的全过程。CIS 导入是实施 CIS 的关键阶段,它确定了企业 CIS 的各项基本要素的内容,形成 CIS 执行的关键文件,即《CIS 手册》,以及全面实施 CIS 的计划。CIS 导入一般要求在一定的计划时间内,保质保量按期完成。

CIS 全面实施是指根据 CIS 导入指定的计划和内容,进行全面执行和推广,它是具体实现 CIS 的阶段,也是 CIS 全面落实和获得效果的阶段,而且又是一个长时间需要严格管理的阶段。

(四)CIS 导入的内容和流程

CIS 导入必须严格按照程序进行。但是,对于不同的企业由于自身的特殊性,可视企业自身的具体情况仔细研究和操作。它是一项细致的工作,需要企业全体员工和所有部门的共同参与。通常的导入内容和流程如下。

(1) 确认企业 CIS 导入的"目的"和"计划"被立项,即有由企业内部经过多方讨论确定的目的和计划,经企业领导批准实施。

(2) CIS 导入的组织落实。包括:①企业内部成立专门负责 CIS 实施的部门和领导机构;②与称为企业形象设计的公司签订合同;③确定在实施过程中各有关部门的权利和义务。

(3) 与 CIS 实施的所有部门和人员共同研究确定实施目标、实施方针及有关事宜。

(4) 制订导入计划,包括时间进度计划及各个阶段的详细内容。

(5) 在事前对形象的调查内容、方法、对象予以确定。

(6) 实施调研。

(7) 再次确认本企业的经营战略、经营方针等。

(8) 对调查进行研究分析。

(9) 根据调查分析的有关资料,确定或再次确认企业的经营理念的简要表达形式。

(10) 把最后确定的理念简要表现形式以报告的形式交付有关部门和员工进行讨论。

(11) 调查和收集对"理念"的讨论结果。

(12) 与企业决策者研究确定用简要形式表现的企业理念。

(13) 以理念为核心,系统检验行为识别和视觉识别的有关实际问题。

(14) 由专业设计单位和设计师进行视觉和行为设计。

(15) 由设计者对视觉识别系统要素设计的方案进行阐述,并形成报告。

(16) 针对视觉识别要素设计的图案和报告,在企业内部进行展示和讨论。

(17) 对设计进行事前实验,邀请企业内外部有关人员在看完展示后填写问卷并进行统计分析。

(18) 总结、讨论事前实验结果,对方案进行确定、修改,或重新设计。

(19) 到工商行政管理部门对设计完成的企业名称和标志进行法律确认并登记注册。

(20) 结合本企业特点,确定视觉识别"应用设计"的内容。

(21) 对视觉要素设计进行确认,向设计者提供应用设计的内容、项目和要求。

(22) 对行为识别设计者提供的设计和报告进行讨论、修改和确认。

(23) 确定有关行为识别中有关要素的设计和策划的内容、项目和要求。

(24) 对完成的全部设计进行审核和最后确定。

(25) 进行《CIS 手册》的设计和印刷。

(26) 研究确定对企业内外的 CIS 传达、宣传计划。

（27）对 CIS 应用设计的有关内容进行制作。

（28）实施对内宣传计划。

（29）实施对外宣传计划。

（30）根据最初实施情况，进一步制定全面实施方案。

（31）全面实施 CIS。

计划导入企业应认真审核以上内容和工作程序，并结合本企业实际情况加以修改、增减和完善。

（五）企业识别系统的管理与战略实施

CIS 全面实施是指根据 CIS 导入制订的计划和内容，进行全面执行和推广，它是 CIS 全面落实和获得效果的阶段，是一个长时间、需要严格管理的阶段。全面实施 CIS 主要包括以下工作。

1. 企业管理理念和战略的实施

当企业理念与企业战略制定出来之后，一项必不可少的重要工作就是让企业内外对自己的企业理念与战略有认识与了解，这一点意义重大。为什么有些企业在导入 CIS 之后并没有看到多少成效呢？一个最根本的原因就是它未能使企业理念与企业战略深入企业内外所有有关组织和有关人员中。所谓有关组织和有关人员，主要包括消费者、股东、金融界、供应商及中间商、政府有关职能部门、社区、大众传播媒介、企业内部员工及员工组织等。

全面实施的目的在于使企业内外的所有有关组织及人员都明了本企业在干什么和为什么而干，从而能够获得"认同"，进而获得一种亲和力与心理上的共鸣。只有这样，企业的理念与战略才能真正发挥它应有的作用。

2. 促进企业主体性的形成

CIS 全面实施，就是用理念真正促进企业主体性的形成，而不是停留在抽象的表现形式上，这一问题在分析企业理念表现形式时已有详细介绍。

真正理念主体性、统一性的实现，是需要付出长期、艰苦的努力的。理念统一性实现的一个重要特点是，它非常类似"宗教"的形式，它不仅要靠不断的灌输、教育，更重要的是靠具体的事实对抽象理念的"解释"，靠故事、靠人，尤其是企业管理者的身体力行逐步形成。当然，理念推广必须通过多种形式，而不是简单的教条式的说教形式。

3. 将视觉识别全方位地应用

CIS 全面实施一开始的重要工作之一，是将设计出的视觉识别全方位地应用。每个企业都有外部标志，但企业是否已引进 CIS 的一个很大区别，就是系统的视觉识别是否全方位地应用。所谓的"全方位"，是指一切必须运用和可以利用的地方与场合，这对加强识别记忆有重要意义。

在 CIS 全面实施的过程中,必须强调企业标志、标准字、标准色等要素的使用标准和方法;必须严格按照《CIS 手册》实施,任何变形或特殊使用,要有严格的审批制度。

4. 规范企业行为

这是商业企业主体性的外在表现,它是一个动态识别过程。在 CIS 全面实施的过程中应做好以下几个方面的工作。

(1) 根据"行为识别原则"具体制定或修改完善企业的各项规章制度,并严格执行。

(2) 通过培训和教育,规范领导与员工的行为表现。

(3) 根据《CIS 手册》完善内部工作。

(4) 重新制定或修改员工的提拔与奖励制度及生活福利等项分配制度。

(5) 全面实施企业的经营战略、经营方针及政策。

(6) 全面重视企业经营管理水平和部门员工素质的提高。

(7) 重新制定及完善保护消费者利益的制度和措施。

(8) 重新制定及完善所在社区的行为准则。

(9) 规范企业与相关企业、机构与人员交流的行为准则。

(10) 根据《CIS 手册》完善服务环境及购物环境。

(11) 保持日常对外公共关系活动和广告活动的一致性。

(12) 重视社会公益事业。

(13) 策划和实施加强形象识别的重大公共关系、广告和促销活动等。

CIS 全面实施与企业经营管理是相互交差和相互包容的,导入和实施 CIS 作为企业形象的切入点的重要意义体现在,可以实现企业经营战略的广泛实施;树立企业品牌的认知度、诚信度和美誉度,成为企业长期发展和获取竞争优势的科学体系。

二、CIS 战略的产生和发展

CIS 是一种现代企业经营战略,它经历了一个从 CI 到 CIS 的发展演变过程。CI 即指企业识别,最初只是一种统一企业视觉识别,提高企业产品知名度,以此达到扩大销售目的的方法。CI 的出现,是工业时代企业的大量涌现,以及相对应的激烈市场竞争的结果。早在 20 世纪初,意大利企业家密罗·奥利威蒂在伊布里亚开设工厂生产打字机,为了提高自己产品的竞争力,他开始注重企业标志的设计,并使其商标不断完善;他同时还开设了托儿所,以此举提升企业形象。1914 年德国著名建筑学家比德·贝汉斯为 AEG 电器公司设计统一的商标、包装、便条纸、信封,其目的是统一企业的视觉。这一设计被视为企业视觉识别的雏形。1932 年至 1940 年间,英国实施伦敦地下铁路工程,此项工程由英国工业设计协会会长佛兰克·毕克负责,它被称为"设计政策"经典之作。艾德瓦·琼斯顿等著名设计师为其设计了车站站牌、车票及系列海报等，统一的标志形象在各种载体上重复出现，增强了市民对新地铁交通的认识。

第二次世界大战后，国际经济开始复苏，企业经营者认识到建立统一的识别系统，塑造独特的经营观念的重要性，自1950年欧美各大企业纷纷导入CI。1956年美国国际商用计算机公司便以公司文化和企业形象为出发点，突出表现企业高科技产品的精神内涵，将公司的全称"International Business Machines"的首字母设计成蓝色的富有品质感及时代感的字体造型"IBM"。它成了"蓝色巨人"的形象代表，并成为"前卫、科技、智慧"的代名词，也是CI正式诞生的重要标志（见图5-1）。

图5-1　IBM公司的视觉识别应用设计

60年代之后，欧美国家的企业出现了CI的潮流趋势。70年代CI的代表是用醒目的红色、独特的瓶形、动感和韵律十足的艺术字体所设计的Coca-Cola（可口可乐）的标志（见图5-2、图5-3、图5-4）。60年代到80年代，是欧美CI的全盛时期。

图5-2　可口可乐公司早期海报　　　图5-3　可口可乐公司产品创意广告

第五章　企业形象的 CIS 战略

图 5-4　可口可乐公司标志设计

　　日本企业在 60 至 70 年代开始引入并发展了 CIS，其主要是发展与强化了"理念识别体系"，创造了具有特色的 CIS 实践战略，不断地完善 CIS 的理论体系。1968 年中西元男成立了 PAOS 设计公司，他将日本的 CIS 发展阶段划分为五个阶段：第一阶段，20 世纪 70 年代前半期为 VIS 与标准化设计，如 MAZDA 和 DAIEI；第二阶段，70 年代后半期为企业理念再设计，如松屋、小岩井、KENWOODD 等；第三阶段，80 年代前半期为意识改革及体制改善，如东京保险、麒麟啤酒、普利司通轮胎等；第四阶段，80 年代后半期为新事业开发及事业范畴的设定，如 INAX 制陶等；第五阶段，90 年代以后，更人性的经营追求。

　　20 世纪 80 年代前后，CIS 传入东南亚，我国港台地区在 70 年代末导入 CIS 也取得了一定的成就。

　　我国改革开放以来，随着市场经济的发展，许多企业也渐渐重视并导入 CIS，如太阳神集团、三九集团、健力宝、李宁运动用品等已取得有目共睹的战绩。近年来，我国出现了许多 CI 策划、CI 设计等专业公司，为企业导入 CIS，提高企业的竞争力作出了贡献。

　　随着全球经济的快速发展，激烈的产品竞争已经演变成品牌竞争，CIS 是企业的品牌形象标志，它已成为企业参与市场竞争和取胜的法宝。

三、CIS 战略的功能

（一）CIS 的内部功能

1. 合力功能

　　企业通过导入 CIS 系统，策划设计系列化的企业品牌形象，促使企业形成一种内在的凝聚力，提高企业内在的综合管理效率，以此推动企业快速发展。

2. 整合功能

　　CIS 使企业构建了一套完整的管理约束机制，通过对企业内部的系统化整合，形成一个管理规范、系统科学、井然有序和内力十足的整合体制。

3. 规范功能

　　CIS 所创建的统一形象，协调了多环节的执行应用，正规化的管理模式和规范的

行为理念,有效地提升了企业的内涵。

4. 增值功能

CIS 所构建的管理和识别体系培植了一种企业的无形资产,树立了企业的品牌形象。随着企业品牌的成长、品牌的经营与传播,其品牌的影响力、美誉度及综合价值也不断提升,给企业带来了巨大的经济效益和社会效益。

(二) CIS 的外部功能

1. 识别功能

CIS 的识别功能是其最基本和最原始的功能。CIS 识别功能的目的就是使企业的系统标志及形象设计有别于同类企业,有助于消费者快速进行识别。

2. 传播功能

企业及产品通过由 CIS 构建的独特的视觉形象进行市场营销战略的实施,品牌策划宣传和推广传播,让视觉形象传播渗透到广泛的地域,争取和吸引消费者的关注与信赖,以此增强品牌和视觉形象的认知度和美誉度,达到传播的最终目标。

3. 促销功能

消费者的购买欲望是在选择比较、有效认知的过程中,快速进行品牌产品形象的区隔,形成购买行为。识别形象特征明显的话,就能促进产品的销售,提高产品的利润值。CIS 视觉形象识别的促销功能的功利性体现,主要在于外在视觉形象与内在产品品质和营销方式等元素的协调、管理及融合。

4. 保护功能

CIS 的品牌形象树立及企业战略实施在社会上形成广泛的影响并打下很深的印记,它是企业品牌的符号,是产品的品质标志。品牌商标经注册后受到法律保护,企业可以规避商标侵权的风险,同时消费者遇到产品质量问题也可以有目标地查找,追究品牌经营者的法律责任。因此,CIS 保护了企业的品牌和消费者双方的共同利益,构建了一个规范的社会经济与品牌经营的系统。

四、CIS 战略设计的原则

(一) 统一性原则

CIS 的统一性原则具有两个含义:一是 CIS 的理论识别系统、行为识别系统、视觉识别系统三者的内在统一;二是 CIS 的整体设计,即在各种载体与媒体形式的形象应用过程中达到高度统一,形成战略系统的形象视觉合力,提升品牌综合实力和视觉传播的效率。

(二) 规范性原则

CIS 是企业的长期发展战略。立足于一个成功的品牌形象,要求企业在长期的经营管理过程中严格遵守《CIS 手册》的要求,始终如一地恪守原则,规范执行和运作过程,管理严格,一丝不苟,构建一个诚信度和美誉度高的知名品牌形象。

(三) 审美性原则

CIS 视觉识别形象为了赢得社会大众的认同,就要具有鲜明的品牌个性化形象,在同质化的品牌形象当中其视觉审美感知度要突出。审美性也是企业视觉识别系统中的关键因素之一,对比性和差异感不明显将会降低 CIS 的整体功效。功能性与审美性相辅相成,产品的内在品质要通过审美元素进行准确传达。

(四) 实效性原则

CIS 视觉识别系统的设计要注重实用性与审美性的科学统一。视觉形象设计既要注重产品内涵、文化内涵及时代元素新颖性的表现,又要从企业经营发展战略的角度出发,形象系统的设计有助于产品的推广和促销,增强 CIS 的实效性。

(五) 战略性原则

CIS 是企业参与市场竞争的有效的战略手段,也是企业稳居市场,获得长期发展,力争使企业综合效益最大化的战略体系。将 CIS 提升到企业发展战略的高度,以企业品牌形象塑造为目标,在战略策划、系统设计、导入和实施过程中要贯彻始终。

第二节 企业理念识别系统(MIS)的设计

一、企业理念识别系统的概念

企业理念是指企业在长期生产经营过程中所形成的,企业共同认可、共同遵守的价值准则和企业文化观念,以及由企业价值准则和文化观念决定的企业经营方式、经营理念和经营战略目标。

MIS 主要包括企业精神、企业价值观、企业信条、企业宗旨、经营方针、市场定位、发展战略、团队精神、社会责任等。MIS 属于企业的意识形态范畴。

(一) 企业理念识别系统的三大元素

企业理念识别系统的三大元素包括企业使命(核心理念)、企业精神(基本与具体理念)、企业口号(理念实施)。

1. 企业使命

企业使命是企业的核心理念和主导思想。企业的核心理念是企业的最根本的世界观,它运用比较简洁的语言,深刻揭示企业目标、企业特征、企业文化内涵和时代意蕴等。如微软公司的企业使命:计算机进入家庭,放在每一张桌子上,使用微软的软件。IBM 公司的企业使命:无论是一小步,还是一大步,都要带动人类的进步。

2. 企业精神

企业应具有的功能关系及发展的基本价值观,包括企业使命、企业精神、经营哲学等内容。企业使命是对企业发展目标与承担社会使命等的集中反映。企业精神是对企业的意识、文化观念层面的具体体现。企业经营哲学则是对企业经营策略、经营方法的根本反映。从企业使命、企业精神、经营哲学等各自的含义中可以发现:它们分别从不同方面,对企业发展中应具有的一些基本理念,进行了细致、具体、深刻的阐述,同时,这一基本理念还起到承上启下的作用。

具体理念,是对基本理念的具体展示,是对涉及企业发展的各种理念的具体、概括、全面的揭示。具体理念包括以下方面:

(1) 顾客观,即企业关于对待顾客的观念;

(2) 营销观,即企业关于市场营销的观念;

(3) 服务观,即企业关于服务的观念,包括售前、售中、售后等各个环节的服务观念;

(4) 产品观,即企业关于生产何种产品及生产什么样的产品的观念;

(5) 员工观,即企业关于员工的地位、作用、培养、利用开发人才的观念;

(6) 管理观,即企业关于管理的观念,包括制定各项管理规章制度,采用管理的方式和方法等;

(7) 质量观,即企业关于工作和产品等的质量观念;

(8) 竞争观,即企业如何参与市场竞争,如何在市场竞争中拓展生存空间,追求规划发展的观念;

(9) 科技观,即企业如何发挥和认识科技作用的观念;

(10) 社会观,即企业在社会发展中如何产生积极影响并发挥作用的观念;

(11) 传播观,即企业如何对外传播,吸引社会各界公众关注、认同、协助企业发展的观念;

(12) 社区观,即关于企业如何认识社区环境,配合社区各界共同推动社区发展的观念;

(13) 合作观,即企业如何面对客户的观念。

以上从企业的管理经营与生产运行、企业结构与物质人力资源、企业与社会、企业与市场等多方面,对企业行为观念进行了介绍,使企业理念结构更加具体和细化,创建了较为完整的思想理念体系。如百事可乐公司的企业精神:胜利是最重要的。柯达公司的企业精神:创造好产品。

3. 企业口号

企业核心与基本理念建立的目的,在于推动企业的发展。这就要通过实施手段,使之成为一种实践,产生功效性。在理念实施阶段,对内通过研讨、论证活动,一方面在研讨基础上发现问题,解决问题,达成共识,构建企业理念;另一方面,通过共识更为明确和全面地向全体员工传播企业价值观,让企业理念深入每位员工的心灵,形成强大的精神推动力量。对外,通过传播媒介和各种信息技术手段发布企业形象宣言、标语口号等,面向社会广泛传达企业的各种传播理念信息,让公众感知、了解、关心、接受并支持企业发展。如北京奥申委的宣传口号:新北京、新奥运。安利公司的公益型口号:有健康,才有将来。

(二)影响企业理念识别系统设计的因素

影响企业理念识别系统设计的因素,主要有社会环境因素、企业决策层的观念因素、CIS内的行为识别系统和视觉识别系统相互间的影响因素等。

企业的发展与所处的社会政治、经济、文化等环境因素紧密相关。政治因素与文化因素对企业的组织结构和思想动向及管理模式,国内外社会经济环境变化对企业的经营战略之间的作用和影响都是非常大的。企业理念是指企业在长期生产经营过程中所形成的企业共识,共同遵守的价值准则和企业文化观念,以及由企业价值准则和文化观念决定的企业经营方式、经营理念和经营战略目标。

企业的价值准则与文化观念绝不是一成不变的,它是随着社会时代文化观念的转变而不断调整的;反之,则与其生活的社会环境相悖,企业的理念系统和员工的行为方式之间产生矛盾,理念体系将失去应有的效应。

在企业发展进程中,为了适应社会时代的步伐,转换经营机制和调整管理理念的事情不断发生。如国有企业转型民营体制就是典型的案例。企业经营者的理念与管理模式需要发生实质性的改变,重整企业管理经营理念,创建全新的CIS识别体系,只有这样才能适应新的体制和发展需求。

企业理念要得到有效的贯彻实施,首先要科学构建企业这一行为主体,包括确定企业组织形式、建立健全企业组织机构、有效确定管理幅度、科学授权。只有企业主体架构合理,企业的运行机制才能完善,企业的行为才有基础保证,企业的理念才能真正贯彻执行。所以,在企业行为识别系统中,企业主体特征是最基本的因素。

理念识别是CI系统的基本精神所在,它处于最高决策层,是系统运行的原动力和实施的基础。但是无论从管理角度,还是从传播角度来看,理念仅仅代表着某一企业的意志和文化内核。企业理念是精神化的、无形的,但是受企业理念支配的企业行为识别是可以体现出来的、有形的。如果理念体系不能在行为上得到贯彻执行,理念体系就会变成不切实际的空架子,也只能是流于表面的形式。

如果一个企业的产品和服务质量低劣,那么无论其广告宣传喊得如何响亮,企业形象打造得如何精美,都无法得到社会公众的认知和接受,更谈不上塑造良好的企业形象。只有将企业理念转换成每一位员工精神内核的一部分,细化到员工的一言一行,企业的面貌才能焕然一新,才能赋予视觉识别以富于魅力的内涵,才会得到社会公众的认同,企业CI战略的实施才能够卓有成效,企业的理念和价值观才能通过企业的视觉识别设计传播出去,也使消费者透过抽象的形象符号视觉设计语言,感受到

 企业品牌与文化

企业的内在文化品质。

为此,企业理念识别体系是企业行为方式的主导,是企业视觉识别体系内涵外化表现的基础,在三者相互作用相互依托的同时还要与社会环境紧密结合,只有这样才能摆脱各种影响因素,创建一个与时共进和适应社会环境发展变化的科学理念体系。

二、企业理念识别系统策划要点

企业理念识别系统的整合策划,首先是对企业发展战略定位进行准确把握,进而提炼出能够推进这一战略实施的企业文化的核心,这是指导理念识别系统整合策划的理论依据。它的设计理念是:揭示本质,抓住规律,产生效果。设计的原则是:适合即实用,有效即最优,既要体现企业的文化传统,又要体现现代企业的发展经营观念。设计的方法是:思想正确,理性思考,多元融合,科学推断。

(一)企业宗旨

企业作为从事经营活动的社会单位,对内、对外、对社会、对国家都承担着责任和义务。企业宗旨是企业存在于社会的主要目的,意图和志向是企业的最高理想,因此,企业宗旨的确立必须显示企业的博大精深和远大理想。对内,它是引导和规范企业和企业员工的强大思想武器;对外,它是企业向社会发出的铭言和承诺,反映了企业存在的价值,是引导消费者和社会公众的一个标杆。如光明电力集团的企业宗旨:动力永恒,创造繁荣。表明光明的发展生生不息,通过提供源源不断的动力,为祖国、为社会、为人民带来繁荣、发展和幸福,这是光明人坚贞不渝的情怀,也是光明人崇高的精神境界。

(二)企业目标

企业目标就是实现其宗旨所要达到的预期效果,没有目标的企业是没有希望的企业。在激烈的市场经济时代,优胜劣汰是社会发展的必然结果,企业不进则退,只有那些具有远大目标的企业,才能长盛不衰。上海大众的企业目标:不断创新。天津中远公司的企业目标:创国际一流企业,跻身世界 500 强。

(三)企业使命

企业使命即企业应该承担的重大责任,使命感是激发自觉性的强大动力。如联想集团的使命:为客户利益而努力创新。惠普公司的使命:为人类的幸福和发展作出技术贡献。

(四)企业作风

企业作风是思想上、工作上、生活上表现出来的态度、行为。良好的企业作风,能够协调企业的组织与管理行为,有助于建立科学、规范的企业运行次序,提升企业员工的品德修养,以此提高工作效率和社会效益。如海尔集团的企业作风:迅速反应,马上行动。长安集团的企业作风:今天的事今天完,明天的事今天想。壳牌公司的企

业作风:诚实、正直和尊重他人。

(五) 企业理念

企业理念即企业的理想、哲学与信念,是一个战略发展的主导思想,是指导和影响企业战略追求的灵魂,是企业理念识别系统的核心。它对企业精神、经营哲学、企业道德的定位起着决定性的作用。任何一个组织都要求有一个统一的理念来协调组织的行动,否则就会变成一盘散沙。如索尼公司的企业理念:体验发展技术造福大众的快乐。

(六) 企业精神

企业精神是现代意识与企业个性相结合的一种群体意识,它用简洁的语言形式加以表达,是企业文化的精髓。

企业精神具有以下基本特征:

(1) 企业精神是企业现有观念意识中积极因素的提炼;
(2) 企业精神是全体员工共同拥有的被普遍掌握的理念;
(3) 企业精神反映了企业家的主导思想;
(4) 企业精神通常通过口号、短语、歌曲等形式表达出来。

如海尔的企业精神:敬业报国,追求卓越。李宁公司的企业精神:一切皆有可能。中国移动的企业精神:沟通从心开始。

(七) 企业的价值观

价值观是企业和企业员工共同的价值取向,它主要解决企业与员工、员工与企业的价值趋同与价值追求问题。价值观展示企业的基本性格和经营宗旨,价值观决定企业的经营政策和战略目标,价值观左右企业员工的共同远景和行为规范,价值观影响企业的根本信念和发展航向。一些世界上著名的公司则用十分简洁的语句来表达其核心价值观。海尔集团的价值观:真诚到永远。摩托罗拉公司的核心价值观:保持高尚情操,对人永远尊重。

(八) 企业的文化价值观

1. 人才观

英才成就伟业,伟业造就英才。如海尔集团的人才观:要"赛马"而不要"相马"。海尔认为,是不是真正的人才,不是靠上级主观即"相马"来确认的,而是要到企业经营的竞争赛场上去比赛即"赛马"脱颖而出的;用人所长,容人所短,功不掩过。联想集团的人才观:不唯学历重能力,不唯资历重业绩。

2. 服务观

市场竞争优势不仅来源于高品质的产品,更取决于高品质的服务,服务同样可以创造高附加值。高品质的服务是占领市场的通行证,产品占领市场,价值便能实现。服务可以创造顾客,满意的服务,可以创造满意的顾客,顾客的满意是最佳的广告,满

意的顾客是最佳的推销员,好的服务是一种无价的感情投资,而其产出却是有价值的。一汽大众的服务观:服务创造价值。中国电信的服务观:用户至上,用心服务。乐凯集团的服务观:追求满意服务,每天不断进步。科龙集团的服务观:顾客＝同仁＝家人。

3. 竞争观

竞争观是指企业和员工参与市场竞争所表现出来的对竞争的理解和观点。

4. 发展观

发展是社会和企业永恒的主题,停滞不前,终将和时代相悖。

5. 危机观

这是所有企业都要面对和接受的现实问题,优秀的企业会积极应对危机,因为他们的危机意识非常强。比尔·盖茨说过:"越是成功越是感到自己不堪一击。"

6. 管理观

企业文化在一定意义上讲也是一种管理文化。管理的内容很丰富,如企业策略实施与管理、企业经营管理、企业各项管理制度的制定、人力资源管理、市场营销战略实施管理等,涉及企业的各个方面。

7. 质量观

这是指企业在商品和服务的质量标准意义等方面所持有的观点和态度。如长安集团的质量观:优秀的产品一定是优秀的员工干出来的。中国银行的质量观:中国银行,全球服务。

8. 安全观

企业在生产过程中,在人、才、物方面,对避免伤害、损失进而转危为安的观点和态度。如三维集团的安全观:安全是天,生产是地;顶天立地,人企合一。

9. 环境观

这是指企业对实现可持续发展,防止自然环境恶化,合理利用自然资源,改善人类劳动和生活的环境所持的观点。

10. 法律观

这是指企业在经营活动中注重守法经营,并且利用法律来维护自己的权益的观点和态度。市场经济就是法制经济,企业的经营活动必须以法律为基础和准则。如科龙集团的法律观:遵守国家法律,弘扬法制精神,伸张社会正义,争做守法公民。

此外,企业可根据社会发展环境的变化需要来制定分配观、成就观、时间观、科技观、效益观、道德观、合作观、团队观、品牌观等。

(九) 企业经营哲学

企业经营哲学是关于企业经营活动的思想、原则的概括,并不是对企业的每一项工作的具体规定。

（十）企业道德观

道德规范是企业的重要行为准则，员工的行为举止都应严格控制在准则的允许范围内。如联想集团的道德观：宁可损失金钱、决不丧失信誉；生意无论大小、一律一视同仁；待人真诚坦率、工作精益求精；光明正大干事、清清白白做人；勤勤恳恳劳动、理直气壮挣钱。中国移动通信公司的道德观：正德厚生、臻于至善。

 案例分析 5-1

美国国际商用机器公司（IBM）实施 CIS 战略的理念及价值观

企业信念：尊重个人、顾客至上、追求完美。

商业道德规范：公司的推销人员在任何情形下都不可批评竞争对手的产品；如对手已接获顾客订单，切勿游说顾客改变主意；推销人员绝对不可为了获得订单而提出贿赂。

基本原则：对企业的经营管理给予了明确的、可信赖的和有才干的领导；发展我们的技术，改进我们的新产品和研制新的产品；通过扩大工作职务范围，提高我们员工的工作能力，并给予他们机会；确认我们对股东的义务，向他们提供适当的投资收益；促进我们机构所在地区的福利；尽到作为一个美国公司对公民的职责，并对世界上与我们有业务关系的国家尽到我们的职责。

座右铭：诚实。

口号：IBM 就是服务。

【总结】

IBM 公司的 CIS 的战略围绕着人这个因素，无论是对消费者，还是对公司内部的员工，从人性化的角度确定了"尊重个人"的核心理念。

第三节　企业行为识别系统（BIS）的设计

一、企业行为识别系统的构成因素

企业行为识别，英文表述为 behaviour identity，简称 BI。这是企业所有员工行为表现的综合，企业制度对所有员工的要求及各项生产经营活动的再现等。BI 是以企业精神和经营思想为内动力，显现出企业内部的管理方法、组织建设、教育培训、公共关系、经营制度等方面的创新活动，最后达到塑造企业良好形象的目的。

行为识别是 CIS 的动态识别形式，它的核心在于 CIS 理念的推行，将企业内部组织机构与员工的行为视为一种理念传播的符号，通过这些动态的因素传达企业的理

念,塑造企业的形象。企业的行为识别系统几乎覆盖了整个企业的经营管理活动,它主要由两大部分构成:一是企业内部系统,包括企业内部环境的营造、员工教育及员工行为规范等;二是企业外部系统,包括产品规划、服务活动、广告关系及促销活动等。

二、企业行为识别系统的行为目标

通过企业内部的制度、管理与教育训练,使员工行为规范化。企业在处理对内、对外关系的活动中,体现出一定的准则和规范,并以实际行动体现企业的理念精神和经营价值观。通过有利于社会大众和消费者认知、识别企业的有特色的活动,塑造企业的动态形象,并与理念识别、视觉识别相互交融,构建企业良好的整体形象。

员工教育、规范建立和管理提升是建立有效的 BI 系统的关键环节。员工教育是将企业理念贯穿于行为的基础。行为识别系统的建设是经过不断论证和实践而形成的。要想使理念规范转换为员工的实际行动,成为企业共同的价值观而表现在行为中,就必须开展多种形式的教育培训,让员工知道企业导入 CIS 的目的、意义和背景,了解甚至参与企业识别系统的设计,熟悉并认同企业的理念,清楚地认识到企业内每一位员工都是企业形象的塑造者。员工教育的内容主要包括企业理念和企业文化方面的内容,通过教育培训,使员工从知识的接受到情感的内化,最终落实到行为的贯彻上。

三、企业行为识别系统的特点

企业行为识别系统是企业理念的行为表现,包括在企业理念指导下的企业员工对内及对外的各种行为,以及企业的各种生产经营行为。在 CIS 中,行为识别是最宽泛的领域。

企业行为识别系统具有以下特点。

(1) 统一性。首先表现在企业一切行为要与企业的理念保持高度一致,不能与企业的经营理念相违背。其次企业的一切行为应当做到上下一致,始终围绕一个中心开展各项活动,都为塑造企业良好形象服务,反之则会有损或者破坏企业形象的统一性。

(2) 独特性。企业要在激烈的市场竞争中取胜,就应当在企业理念的指导下,使企业的行为识别体现出与其他企业不同的个性,而这种独特的个性,正是社会公众识别企业的基础,否则就容易陷入无差别的境地。所以,企业应当注重创造企业活动的独特性、差异性,让广大消费者通过这种独具个性的活动来认识企业。

四、企业内部的行为识别系统的设计

企业的行为包括的范围很广,它是企业理念得到贯彻执行的重要体现领域,包括企业内部行为和企业外部行为两个部分。

企业内部行为识别系统的设计内容包括:①干部教育;②员工教育,服务态度,电话礼貌,应接技巧,服务水准,作业精神;③生产福利;④工作环境;⑤内部营缮;⑥生产设备;⑦废弃物处理,公害对策;⑧研究发展。

五、企业外部的行为识别系统的设计

企业外部的行为识别系统的内容包括:①市场调查;②产品开发;③公共关系;④促销活动;⑤流通对策;⑥代理商、金融业、股市对策;⑦公益性、文化性活动。

六、企业外部的行为识别系统的规范管理

制度和规范是建立行为识别系统的有力工具。企业建立行为识别系统,不能只靠铺天盖地的宣传教育,还需要制定和完善一系列具有可操作性的制度和规范,使企业和员工的行为有章可循。对员工而言,制度和规范是一种约束,但也是其顺利完成工作的保证。制度和规范的设计必须以正确的企业理念为指导,必须有助于员工在一种和谐的环境中准确无误、积极主动地完成自身的工作。制度和规范的内容如果偏离了企业理念,将会造成员工思想与行为的不协调、不一致,直接影响员工的积极性和创造性的发挥,给企业管理造成损失。

优秀的管理是行为识别系统顺利实施的保证。行为识别涉及的许多问题都是企业管理与公共关系理论中探讨的问题。与企业管理中思考的员工行为不同,企业行为识别关注的是企业人员行为的传播功能,与公共关系讨论的员工行为不同,企业行为识别的意义在于建设行为识别的一致性。一两次成功的公关活动并不一定代表行为识别的业绩,关键要看是否具有识别的统一化效果,是否有助于企业识别系统一体化的建设。

企业行为系统的规范化管理是 CIS 导入过程中的关键环节,也是企业识别系统中最难把握的一环。理念可以树立确定,视觉符号图形可以设计,而人的行为思想的高度协调一致涉及的因素很多,企业行为系统的顺利实施,需要有效的规范管理作为基础保证。与美国企业、日本企业雄厚的管理基础和高度现代化的管理手段相比,我国企业的管理水平还较低,因此,企业必须将 CIS 战略的实施建立在整体管理水平提升上。然而,企业在开展行为系统建设的过程中,首先要在组织上和制度上进行管理体制革新;其次,要有计划地开展员工教育培训工作,重视人力资源的整合,提高员工的整体素质;最后,要特别注重管理人员的开发和培养,建立一支高素质的现代经理人队伍,以确保企业整体水平的提高和管理战略的有效实施。

从传播角度来看,企业行为识别可以根据传播性质与渠道分为企业对内与对外的行为识别。对内行为识别系统是对外行为识别系统的基础,对外行为识别系统则是对内行为识别系统的延伸和扩展。

组织行为是行为识别系统的主要因素,组织行为的组织机构本身也成为行为识别的有效符号,它具有对内与对外的识别功能。

另外,我国企业在导入 CIS 时,必须吸取国外的先进经验,综合考虑自身的经营

管理现状,注重 CIS 的系统化设计和整体化实施,强调 CI 导入与管理水平提升的一致性,通过 BI 系统的有效实施,把企业的理念贯穿于企业的一切活动以及员工的行为之中。只有如此,企业才能从整体上和根本上提升和改善形象,才能使 CIS 战略真正获得成功。

第四节 企业视觉识别系统(VIS)设计的原则

一、企业视觉识别系统的构成要素

企业视觉识别系统是企业理念的视觉化,由企业形象广告、标志、商标、品牌、包装、企业内部环境规划设计布局和厂区建筑的视觉媒体设计来表现,并传达企业的内涵和理念。CIS 的核心目的,就是通过企业行为识别和企业视觉识别来传达企业的理念,树立企业品牌形象。如美国联邦快递公司企业视觉识别的基础系统与应用系统和谐统一(见图 5-5),设计师建议联邦快递延展其宝贵的资产之一联邦快递品牌,品牌名以"FedEx"代替"FederalExpress",以此更加突出速度、科技及创新的感觉。企业 VIS 标志设计以紫色为主色,绿色、橙色和黄色等作为主色的辅助色组合,以此区别企业提供的各种类型的服务功能,文字与标志搭配协调,组成具有个性化的联邦快递的全新的企业识别系统。

图 5-5 美国联邦快递公司企业识别设计

视觉识别系统一般包括基础系统设计、应用系统设计、系统手册设计三个部分。具体如下:

(1)企业视觉识别基础系统的设计开发。包括的内容有:①标志设计;②标准名

第五章　企业形象的 CIS 战略

称字体与印刷专用字体设计;③色彩系统设计;④辅助图形设计;⑤品牌形象设计。

（2）企业视觉识别应用系统的设计开发。包括的内容有:①办公事务用品设计;②环境指示导向系统设计;③交通工具外观设计;④员工服装服饰规范设计;⑤公关、促销礼品设计;⑥广告传播宣传规范设计;⑦包装风格化设计。

（3）企业视觉识别系统手册的设计制作。包括的内容有:①办公用品的设计;②旗帜、招牌的设计;③企业服装的设计;④建筑物、交通工具的设计;⑤包装用品的设计;⑥广告、展示陈列等的设计。

二、企业视觉识别系统设计的原则

1. 统一性原则

以统一的视觉设计语言协调各个应用元素,使其既富于变化又有统一的形式结构,构建一个完整的形象识别标志。韩国三星公司的企业标志（见图 5-6）的标准色与系列产品的广告设计（见图 5-7）都紧紧围绕主色调,突出和强化色彩的视觉效果,蓝色寓意着科技与未来。

图 5-6　特殊组合字体——三星标志设计

图 5-7　三星产品形象广告创意设计

2. 系统性原则

创造品牌视觉识别的体系，从系统的整体出发规划统筹各项应用设计，避免不协调的设计元素充斥和破坏整个系统。

3. 规范性原则

视觉识别设计是一个完整的、科学的、形象性的传播体系，它在应用时强调设计标准与实施操作规范的制定。

4. 可实施性原则

视觉识别设计与制作应避免增加多余的实施环节，设计制作的实施要切合实际，具有可行性和可操作性。

5. 符合审美原则

视觉识别系统是一项品牌形象设计与包装工程，富于艺术美感的个性化的品牌形象是保持良好认知度和美誉度的基石。企业视觉识别系统是发展变化的，随着消费者的价值观和需求的更新，企业形象的认知度处于动态中，为此，视觉识别系统要在继承、创新、审美及延展性等方面不断完善发展。

三、企业的标志设计

企业标志是企业的一种图形符号。具体来说，是以一种形象、文字及造型要素等艺术设计视觉语言来表示企业理念、产品特征、品牌品质内涵的标志。

（一）企业标志设计的原则

1. 准确性

企业标志是企业的理念、产品品质及服务的核心形象符号。标志设计必须准确地传递产品或服务的信息，体现企业内涵特征，展示企业的规模和实力等，要注重内容传播的准确性。

2. 识别性

企业标志设计应注重表现形式与企业特点相统一，把握艺术造型的尺度，设计创意既要具有独特感和差异性，又要使图形符号的设计语言具有明显的识别性。

3. 审美性

企业标志在充分表达企业内涵特质的前提下，还要运用艺术造型手段，在形和线的组合、色彩搭配、寓意象征、材质肌理、时尚元素等方面进行巧妙构成，使其标志具有审美愉悦感。

4. 感知性

企业标志设计应让观者心理产生良好的反应，从视觉感知到心理认知都是一个愉悦的过程。同时标志的内涵和品质也要能深深触动观者，让观者产生共鸣。

5. 实用性

企业标志设计注重功能和价值的体现，对企业的品牌和产品的经营具有推动作用，设计和应用制作要简便快捷，符合多种媒体的技术要求，具有可塑性。

6. 应变性

企业标志设计的图形是相对固定的，但处于品牌激烈竞争和需求瞬息万变的市场情况下，标志的造型设计应具有应变性，可适应各种技术、技巧的添加、分解、组合，并以其为基础延展出辅助的各种新奇图形符号。

（二）标志的类型

标志按照视觉构成要素可分为字形标志、图形标志、字图标志三种。

1. 字形标志

字形标志由各种文字构成。其文字标志往往直接体现企业及商品品牌的名称，所以具有直观、可读性强及传播效果快捷等优点，但缺点是缺少变化，不够生动。字形标志设计比较适合于严谨化、理性化的主题表现（见图5-8）。

图5-8 美国联合包裹服务（UPS）及IBM公司标志设计的演变历程

2. 图形标志

图形标志由各种图形及图案组合构成。其审美感知效果明显，形式多样。与字形标志相比，图形标志的可读性较弱，主题内容的表述不直接，过于强调艺术的造型美感。图形标志的设计形式比较适合于表现带有个性化、时尚性和艺术化的主题内容。现代的用户界面设计应用广泛，特别是现代的网络媒体与手机等设计方面的表现形式多样，它也是产品标志设计的一种类型（见图5-9）。

图形标志具体可分为具象形图形标志、抽象形图形标志、具象形和抽象形组合图形标志三种。

具象形图形标志以具象图形为基础，经过概括、整理、简化等变化组合而成。具象形图形标志传达信息直观快捷，感知度高。在早期的标志设计中应用较多，它的缺

企业品牌与文化

Black Cat

Drew

Harry

HoneyBee

Invader Zim

Leonard Nimoy's Head

MacBook (Black)

MacBook (White)

Pepper Pete

Santa Sprite

Shakey

Voted

WiiDrive

图 5-9　用户界面创意作品

点是联想性弱,具有一定的局限性。可根据实际需要,适当采取具象形的设计形式,可以使标志形象增添一种历史感和独特的文化韵味。图 5-10 是苹果公司的标志设计,是具象形图形标志的典型。

抽象形图形标志是以抽象的点、线、面几何元素为基础,运用形式美的原理,组合设计成的标志图形。其特点是富于想象,现代时尚,延展性强。缺点是可读性弱,内涵的不确定性,指代性模糊等。

具象形和抽象形组合图形标志融合了具象形和抽象形两种标志设计的优点,经过艺术化的概括整理组合构成。具象的形态特征与抽象的形的寓意相融合,具有较好的视觉美感(见图 5-11)。

图 5-10 苹果公司标志设计

图 5-11 2012 年伦敦奥运会申办标志

3. 字图标志

字图组合标志是字形标志与图形标志两种设计形式的变化统一。字形标志呈现的是一种静态,图形标志呈现的是一种动态,分立为之传播效果欠佳,两者结合可谓是完美体现。字图标志具有的可读性、视觉性、审美性,已经成为现代标志设计的最佳形式,见图 5-12、图 5-13。

图 5-12 2008 年北京第二十九届奥运会标志

图 5-13 百事可乐品牌标志

企业品牌与文化

第五节 企业听觉识别系统(AIS)的设计

一、企业听觉识别系统的构成要素

听觉识别系统(audio identity system),简称 AIS。听觉识别系统是通过听觉元素传达企业理念、品牌形象的识别系统。听觉识别系统主要由企业歌曲、主体音乐、广播广告词、广播口号或标语、(品牌)名称和听觉识别手册等要素构成。从理论上看,听觉获取的信息占人类获取信息总量的11%,是一个非常重要的传播媒介,所以企业听觉识别系统颇受广大企业青睐。

在社会日益进步、文明程度不断提高的今天,音乐已无时无刻不占据甚至主宰着人们的生活。音乐作为一种独特的情感传播载体,更容易激起来自人们心灵的回想。一首《我的眼里只有你》,帮助一个企业由平庸走向辉煌;一首《剑南春色为我留》,让另一样的企业魅力影像留驻万千顾客心底,等等。依靠音乐助推企业成功的案例不胜枚举,足见听觉艺术对形象、品牌的巨大影响。

二、企业歌曲设计

(一)企业歌曲设计

企业歌曲是一种用音乐来传递企业形象、文化的艺术形式,是用最直接的方式来表达企业的内部文化、产品的功能、核心竞争力等诉求。企业歌曲对内可以振奋员工精神,鼓舞斗志,增强企业凝聚力,对外可以彰显企业的活力与实力,提升企业的形象,树立品牌影响。

对企业而言,企业主题歌就是企业精神标志,一首优秀的企业主题歌将会给企业带来巨大的凝聚力和号召力,从而为企业在激烈的竞争环境中增加动力。

1. 企业歌曲的创作原则

企业歌曲歌词的创作要根据企业理念、企业文化、企业经营的特色来设计。首先,企业主题歌要求从歌词上充分体现企业发展理念和企业独特的精神;其次,从歌曲旋律上要求充满激情,同时要不失音乐的传唱特性,让员工都要会唱并对外宣传,使员工产生精神号召力和归属感,更加热爱自己的企业,把企业当成自己的家;再次,企业歌曲的制作要以基本的歌曲为核心,同时最大限度地利用现代的音频、视频和传播媒介技术手段,对企业各个环节不同的诉求进行不同的表达。

企业歌曲的制作已经不是简单地写一首歌、唱一首歌那么容易,而是要更多地突出企业文化或产品的特性,打造企业独特的听觉识别系统。比如只要公众听到"没有人问我过得好不好,现实与目标哪个更重要,一分一秒一路奔跑,烦恼一点也没有少"时,马上就会联想到"步步高"。

2. 企业歌曲的类别

1）企业歌曲

企业歌曲既是一种用声波来传递企业形象的艺术形式，又是一个企业的形象标志，是企业的第二商标，它具有识别功能。它不仅代表企业的良好形象，有的甚至会代表整个城市乃至国家的精神风貌。它教育员工、凝聚人心、鼓舞士气、陶冶情操，弘扬现代企业文化。以歌曲的艺术形式来传达企业的志向，已逐渐成为现代企业文化传播的有效途径。把企业经营理念、企业精神等写成歌词并谱上曲，作为企业歌曲，用艺术形式向员工灌输。

企业形象歌曲体现企业理念，传达企业核心价值观，是传承历史、启接未来的心声正曲，以其独特的听觉信息和强烈的听觉冲击力塑造企业形象。

2）企业团队歌曲

企业团队歌曲宣扬企业的理念、精神、价值观，主要在企业内部传唱，通过多媒体技术在企业内部反复播放，营造一种积极向上的氛围，还可利用合唱、独唱等形式，强化团队精神。如日本松下株式会社，首创社歌，每天清晨 8 时全日本 8.7 万多名属下员工整齐列队，齐声歌唱，以此形式向员工灌输企业理念、企业精神，从而达到强化企业团队精神的目的。汾酒集团每周一，以及"十一"、"五一"、厂庆、文化月等重要节日，组织员工集体唱企业歌曲。

3）企业形象歌曲

企业形象歌曲主要用于对企业外部及消费者的诉求，注重对外的宣传效果，使社会公众增强对企业的信任度，从而达到树立企业良好形象的目的。如广东太阳神企业的形象歌曲："当太阳升起的时候，我们的爱天长地久……"展示出该集团"关心民众、服务社群"的良好形象。五粮液集团，更是不遗余力地推广其企业歌曲。他们在CCTV-2 制作了一个名为"著名企业歌曲展播"的节目，全部展播《五粮液之歌》等 14 首系列歌曲，而且都拍成音乐电视，以软性的宣传方式塑造五粮液的品牌。

（二）企业广告音乐的表现

企业广告音乐作为一种企业传播的艺术形式，具有独特的听觉作用，即消费者可能因为对广告音乐的好感，而把这种好感转移到广告或广告产品上，通过优美动听的音乐对广告产品产生好感、激发购买欲，以此达到企业营销战略的目的。

企业广告音乐和宣传音乐，一般是从企业主题歌曲音乐中摘选出高潮部分，具有与品牌标志同样的功效。首先，广告音乐不同于电影插曲，不要求多样化与高技巧，只要求能上口、易学易记、曲调活泼、歌词简短。

1. 企业广告音乐创作的原则与作用

企业广告音乐创作，要以优美的旋律和独特的音响来刺激公众的听觉，加深人们对商品特点的认识、记忆和联想，从而促进销售。广告的背景音乐或者主题音乐要尽

量相似。在设计与运用中很多企业产品的系列电视广告片,广告音乐非常相似,只要听众一听到这种音乐或者话语,甚至不必去看画面,就会想到大约又是某某商品的广告了。另外,要有效发挥企业广告音乐的作用应注意以下几点:第一,企业广告音乐要有情感气氛;第二,企业广告音乐尽量选用现成的曲子,并且应该是知名度较高、大众较为喜爱和熟知的;第三,创作的音乐应该让公众易学易唱;第四,切忌不要使用竞争产品或其他企业使用过的广告音乐;第五,企业广告音乐在设计时要力求达到高质量。

2. 企业主题音乐

企业的主题音乐蕴涵着企业的精神,它是鼓舞员工斗志的一项重要举措,主题音乐也是企业品牌的一种标志。用音乐来传播企业信息,比其他任何手段都更加有影响力和感召力。优秀的主题音乐往往能满足企业及消费者的双层需求,对企业而言,企业主题音乐就是企业精神标志,企业主题音乐是经过精心策划或专业创作而成的,适合于企业的经营理念、方针、策略和风格特征,如企业广播广告播放时的前奏音乐,大型商贸活动的礼仪音乐等。

企业主题音乐的目的是吸引社会公众和提高员工工作效率。有企业将播放主题音乐作为一种习惯固定下来,形成了企业特有的文化内容。听企业主题音乐的感觉就像在体育比赛中,听到奏国歌时的感受一样,非常令人激动和自豪,具有很强的鼓舞性。主题歌的生命力在于通过传播能够在社会上广泛传唱。

(三) 企业的宣传口号设计

企业的宣传口号是指根据企业的理念、目标和品牌经营战略的核心内容,精练、概括和浓缩成口号式的语言,利用传播技术手段,进行广泛的市场宣传。企业的宣传口号设计形式多样,有的侧重企业理念,有的注重企业文化,有的突出产品品质,还有些是在时代和艺术形式感方面的创意等。

企业的宣传口号设计首先要将企业的经营理念、方针和社会价值观完整地、不断地通过媒体传播给受众,使其在反复收听中增强对企业的认同感;其次,要简练、上口、入耳,不含糊其辞,诉求点要独具特色、词语鲜明,区别于其他竞争者。如康师傅方便面的宣传口号:"香喷喷,好吃,看得见。"这些广告宣传词通过媒体的反复播放和传播,几乎是家喻户晓,使康师傅品牌在激烈的市场竞争中独树一帜,塑造了良好的企业听觉形象。海尔集团的品牌形象宣传口号是"真情到永远",朴实无华的真挚情感的表露使其产品在很短的时间里就得到了广泛的认可。又如中国南车集团"精益制造、追求卓越;引领前沿科技、创造卓越动力"的宣传口号的设计等,创造了巨大的社会效益,并大大提升了企业品牌的知名度。

著名饮料品牌王老吉在企业宣传口号设计上独具创意,首先在传播内容选择上,充分考虑终端广告应直接刺激消费者的购买欲望,集中宣传一个信息:"怕上火,喝王老吉。"正是这种营销策略的准确定位和针对性的宣传口号推广,消费者对王老吉有了更强、更直接的认知。汇源公司的宣传口号是"喝汇源果汁,走健康之路",其设计的主导思想是以人为本、提倡健康。日本的麒麟啤酒宣传口号是"为 21 世纪干杯"，其设计与经营理念是企业注重科技，为消费者创造美好的未来。

（四）企业形象宣传语的设计

1. 形象宣传语的设计

企业精神通常通过口号、短语、厂歌等形式表达出来。如海尔的企业精神——敬业报国，追求卓越；红塔集团的企业精神——天有玉烟，天外有天；中国移动的企业精神——沟通从心开始。宣传语可把企业的理念、精神、价值观等内容用广播口号或标语的形式表达出来，通过广播媒体反复播放，在受众中产生潜移默化的作用。企业形象宣传语的确定，要做到文字简洁、朗朗上口。

准确而响亮的企业形象宣传语对企业内部能起到激发调动员工积极性为企业目标而努力的作用，对外则能表达出企业发展的目标和方向，使受众在瞬间的视听中了解企业思想，并对企业或产品在心理感知形象上留下深刻印象。如华润集团的"与您携手，改变生活"，乐凯的"自强自信铸乐凯品牌"，康佳集团的"员工至亲、客户至尊"，广东大亚湾核电站的"发展核电，造福人类"，等等。这些企业通过独特、有创意的形象语，扩大了企业知名度、美誉度和信任度，凸显企业形象，给广大消费者留下了深刻的感知记忆。

2. 听觉识别系统手册的内容

《企业听觉识别系统手册》可供企业员工学习和贯彻，是企业建立和推进 AIS 的依据。它主要包括企业 AIS 在 CIS 中的地位、作用、应用原则、规范及有关图表、企业歌曲、主体音乐、广播广告词、广播宣传口号或宣传语等。

听觉塑造是一种新的传播语言，一种新的传播形态。在塑造企业形象时，音乐越来越发挥着重要的作用。现代企业作为社会经济建设的生力军，它们以社会化发展为最高目标，创造着卓越的物质文明，从而为人类开辟了一个又一个崭新的生活空间。作为物质性的企业，如何与精神性的音乐巧妙地融合，借助音乐，激励理想，鼓动情感，推广一个社会群体的形象与使命，这已经成为不同政治、社会、经济和文化背景下的不同企业的最基本的传播动机。作为一个全新的理念，"听觉 Logo"可以是一首完整的歌曲，也可以是一段轻音乐，但一定是在人文、情感上充满美感的综合艺术。

因此，将现代企业活动纳入 AIS 领域，对企业上下视觉听觉实施统一的有效整合，保持 AIS 内容的统一规范，孕育培养员工的同心感、认同感和团队精神，真正做到企业听觉识别的系统化，与其 MIS、BIS、VIS 组成强大的联合攻势，提升企业品牌的知名度、美誉度，这是社会发展所期待的，也是企业明智的选择。

 技能训练

【训练目标】

VIS 基础识别系统设计围绕标志、标准色、标准字体三大要素展开的一系列视觉规范设计。以基础识别系统设计为题进行技能训练,其目标是培养学生的创意设计思维,了解基础识别设计的作用及意义。

【训练内容】

自拟企业名称进行 VIS 基础识别系统设计:标志、标准色、标准字体。

【训练步骤】

以标志设计为重点,在标志设计完成的同时同步确立其主识别色系;标准字体的设计相对独立,但原则上需采用与标志设计风格相协调的字体形式。

【训练要求】

标志设计应具有识别性、认知性、审美性、营销性和应用性;标准色的设计应把握原则,有象征企业和产品,兼顾受众的心理感受、喜好与禁忌,与其他设计元素相统一,一般为一至两套色,纯色为好,色彩执行标准严格保持一致。设计制作采用A4 打印纸。

本章小结

本章企业形象的 CIS 战略在企业品牌文化中占据着重要的地位,是企业品牌文化的核心与基础,是企业品牌文化理念的延展和内涵品质的传播。本章就企业 CIS 战略体系、理念识别、行为识别、视觉识别和听觉识别系统的体系设计、构成要素、功能与作用等主要内容进行系统全面的讲解与剖析,对学生系统地学习和掌握企业 CIS 形象战略体系的理论知识和应用技巧,培养和树立正确的价值观,增强品牌意识和综合文化素质,提高对视觉识别设计的审美鉴赏水平等各方面都会有促进作用。

本章练习

一、判断题

1. 价值导向是企业经营者和全体成员的最高要求和做事准则。( )

2. CIS 是一种现代企业经营战略,它经历了一个从 CI 到 CIS 的发展演变过程。( )

3. CIS 导入是实施 CIS 的关键阶段,它确定了企业 CIS 的各项基本要素的内容,形成 CIS 执行的关键文件《CIS 手册》,以及全面实施 CIS 的计划。( )

4. CIS 所构建的管理和识别体系培植了一种企业的无形资产,树立了企业的品牌形象。( )

5. 企业理念识别系统的三大元素是企业使命、企业精神、企业口号。( )

6. 竞争观是指企业和员工参与市场竞争所表现出来的对竞争的理解和观点。
( )

第五章 企业形象的CIS战略

7. 企业目标就是实现其宗旨所要达到的预期成果,没有目标的企业是没有希望的企业。（   ）

8. 20世纪80年代前后,CIS传入东南亚,我国港台地区在90年代末导入CIS也取得了一定的成就。（   ）

9. 日本企业在20世纪60至90年代开始引入并发展了CIS,其主要是发展与强化了"理念识别体系",创造了具有特色的CIS实践战略,不断地完善CIS的理论体系。（   ）

10. 企业视觉识别系统是企业理念的视觉化,由企业形象广告、标志、商标、品牌、包装、企业内部环境规划设计和厂区建筑的视觉媒体设计来表现,并传达企业的内涵和理念。（   ）

二、单项选择题

1. 下列属于CIS的外部功能的是(   )。
   A. 识别功能   B. 行为功能   C. 战略功能   D. 策划功能

2. CI系统的基本精神具体体现在(   )中。
   A. 理念识别系统   B. 听觉识别系统
   C. 视觉识别系统   D. 企业文化识别系统

3. 企业歌曲是一种用音乐来传递(   )的。
   A. 企业经营策略   B. 企业管理策略
   C. 企业形象   D. 企业市场策略

4. 道德规范是企业的重要(   )。
   A. 宣传准则   B. 行为准则   C. 工作准则   D. 管理准则

5. CIS所构建的管理和识别体系培植了一种企业的无形资产,树立了企业的(   )。
   A. 品牌形象   B. 产品品质   C. 人文价值   D. 道德价值

三、多项选择题

1. 下列属于CIS企业形象识别系统的有(   )。
   A. 理念识别系统   B. 行为识别系统
   C. 视觉识别系统   D. 听觉识别系统

2. CIS主要从(   )环节进行导入。
   A. 企业的文化价值取向   B. 企业的经营理念
   C. 企业的精神文化   D. 企业的道德品质

3. 企业MIS的三大构成元素是(   )。
   A. 企业使命   B. 企业精神   C. 企业口号   D. 企业价值观

4. 企业视觉识别系统的手册设计制作内容包括(   )。
   A. 基础识别系统   B. 应用识别系统

C. 品牌识别系统　　　　　　　　D. 产品识别系统
5. 标志设计的类型按照视觉构成要素可分为(　　)。
　　A. 造型标志　　B. 字形标志　　C. 图形标志　　D. 字图标志

四、简答题
1. CIS 战略的含义是什么？
2. 企业精神具有哪些基本特征并举例说明？
3. CIS 的内部功能包括哪些具体内容？

五、案例分析题

如家酒店的 CIS

如家连锁酒店(下简称如家)是国内经济型连锁酒店的领军品牌,创立于 2002 年,其标志见图 5-14。作为中国酒店业海外上市第一股,如家在全国拥有连锁酒店 500 多家,覆盖 100 多座主要城市,形成了业内最大的连锁酒店网络体系。如家能有这样的成绩,其鲜明的企业形象起到了至关重要的作用。

图 5-14　如家连锁酒店标志

1. MIS

如家从建立开始就着力塑造良好的形象、鲜明的特点,强调与同行业竞争者的差异,突出独特的精神,打造适合自己的理念——"把我们快乐的微笑、亲切的问候、热情的服务、真心的关爱,献给每一位宾客和同事。"

区别于通常严肃刻板的企业理念,如家的理念显得异常温暖。如家所制定的使命也与此契合:为宾客营造干净温馨的"家",为员工提供和谐向上的环境,为伙伴搭建互惠共赢的平台,为股东创造持续稳定的回报,为社会承担企业公民的责任。从企业核心理念到宣传语——"不同的酒店,一样的家",处处都有着宾至如归的"家"文化的影响。

2. BIS

如家内部建立了一套完整而详细的管理制度,约束并规范组织和员工的行为。对于服务行业,产品的提供本身就是比较难以约束的。对此,其管理团队提出了"像制造业一样生产服务"的要求,主要就是强调服务质量的标准化。"我们对待服务的质量,要像制造业的企业一样。"

扩展到企业外部,如家也致力于各种社会公益活动、公共关系、营销等。比如迎接世博,推出多项绿色环保活动;赞助东方卫视并全程参与"加油!好男儿!"活动;举办员工运动会、员工技能比拼大赛等活动;制定反舞弊政策;制定商业行为和道德规范等。如家一直以来都在通过各种行为准则的制定及持续的媒体活动策划,打造充满活力、管理高效、热心公益、注重人文关怀的形象,使品牌在大众中的知名度、美誉度和特色度不断得到提升,树立了良好的动态形象。

3. VIS

如家的 Logo,由红、黄、蓝三色构成,颜色鲜艳,对比强烈,可识别性强。小房子样式的设计,"HOME INN"的标志,"I"做成弯月的样子,"如家"两字嵌在房门中,整体 Logo 巧妙而简洁,给人温馨的家的感觉。

店面的设计也主要是黄蓝两色,这样鲜艳的色调在城市中很少看到,故而识别性很强,仅这一点就增添了许多特色。有很多新闻报道直接用"黄房子"来代替如家,其高识别度由此可见一斑。

酒店内部的设施亦高度标准化,棕黄色的地板、粉红色的床单、白色的窗纱、蓝色的窗帘,都意在区别于其他酒店的一片白色,营造家庭般的感觉。

总体而言,如家的 VIS 设计与其理念完好地契合,充分体现了"不同的城市,一样的家"。在如家的 CIS 设计中,自始至终贯穿着宾至如归的"家"文化,MIS、BIS、VIS 三者相互融合,打造出全方位立体的企业形象。而这些都是基于前期详尽的市场调研,分析出企业真正想要树立的形象。对于市场的充分了解及准确把握是打造企业形象识别系统的前提。另外,在实践 CIS 的过程中,要统一在 MIS 理念的前提引导下,建立统一整体的企业形象。

1. 如家的 CIS 策略中所提到的 MIS 的内涵是( )。
   A. 理念识别系统　　　　　　B. 行为识别系统
   C. 视觉识别系统　　　　　　D. 听觉识别系统
2. VIS 是指 CIS 的( )。
   A. 理念识别系统　　　　　　B. 行为识别系统
   C. 视觉识别系统　　　　　　D. 听觉识别系统
3. 如家的 CIS 设计中,MIS、BIS、VIS 三者相互融合体现了 CIS 设计的( )原则。
   A. 整体性　　　B. 可变性　　　C. 对象性　　　D. 稳定性

第六章　企业形象的 CS 战略

学习目标

了解 CS 战略（顾客满意战略）产生的原因以及 CS 战略的发展历史，掌握 CS 战略的内涵及其价值，熟练掌握 CS 战略的主要内容，熟悉 CS 战略的建设、导入与实施的方式和方法，掌握常见的 CS 战略战术策略。通过对比 CS 战略与 CIS 战略，理解二者之间的区别和联系。熟悉房地产业、旅游业、银行业 CS 战略建设、导入的基本过程和方法策略。

案例引导

CS 战略：给沃尔玛一个成功的理由

"顾客第一"在美国大型零售业公司沃尔玛不仅是一句口号，它代表了整个公司的企业形象和企业文化，而且可以从中感受到一种强烈的荣誉感和责任心。沃尔玛家族的缔造者，1985 年就被美国《福布斯》杂志列为世界首富，1992 年美国总统自由勋章的获得者山姆·沃顿先生曾说："我们的老板只有一个，那就是我们的顾客。是他们付给我们每个月的薪水，只有他们有权解雇上至董事长下至普通员工。道理很简单，只要他们改变一下购物习惯，换到别的商店去买东西就是了。"正因如此，山姆每次到商店视察时，都要求员工和他一起发誓，他说："我希望你们保证，每次顾客在距你十步远时，你们应将眼睛注视着顾客，向顾客问好并询问是否可以为他们提供帮助。"这个誓言就是该企业著名的"十步态度"。山姆从青年时代就开始实践这一誓言。

1. 建立顾客忠诚

美国《商业周刊》主编路·扬格先生说得好："当前人们忽略的最重要的基本管理原则，就是要始终紧密联系用户，满足他们的需求，预见他们的需要。"建立顾客忠诚度体系，就是按照顾客所期望的那样为其提供一流的售后服务。在考察出色的零售企业尤其是他们与顾客交往方式时，可以发现惊人的相似之处是他们始终如一地对用户执著，耐心地倾听顾客的意见，最大限度地满足顾客的需求，对顾客忠诚，吸引顾客再次惠顾，这样就会帮助公司在竞争中取胜。如沃尔玛公司有一个独到的服务原则,即建立"社会认同",其具体做法:一是在任何地区开店必须满足当地公众价值观和需求,公司的通常做法是让在当地成长、生活的员工负责此店;二是将当地生产的商品摆放在店内最显眼的货位上;三是每个店每年为当地优秀高中毕业生提供一份上大学的奖学金;四是举办资助当地儿童医院等社会公益活动。

这一系列的社区认同活动,使沃尔玛公司深受当地居民的认可,从而建立起了顾客忠诚的体系。忠诚的顾客是企业最宝贵的财富。美国近年来的商业研究报告分析指出,多次光顾的顾客相比初次登门者,可为企业多带来20%至85%的利润,固定客户每增加5%,企业利润可增加25%,而80%的营业额则来自于20%的企业老顾客。建立顾客忠诚,不仅能刺激顾客重复购买,同时还提供了一条有价值的推销其他商品的服务渠道,"终身顾客"是建立顾客忠诚的最佳回报。

2. 服务补救

所谓服务补救是指零售企业在对顾客提供服务出现失误或错误的情况下,对顾客的不满意与抱怨,当即作出的补救性反应,以重建顾客的满意和忠诚。消费者对企业提供的服务总是具有较高的期望值。服务的失误会使顾客产生不满和抱怨,虽然错误不一定在企业,但企业必须抱定"顾客始终正确"的观念,对顾客的不满要立即作出反应,即补救应具有现场性和快速性。快速性是指企业要尽可能快地进行服务补救,现场性是指企业必须在服务失误现场就地进行服务补救,避免服务失误造成的不良影响扩散或升级。服务补救直接关系到顾客满意和忠诚度。

【启示】

美国沃尔玛百货以顾客为中心的经营战略使沃尔玛荣登世界500强的榜首。沃尔玛的成功就在于,他们树立了以顾客满意为中心的经营理念,并在这一理念下统一规划企业的行为、视听系统、产品及服务的形式和质量。

第一节 CS战略概述

一、CS战略的内涵

(一) CS战略的由来和发展历史

CS是英文"customer satisfaction"的缩写,指顾客满意,从企业发展战略的视角来看,CS战略是继CI之后一种较为新颖的营销管理战略,即顾客满意战略。

作为企业的一种营销管理战略,可以说CS理念产生于商品经济形成之际,即商品的生产和流通是为了满足人们的某种消费需求。然而最初的CS理念只是一种狭隘的满足。今天,人们不断丰富CS理念的内涵,逐渐发展成为CS战略理论。

CS战略的形成是市场经济不断发展和完善的一种表现,是在不断发展变化的经

企业品牌与文化

济环境中,企业、合作伙伴、顾客等市场主体协商发展的产物。首先,市场经济条件下营销环境及竞争环境的变化是 CS 战略产生的主要动力。在不同的营销和竞争环境下,企业要采取不同的营销策略,这决定了企业的生存及发展。20 世纪 80 年代以来,商品市场逐渐由卖方市场转为买方市场。这时,以生产导向和产品导向为主体的企业发展战略越来越难以拓展市场,甚至难以保住原有的市场。在这种背景下,顾客导向自然成为企业面临的战略选择。其次,市场竞争激烈条件下服务质量及服务方式的变化是 CS 战略产生的内部因素。消费者传统的认购商品的标准是实用性和耐久性。随着市场经济的发展,市场竞争也愈发激烈,消费者认证的商品不仅质量要符合要求,而且包装、服务、咨询、送货、保管、售后服务等都成了消费者购买商品时考虑的因素,企业提供的商品已经不再是单位产品,而变成了产品体系。再次,顾客消费观念和消费形态的变化加速了 CS 战略产生和发展。在物质不很充裕时,消费者较多考虑的是质量、功能与价格三大因素,并以此作为评判产品是"好"还是"不好"的标准,因此,企业要用与产品基本功能有关的质量来取信于顾客。随着产品过剩时代的到来,物美价廉不再是顾客考虑的重点,相反,消费者比较重视产品的设计、品牌、使用性能及其相关服务,市场越来越发展为"感情消费"的时代,消费者往往关注产品能否给自己的生活带来活力、舒适及充实感和美感。对产品的"满意"与"不满意"成为评判产品好坏的标准,因此,企业要用产品具有的魅力和一切为顾客着想的体贴去感动顾客。

综上,同传统的营销观念相比,现代社会系统服务正占据愈来愈重要的地位,这种新的社会需求要求企业实施相应的营销战略,即从顾客视角看企业发展问题。最早对这种经营环境变化作出系统反应的是斯堪的纳维亚航空公司,他们于 1985 年提出了"服务与管理"的观点,将服务并满足顾客需求作为企业发展的重要战略支撑。

"服务与管理"开启了顾客导向战略的发展之路,随后,反映顾客导向核心内容的 CS 战略最早在西方汽车行业得以应用。1986 年美国一家市场调查公司以 CS 理论为指导调查并公布了顾客对汽车满意程度的排行榜,这项态度调查活动揭开了 CS 理论在企业发展战略中的运用之路。美国政府建立了"马尔科姆·鲍德里奇全国质量奖"(Malcolm Baldrige National Quality Award),以鼓励企业应用"顾客满意"。1989 年瑞典据此建立了"CSI"(customer satisfaction index),即顾客满意指标。1991 年,美国营销学会第一次以 CS 战略为主题召开了研讨会议,讨论如何以 CS 战略来应对竞争日益激烈的市场变化。随着 CS 战略在全球范围的流行,到 20 世纪 90 年代中期,以海尔、长虹等为代表的中国企业将 CS 战略逐步引入中国。1999 年,中国质量协会组成了专家小组开始在全国范围内推动企业开展 CS 管理和研究 CSI,并于 2000 年在天津召开了 CS 理论与实践国际研讨会,促进了中国企业 CS 管理的进步。如今,CS 战略已广泛运用于全球各地的家电、机械、银行、证券、旅游、房地产等多种行业。

（二）CS 战略的内涵

1. CS 的概念

CS 指顾客满意，是指顾客对一件产品或者一项服务满足其需要的绩效与购买时的期望进行比较所形成的感觉状态。

CS 战略是一种以追求顾客满意为核心的经营理念和策略，是一种现代企业的管理理念和方式，是一种以顾客满意为核心，以信息技术为基础，以顾客满意需求、顾客满意指标、顾客满意程度、顾客满意测评等为工具进行营销管理的现代企业经营管理理论。CS 战略重点强调顾客导向，即从顾客的角度来分析他们的需求，把顾客的需求作为企业开发产品和拓展市场的源头，坚持在产品功能、价格制定、分销与促销环节的建立以及完善售后服务系统等方面充分考虑顾客利益的原则，最大限度地使顾客感到满意，目的是提高公众对企业的满意程度，进而提高顾客对企业的忠诚度，保持企业的竞争优势。

2. CS 的基本内涵

CS 战略坚持顾客导向，追求最大限度保障并实现顾客利益。在这里，顾客是一个相对广义的概念，它不仅指企业产品销售和服务的对象，而且指企业整个经营活动中不可缺少的合作伙伴。具体来说，这里讲的顾客：一是指企业内部成员，主要包括企业的股东、管理者和员工，此外，企业中的供、产、销及其他职能部门之间、上下工序之间亦为顾客关系；二是指外部顾客和用户，即凡是购买或可能购买本企业产品和服务的个人和团体。

CS 战略的基本理念是：企业为顾客而存在和发展，因顾客好而变得更好，企业因顾客满意而得到发展和提升；企业是社会系统中的有机组成部分，是社会的服务组织，在社会发展中应该承担服务于社会、服务于大众这一最为重要的职责。

CS 战略的指导思想是：企业的整个经营活动要以顾客满意度为指针，要从顾客的角度、用顾客的观点而不是企业自身的利益和观点来分析考虑顾客的需求，尽可能全面尊重和维护顾客的利益。企业要及时跟踪研究顾客的满意程度，并依此设立和改造目标，调整企业营销环节，在顾客满意中树立良好的企业形象，增强竞争能力。企业需要树立自身的社会责任形象，为社会的发展提供力所能及的服务。

二、CS 战略的价值

CS 战略提出了顾客导向的经营管理策略，真正把握住了决定企业生存和发展的关键因素，为企业的发展提供了新的思路，即将顾客的需求与满意度作为检验企业价值实现过程的标准。与传统的将企业作为核心的经营管理战略相比，CS 战略使企业经营目标性更强，使企业利益能够得到更大程度的保障。

（一）CS 战略将顾客作为企业的战略伙伴，扩充了企业的战略资源

在传统企业经营理念中，顾客仅仅是企业赢利的对象，顾客通常难以参与到企业

企业品牌与文化

经营管理之中。企业并没有看到顾客对企业发展的影响,市场经济停留在生产观念阶段。这时企业的主要精力放在产品的生产上,追求高效率、大批量、低成本;产品品种单一,生命周期长。企业对市场的关心,主要表现在关心市场上产品的有无和产品的多少,而不是市场上消费者的需求。企业管理中以生产部门作为主要部门,并由生产部门为主导带动市场。当市场经济由生产观念阶段发展到产品观念阶段时,产品的质量、功能、价格成为企业追逐的对象,包括广泛应用的 CIS 战略,大都体现为"企业主导"的战略思想。在这样的战略指导下,顾客始终没有成为企业重点考虑的对象,由此而决定了顾客没能够成为企业核心战略资源的组成部分。

在 CS 战略的指导下,企业必须高度重视提高顾客的满意程度,建立起高度的顾客忠诚度。现代企业的竞争不仅要重视量(市场份额)的竞争,更应重视质(顾客满意和忠诚)的竞争。企业只有拥有一批长期的忠诚顾客,才能在激烈的竞争中获得竞争优势地位,保证企业长期的生存和发展。

CS 战略将顾客作为影响企业发展至关重要的因素考虑,从产品研发、生产到销售再到售后服务,无不把顾客需求和满意作为衡量标准,甚至将顾客纳入到企业制定发展战略等重要决策过程中,在强调服务顾客的同时加强了顾客对企业经营发展的参与性,使顾客成为与企业利益相关的集体,将顾客转变为企业最为重要的战略资源。

(二) CS 战略使企业经营目标更加明确化

CS 战略明确提出了顾客需求和满意是企业的最初目标,同时也是终极目标。任何企业在提供产品或服务时,其目的在于使其提供的产品或服务得到顾客的认可,并让其乐于接受。这就要求企业从产品的研发和生产阶段做起,了解顾客需要什么样的产品和服务,对产品和服务有什么样的要求。企业只有明确了其研发和生产的最初目标,从产品的研发、生产阶段开始考虑顾客需求,才能为顾客提供满意的产品或服务。企业的终极目标是通过为顾客提供其所需的产品和服务,从而使顾客乐意支付各种成本价值。

(三) CS 战略的实施有利于企业把握市场规律

产品过剩时代的一个重要特点就是产品的更新换代周期变得越来越短,市场走势变幻莫测,怎样把握市场变化的规律,成为赢得市场的重要先机。CS 战略因其以顾客为中心的经营特点,能够更好地把握顾客各种需求规律,进而能够准确地把握市场脉搏,掌握市场规律。

首先,CS 战略的实施有利于发现消费者层次规律。例如,如果顾客的需求重点在商品质量上,证明此消费群是低层次的;如果顾客更加注重产品和服务的附加值,则说明此消费群是高层次的。企业 CS 战略的实施过程,把顾客分成不同层次,根据不同需求层次规律,制订出更加合理的生产、销售、服务计划,以便准确地给商品和服务定位。

其次，CS战略的实施有利于发现消费者需求的发展规律。消费需求的一般发展规律是由低到高的过程，当低层次的需求满足以后，才能产生高层次的需求。当消费者文化水平、收入偏低时，满足的是物质需求，把质量、价格放在首位；而文化、收入偏高时，则对服务的需求更加看重。CS战略在实施过程中，使企业掌握顾客需求发展规律，企业根据消费者需求发展规律调整生产与服务结构，以便于跟上消费者的需求发展步伐。

再次，CS战略的实施有利于发现消费者的需求转换规律。时尚的流行一般情况下是从发达地区、高地位层、高收入层向不发达地区、低地位层、低收入层扩散、转移，发达地区、高地位、高收入消费群体接受新产品比不发达地区、低地位、低收入的消费群体要快得多。企业在实施CS战略过程中，通过顾客对新产品在市场上推广的过程，把握好时间、地点和消费者群体的变化情况，以便于使新产品顺利地打入市场。

（四）CS战略的实施能够加快企业价值的轮转增值，提升企业的市场竞争力

CS战略的产生和发展为企业的经营管理带来了新的思路和契机，实现了企业价值链的又一次拉伸式增值。CS战略强调一切从顾客的利益为出发点，站在顾客的立场考虑产品质量、造型、性能、包装、用途和文化价值等，并让顾客参与到产品的售前、售中、售后服务体系的构建过程中，这样使企业生产的产品能够以最高的效率实现价值的轮转增值。由于整个生产线、销售网络以及售后服务等都做到了为顾客量身定制，从而也让企业生产的产品积压的风险降至最低，最大限度地保障了企业的利益。同时由于为顾客量身定制式的产品，更容易提升顾客对产品的忠诚度，不会轻易转向其他产品，在面临其他产品的市场挑战时，顾客的这种忠诚度能够为企业改变对策赢得时间。

（五）CS战略的实施能够提高企业的顾客占有率，进而保证企业的市场占有率

提高市场占有率的实质是提高一定时间内产品的销售量，CS战略的实施所建立起来的顾客忠诚度能够有效地留住顾客。美国《哈佛商业评论》中的一项研究报告指出：再次光临的顾客能为企业带来25%～85%的利润，一个企业只要比以往多维持5%的顾客，其利润可增加10%。美国市场营销协会做过的调查表明，获得一个新顾客所付出的成本是保持一个满意的老顾客的成本的5倍。实践证明，一般情况下，普通顾客会经常变化其购买的品牌，而经过使用某一产品后感到很满意的顾客，再次购买该产品的几率会成倍增长，而经过多次"使用—满意"的积累后，顾客会对产品产生一种理性的偏好，对产品建立起较高的忠诚度，并难以轻易变更购买习惯。

（六）CS战略是创造名牌产品，提升企业及产品美誉度的保证

名牌企业首先要建立自己产品的知名度，从顾客角度出发是保证企业产品推向顾客并吸引顾客的基本保障，顾客经过"使用—满意"的积累才能由知其品牌到不断提升购买产品时的指名率。高知名度、高指名率经由顾客之间的传播能够提高企业及产品的美誉度。

# 企业品牌与文化

三、CS 战略的主要内容

(一) 顾客满意

在 CS 战略中,顾客满意是最为核心的内容,把握 CS 战略的主要内容就是把握如何建立并不断提高顾客对企业及其产品的满意度。前文中已经提到,顾客满意是指顾客对一件产品或者一项服务满足其需要的绩效与购买时的期望进行比较所形成的感觉状态。

顾客满意是一个多层次的心理感知过程。菲利普·科特勒认为,顾客满意"是指一个人通过对一个产品的可感知效果与他的期望值相比较后,所形成的愉悦或失望的感觉状态"。在这个感知、比较与评判的过程中,顾客有对产品本身的感知、比较与评判,有对为获取产品所付出成本的感知、比较与评判,有在使用产品时得到附加价值的感知、比较与评判等,这些感知、比较、评判结果都是在衡量产品满足其需要的绩效(效果)与购买时的期望得出来的。如果效果低于期望,顾客就会不满意;如果可感知效果与期望相匹配,顾客就满意;如果可感知效果超过期望,顾客就会高度满意,表现出高兴或欣喜。

(二) CS 战略体系

CS 战略体系是围绕着怎样把握顾客满意、如何提升顾客满意度等问题建立起来的,具体包括企业的理念满意系统(MS)、行为满意系统(BS)、视听满意系统(VS)、产品满意系统(PS)和服务满意系统(SS)五大子系统。具体内容参见第二节中"CS 营销战略的实施"部分。

四、CS 战略对企业形象的影响

(一) 企业内部形象的重新塑造

前文提到 CS 战略中的顾客是一个广义的概念,因此这里要使顾客满意,首先需要让企业内部顾客即让企业员工满意,只有员工满意了才能保证研发、生产出让消费者满意的产品。内部顾客是树立企业名牌效应的决定因素,员工对企业各方面满意度高,可以保持稳定而高效的员工队伍,减少企业培养新的替代雇员而增加的成本,减少生产力损失,保证实施企业外部顾客满意战略的连续性,避免企业为重新建立被打破或割裂的顾客关系而付出高昂的代价,保持员工的忠诚,增强企业向心力。CS 营销战略的实施有利于使员工一切都为企业着想,对企业高度忠诚,形成企业独特的文化氛围,增强企业的向心力和凝聚力,造就企业无可衡量的无形资产,为企业进一步发展壮大奠定精神动力。

(二) 企业外部形象的丰富和提升

1. 塑造高度负责的企业形象

与传统的以产品为中心、以推销为中心、以市场为中心相比,从产品的研发、生

第六章 企业形象的 CS 战略

产、包装、流通、售卖、售后服务等方面考虑顾客的实际需求,表现出对顾客高度负责的态度和行为。随着传统营销战略的发展,企业在以顾客观念考虑问题方面取得了较大改观,售后服务成为企业重要的卖点,然而与 CS 战略中的"顾客满意中心论"相比,通常强调的售后服务只是一定程度地为顾客负责。售后服务工作是相对被动的,具有滞后性,是在先期行为基础上的补过行为。而 CS 战略强调前瞻性,在产品研发及其之后的各个环节都能为顾客着想,体现出企业高度负责的形象。

CS 战略强调企业的社会组织特性,CS 战略认为企业是社会系统的有机组成部分,除了承担提供产品和服务之外,还应该为社会的发展、社会的文明进步作出应有的贡献,在这样的过程中不断建立属于企业自身的"社会认同"。例如本章开篇案例中提到的沃尔玛始终坚持每个店每年为当地优秀高中毕业生提供一份上大学的奖学金,举办资助当地儿童医院等社会公益活动等。

2. 塑造高美誉度、高指名率的名牌企业形象

CS 战略的实施使企业保持并发展庞大的消费群体。顾客是对企业的前途发展有直接联系的外部公众,市场就是顾客。市场上顾客通过广告媒体、企业宣传品及他人介绍等渠道获取信息,对企业产品产生一种抽象的心理预期。顾客通过心目中的产品与企业实际产品进行比较,决定自己的购买动向,这就要求企业从顾客的角度考虑,满足顾客的需要,努力创造出企业的名牌,使顾客的抽象预期心理得到满足。只有这样,才能形成顾客忠诚,而顾客忠诚就集中表现在顾客重复购买的程度上。顾客忠诚不仅稳定着企业现实的顾客,更为企业吸引来潜在顾客,从而使企业保持并发展庞大的消费群体。

 案例分析 6-1

IBM 的战略转移

20 世纪 80 年代末和 90 年代中期,IBM 的市场占有率下跌了 12 个百分点,股票价值由 178 美元跌至 50 美元,年亏损额达 80 多亿美元,公司裁员 10 万人。管理专家在对其危机进行诊断时给出的结论是:"过分强调外在形象和企业利润,而忽略了顾客的需求。"随后 IBM 重新调研了市场,进行了全方位的市场细分定位,最后作出决定,退出部分行业和细分市场,把握企业核心竞争力,坚持站在顾客的角度开拓市场。

【总结】

IBM 过分强调外在形象和企业利润,忽略了顾客的实际要求,出现了企业利润与顾客利益之间的矛盾。在这组矛盾中,企业应该时刻谨守"顾客至上"的基本原则,企业兴衰的一个重要原因在顾客。这个案例证明,回应顾客的需求就会得到顾客的支持;反之,企业的发展就会遇到阻碍。

第二节 CS战略的操作实务

一、CS营销战略的实施

CS营销战略的实施是一个系统工程,指企业围绕以追求顾客满意为核心的价值观,建立CS战略体系,并在企业参与的生产链和价值链中,进行全方位的执行和推广。在这个过程中,首先要构建顾客满意体系,其次要构建基于顾客满意的CS战略体系,然后加以执行和推广。

在营销界还有一个著名的等式:$100-1=0$。意思是,即使有100个顾客对企业满意,但只要有1个顾客对其持否定态度,企业的美誉度就会立即归零。

(一)围绕着CS战略的顾客满意体系

顾客满意具有主观性、层次性、相对性和阶段性的特点。CS理论体系中,顾客满意分为三个递进的层次:物质满意层次、精神满意层次和社会满意层次。如果以企业和顾客之间的关系为参照系,可以横向分为顾客对企业的产品满意、理念满意、行为满意、视听满意和服务满意,具体表现见图6-1。

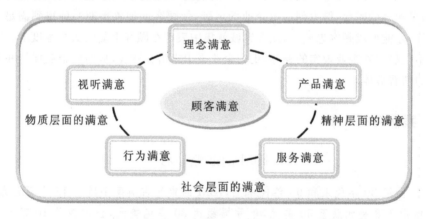

图6-1 CS战略中的顾客满意

顾客物质层面的满意,指顾客对企业产品的核心层,如产品的功能、质量、品种、价格等所产生的满意。如是否达到了预期的功效,产品品种是否齐全等。

顾客精神层面的满意,指顾客对企业产品的形式层和外延层,如产品的外观、色彩、装潢、品位、广告、品牌和服务等所产生的满意。如产品造型是否合意,色彩搭配是否适当,包装是否美观,标志是否清楚,广告是否真实、清晰,内容是否健康,销售渠道是否畅通,企业服务的绩效、完整性、方便性是否令人满意等。

社会层面的满意,指顾客在对企业产品和服务的消费过程中所体验到的对社会利益的维护,它要求企业的经营活动要有利于社会文明进步。它要求企业产品和服务的消费过程中,要具有维护社会整体利益的经济价值、政治价值、文化价值、道德价值和生态价值等功能。如企业是否履行了社会责任,是否尽可能多地从顾客利益角度出发考虑问题,在获取企业利益的同时,是否兼顾了社会利益等。具体来讲,还包括企业为顾客解决非产品本身问题的程度,如提供融资、信贷服务等。

CS 理论把顾客满意不满意作为衡量各项经营活动和管理活动的唯一尺度,围绕顾客进行产品开发、生产、销售、服务。这种立足于顾客的营销策略,追求的结果是贡献,反映的是顾客价值,通过为顾客创造价值实现企业价值。CS 把顾客进行科学分层,即忠诚层顾客、游离层顾客和潜在层顾客,把重点放在巩固老顾客(忠诚层顾客)上,不断吸引游离层和潜在层顾客,在经营中不是毫无目标地去扩大市场,这就保证了企业对顾客研究的细化和服务的针对性。同时,CS 对"顾客满意"也强调全过程和差异性,追求顾客在消费了企业提供的产品与服务之后的满意状态,追求在顾客总体满意基础上,因人而异,提供差异服务。另外,CS 也强调在满足顾客全方位的需要的同时,满足社会需要,即一方面要满足顾客物质需要和精神需要,另一方面还要强调维护社会利益、社会道德价值、政治价值和生态价值等。这些理念都是与具有高文化属性的市场经济相适应的,反映的是一种积极的企业营销文化。

(二) CS 战略建设和实施的原则

1. "以顾客满意为中心"的原则

实施顾客需求结构调查,建立健全反映顾客需求的项目指标和指标加权体系,赋予企业外部顾客参与企业各种决策的权利,吸纳顾客的意见建议,以保证企业的一切行为围绕着企业内外顾客需求开展。

2. 全程性原则

CS 战略的建设和实施贯穿于从企业产品开发决策、设计、生产、销售直至交付顾客使用及提供售后增值服务的全过程。

3. 全员性原则

CS 战略的建设和实施是企业所有员工、股东、客户、潜在客户共同的职责。而且,越是公司的高层领导越需要提高服务意识。国内外许多成功的大型企业的高层通常都热衷于与顾客直接打交道。海尔总裁张瑞敏每次到分公司考察必去销售市场,直接面对顾客、了解顾客需求等。戴尔公司总裁迈克·戴尔每天早上九点一上班便会立即亲自接听顾客的电话,他坚信"如果听不到顾客的声音,就意味着远离了自己的航向,没有办法带领企业往前走"。

CS 战略体系强调企业高管是为企业的中层管理人员及一般员工服务的,为他们创设最佳的工作环境、更好的工作待遇、更宽的市场空间等。中层管理人员起着承上启下的作用,他们为企业高管提供决策制定的辅助信息,为一般员工提供良好的平台,沟通与协调服务是他们的重要任务。一般员工是企业产品的生产者,是企业利

企业品牌与文化

益、企业服务的实质承载。顾客(企业外部顾客)是企业产品的购买者(现实及潜在)、使用者,他们的需求、意见、建议是企业更好生存的导向。

4. 持续改进原则

CS本身是一个动态的概念,因为顾客的需求处在不断地变化和发展之中。因此,在现代企业中实施CS管理不是一蹴而就的事情,必须坚持持续改进的原则,才能取得更大的、持续的成功。

(三) CS营销战略体系的建设与实施

CS营销战略体系应该围绕着让顾客对企业产品、企业服务、企业理念和价值观、企业行为、企业视听系统等都达到一种满意状态而建设。所以,CS战略体系实际上是顾客对企业及其产品等进行感知和评价过程中产生的理念满意系统、行为满意系统、视听满意系统、产品满意系统、服务满意系统等的组合体系。

1. 理念满意系统

理念满意系统指企业的经营理念给企业内外顾客带来的满足状态。它包括经营宗旨满意、经营哲学满意、经营价值观满意、企业精神满意及企业社会责任满意等。企业理念满意系统的建设,核心是确立以顾客为中心的企业理念,它要具体地表现和反映在企业的经营宗旨、经营方针和经营哲学上,并贯穿于企业的质量观念、服务观念、社会责任观念、人文精神等各种经营观念中。

2. 行为满意系统

行为满意系统指企业全部的运行状态带给顾客的满意度。行为满意系统包括行为机制满意、行为规则满意、行为模式满意三个方面的内容。

3. 视听满意系统

视听满意系统指企业可视性和可听性外在形象带给企业的内外顾客的满足状态。视听满意系统的建立,即指企业视听识别系统要使顾客满意。主要包括企业名称满意、标志满意、标准色满意、标准字满意、公司歌曲和广告宣传的音响效果的满意以及视听觉整合体系满意等内容。

4. 产品满意系统

产品满意系统是CS战略中的子系统,重点围绕着企业产品的核心层,即产品的功能、品种、质量、价格、包装设计、品位等构建顾客满意系统。应该建立一套完善的调查评估体系,保证从产品的研发、生产、销售等环节都能以顾客的需求和基本利益为出发点。尽可能地把顾客的"不满意"从产品体本身(包括设计、制造和供应过程)去除,并顺应顾客的需求趋势,预先从产品本身创造顾客的满意。

(1) 在产品品种和功能方面,从细分顾客开始,进而做好市场细分,做好产品定位,做到产品功能满意。

首先,通过充分调研,做到根据顾客需求和实际购买行为的不同研发不同的产

第六章　企业形象的CS战略

品。例如,1994年戴尔创立之初,顾客只有两类,即大型顾客和包括一些商业组织、消费者在内的小型顾客,当年公司的资产为35亿美元;到了1996年,就从大型顾客市场中细分出大型公司、中型公司、政府与教育机构三块市场,同年公司资产升至78亿美元;而到了1997年,戴尔又进一步把大型公司细分为全球性企业客户和大型公司两块市场,政府与教育机构市场则分为联邦政府、州政府和地方政府、教育机构三块不同的市场,小型顾客则进一步分解为小型公司和一般消费者两块业务,当年公司资产攀升到了120亿美元。

其次,尽量实现为顾客量身定制产品,满足顾客的个性化需求。这里追求的个性化满足,不只是满足某一顾客特定需求的个别行为,而是在满足顾客多样化、个性化需求基础上,借助现代最新技术的大规模定制。现代社会早已过了"不管消费者要什么,我只有黑色"、"要还是不要,二者择一"的时代,今天体现的更多是关系营销中的"按需配置、按单生产",谁能够为顾客提供最为个性化的产品和服务,谁就能赢得客户。例如,新千年之初,我国正值火热的企业转型(国有企业转为股份制)之际,许多企业仍停留在原有的生产销售模式(以企业自身为中心)中。在市场方面,这时的顾客需求已经开始发生巨大变化,市场需求逐渐细分化,市场供应与需求脱节。广东的一客户在全国范围内为其从国外购买的一批挖掘机定制履带等配件,联系了二十多家厂家,得到的答复是:我们厂只生产某颜色、某种规格的履带等。当他联系到第二十六家厂家(当时的山东烟台拖拉机配件厂)时,厂家很快地答应按照这位客户的要求生产出产品,并以最快的速度发送给了广东客户。山东烟台拖拉机配件厂这一举动令广东的客户收到产品的当天即乘飞机来到烟台拖拉机配件厂,当即定下了第二年价值几百万元的生产订单。

再次,根据顾客对产品的反馈改进产品。建立顾客长期联系、意见反馈系统,能够随时通过顾客在使用产品时的意见建议进行产品的升级和更新换代。

案例分析6-2

个性化产品带来的商机

阿拉伯地毯在国际上享有盛名,但是该国地毯商们没想到他们的一个大市场,却被西欧商人范德维格抢占了。范德维格来阿拉伯不几天,就发现当地虔诚的穆斯林教徒延续千年守时不辍的祈祷活动有两大特点:一是定位,即一定要跪在地毯上祈祷;二是定向,即一定要面向圣城麦加祈祷。比较之下,定位不成问题,而定向却不一定十分准确。特别是出差、旅行,到陌生之地,方向就更没有把握。由此,范德维格借助指南针的原理,生产出一种指向圣城麦加的专用指南针,并把这扁平的指针嵌入祈祷用的地毯中。这项改进给穆斯林教徒带来了极大的方便。不论在哪

企业品牌与文化

里,他们只要铺开地毯,就可以准确地面向麦加,而没有任何怀疑和顾虑。小小的专用指针,使祈祷地毯一上市就成为抢手商品,赢得了一片市场。

戴尔对个性化需求的满足更是做到了细致入微的程度。以福特汽车为例,戴尔公司为福特不同部门的员工设计了各种不同的配置。当通过互联网接到福特公司的订单时,戴尔公司马上可知是哪个工种的员工,订的哪种机型,且迅速组装好合适的硬件和通过 Dell plus 所定制的软件,甚至包括一些专有密码,然后以最快的速度交运到顾客的手中。

【总结】

个性化的产品设计所体现出的理念就是以顾客的需要为企业生产的根本,随着社会经济的发展,消费者的个性消费越来越强烈,适应这一市场的变化,不仅是企业发展的要求,也是企业服务消费者生产宗旨的最好体现。

(2) 产品质量满意和价格满意是产品满意系统的重要组成部分。

为保证企业产品质量,企业顾客中的合作伙伴应该是让彼此都满意的对象,如汽车生产企业与其配件生产企业之间应该是彼此信任满意的,才能够保证产品的质量。只有整个产品的全部零件、配件有了质量保证,才能够保证整个产品的质量,进而让购买及使用产品的顾客满意。又如,顾客质量投诉处理过程中,顾客所感知到的质量一方面有赖于顾客服务部的工作,同时也要依赖于质量部、物流部等部门的工作。因此,提供良好服务质量的责任遍及整个组织。

要做到顾客心目中的价格满意,必须从影响产品价格的各个方面考虑,着实降低产品价格,如从研发周期、原材料的采购、产品的生产加工、销售供应链等各个环节降低产品成本。例如,戴尔公司一方面通过效率超常的供应链降低了产品成本,另一方面也通过零库存和直销增强了产品价格竞争力。这样,其价格满意战略水到渠成。又如,美国 SUBARU 汽车公司并没有像其对手一样将大量的预算分配给广告开支,而是从一开始就利用顾客满意作为市场营销和传播活动的主要手段,结果比竞争对手少花钱而又更有传播效果,仅广告开支一项就为顾客节约了不菲的成本。

5. 服务满意系统

服务满意,是企业服务带给顾客的满意状态,指产品售前、售中、售后以及产品生命周期的不同阶段采取的服务措施令顾客满意的状态。这主要是在服务过程的每一个环节上都能设身处地为顾客着想,通过树立顾客至上的服务观念、建立完整的服务目标、服务满意级度考查和强化服务满意的行为机制,做到有利于顾客、方便顾客。

服务满意系统包括绩效满意、保证系统满意、完整性满意、方便性满意、情绪与环境满意等。如今世界经济已进入服务经济时代,服务因素在全球经济竞争中已取代了产品质量和价格的竞争。这是因为受国际经济大循环的影响,同行业之间产品质量、功能、特性以及市场营销等方面的差距越来越小,故而服务就成了竞争的焦点。因此为顾客提供满意的服务,是企业不断发展和掌握市场主动权的关键。美国管理

第六章 企业形象的CS战略

学家Levitt曾指出:"新的竞争不在于工厂里制造出来的产品,而在于工厂外能否给产品加上包装、服务、广告、咨询、融资、送货或顾客认为有价值的其他东西。"

 案例分析6-3

为什么要做好服务

美国的若干调查数据显示:一家服务优良的公司可以多收9%的服务费,一年可增加6%的市场份额;而服务较差的公司得不到服务费,一年将失去2%的市场份额。产品同质化时代,服务不到位、服务差是引起顾客不满意、抱怨的重要因素。统计显示,在对商店产生抱怨的客户中,91%的人不会再光顾;假如他们被商店激怒过,大多数人会向8~10名同事谈论此事,13%的人会将这种不愉快的经历向20个或更多的人传播。

我国著名CS专家严世华教授认为,现代企业应该转向业务服务化,通用电气公司把自己定位在服务行业,而非制造业。他们认为通用电气公司生产产品是服务于顾客、服务于社会的具体表现。在这里,服务满意系统可以概括为售前咨询、售中支持、售后增值。

(1)售前咨询。这里体现的是一种帮助顾客"买"产品的理念,同时是企业诊断市场的途径。为顾客提供免费咨询,结合顾客的情况为其提供最为适宜的消费策略。例如,长安汽车开办长安驾校,实践式的咨询为长安汽车赢得了很多学员顾客。长安驾校以长安汽车作为教练车,以自己汽车公司员工为教练,拉近了产品、员工与学员之间的关系,使学员购买长安汽车的几率大大增加。而他们推出的如果购买长安汽车则考驾照费用返回的策略更是提升了长安汽车的顾客占有率。

(2)售中支持。以适宜的价格将顾客购买过程中产生的顾虑全面解决,给顾客一个简约而不简单的一体化购买服务。

(3)售后增值。这里与传统的售后服务相区别,强调将服务做在顾客诉求服务之前。最为核心的是建立健全顾客数据库,定期主动为顾客提供产品保养、维护、升级等服务。

【总结】

服务满意,是企业服务带给顾客的满意状态,良好的服务不仅可以争取更多的消费者对企业的认同,而且可以通过消费者的宣传来吸引更多的顾客。

(四)顾客满意度测评

这里体现的是一种沟通服务营销方式。顾客对企业的理念满意、行为满意、视听满意、产品满意以及服务满意的具体满意状况需要测评才能评价并修正其具体的情况。为建立顾客满意系统而进行的CS调查,以及检查顾客满意系统的运作及其结果,需要通过顾客满意程度(CSM)和顾客满意指标(CSI)来进行测量评价。CSM是顾客在消费了企业的产品或服务之后所产生的满意状态的等级。CSI 是指用以测量顾客满意程度的项目因子或属性,它既是顾客对购买产品(服务)全过程满意状况的综合评价指标,也是对 CS 指标的数量化,决定着企业 CS 战略建设与实施的成败,直接影响企业的营销和发展。

建立 CSI(CSI 的高低直接决定顾客是否会抱怨和顾客忠诚度)评测指标,目的是通过提升顾客对企业、产品、服务等感知质量(使感知质量更大程度超越预期质量),以提高顾客感知价值,进而不断提高顾客满意度,最终将满意的顾客变为忠诚顾客,甚至是通过各种补救措施使抱怨的顾客也转变为忠诚顾客,如图 6-2 所示。

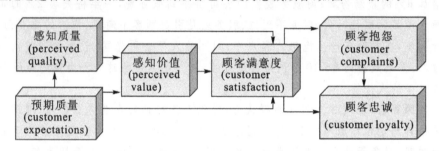

图 6-2　CSI 模型结构示意图

在这里要明确,CS 的最高目标是提升顾客忠诚度,而不仅仅是满意度。这两者的主要区别在于:企业提供的可使顾客满意的产品质量标准还是在顾客的期望范围之内,顾客认为这是应该或者可以提供的;而可提高顾客忠诚度的产品质量标准是超出顾客想象范围的,令顾客感到吃惊的、兴奋的服务。顾客忠诚是指顾客在满意的基础上,对某品牌或企业作出长期购买的承诺,是顾客一种意识和行为的结合。它是 CS 的进一步发展,是企业追求的最终目标。

（五）以顾客满意为中心的价值系统

随着社会的发展、生活水平的提高,"花钱买心情"已成为消费者的共识,顾客更重视购物感受,更愿意追求一种购物乐趣。下面以佳乐家超市建立并完善了"理念、行为、视听、服务、商品"顾客满意五大系统,从感官上营造"快乐·舒心",让顾客全方位体验购物乐趣为例予以说明。

（1）理念。佳乐家在经营管理中不断灌输"顾客满意"的服务理念,强化员工服务意识,先后出台了《佳乐家服务质量管理规定》《佳乐家服务规范指导书》等规范性管理文件,制定了具有佳乐家特色的服务标准和服务规范。

（2）行为。佳乐家强调一切经营管理活动以顾客需求为中心,所有工作行为以顾客满意为标准。为了更好地为顾客提供方便贴心的服务,佳乐家在总服务台设立了代存行李、寻人广播、发放赠品、团购接待、整修裤脚等十几个服务项目,并设置了顾客意见箱,公布投诉和服务电话。为了做好商品售后跟踪服务,佳乐家还专门成立了顾客服务中心和送货处,极大地方便了消费者。

（3）视听。佳乐家努力营造安全、舒适、洁净的购物环境，让顾客全方位感受轻松、愉悦的购物氛围。佳乐家卖场采用先进的设计方式，物品布局科学合理，卖场宽敞明亮，自助式电子寄包柜、价格查询终端、履带式双向人行扶梯、双人收款机等先进设施，佳乐家休闲餐厅、美容中心及胶卷冲扩部等休闲、服务设施，一应俱全，给顾客在购物之余带来轻松与舒适。卖场商品陈列整齐，标志清楚，环境卫生清洁，空气畅通，工作人员服装整洁，理货井然有序，加上悠扬的背景音乐，让人耳目一新。

（4）服务。佳乐家不断规范员工日常服务用语和行为，通过语言、神态和肢体为顾客提供亲切、热情、周到的服务。员工整齐的服装、健康的形象、温暖人心的微笑和熟练得体的服务，给每一位光临佳乐家的顾客留下了美好的印象。佳乐家倡导的亲情式服务已在所到之处形成一道亮丽的风景线。

（5）商品。佳乐家全国采购，汇聚了丰富、优质、低价的特色商品，力争成为居民日常生活的"菜篮子"和"大衣柜"，满足衣食住行的全部需要。佳乐家家电是佳乐家超市下设的专业家电连锁机构，经营十多个大类家电产品，依靠"统一采购、集中配送、分销服务"的品类专业化经营模式，"贴近、合作、共赢"的供应商发展战略，和"佳乐家家电，服务到永远"的完善售后服务体系，赢得了消费者、供应商和社会各界的普遍认可。佳乐家家电以佳乐家超市的连锁扩张为依托，经营规模快速增长，优质的家电产品、良好的品牌形象、完善的售后服务进入万户千家，"佳乐家家电，实惠看得见"的服务理念也随之深入人心。

二、CS战略中常见的战术

CS战略强调以顾客为中心，追求的是顾客满意和企业对顾客的占有率，坚持以人为本的理念，最终目标是追求忠诚顾客。这个过程需要科学有效的策略指导。

要使顾客满意，美国的汽车著名经销商保伯·塔斯卡提出了十条戒律式的策略。

（1）永远不要敲诈顾客。

（2）决不要按毛利的百分比给同事支付薪水。要想保证你不敲诈顾客，决不要给任何同事这样做的诱因；要按销售额和顾客满意与否来支付薪水。

（3）决不要告诉顾客没有办法修理。必须使顾客信赖你。

（4）决不要夸口承诺，要诚实。决不轻许你无法履行的诺言，从而建立起信誉和信任；如果你不敢肯定你是否有能力实现某个诺言，那么许诺时要留有余地。

（5）永远不要为利润额而担心。不要只盯着利润来做事，要把顾客放在第一位。

（6）永远对待顾客如主顾，从顾客的需要，而非你的需要出发。

（7）永远公平对待每一位客人。每件产品统一定价。

（8）永远在绝对最低的管理阶层关照顾客。授权每一个同事有全权满足顾客。

（9）永远努力使事情一次办成。

（10）接受偶尔的失败。

我们给出的策略如下。

企业品牌与文化

（一）培养"一切为了顾客"的理念

1. 顾客至上

企业要把顾客放在经营管理体系的第一位，站在顾客立场上研究、开发产品，使消费者在心理上对企业产生认同感和归属感，进而产生顾客满意的群体网络效应。

2. 顾客永远是对的

这是 CS 营销战略的重要表现，其中包括三层意思：第一，顾客是商品的购买者，不是麻烦制造者；第二，顾客最了解自己的需求、爱好，这恰恰是企业需要搜集的信息；第三，由于顾客有"天然一致性"，所以同一个顾客争吵就是同所有顾客争吵。

3. 一切为了顾客

"一切为了顾客"要求一切从顾客的角度考虑，想顾客之所想，急顾客之所急，顾客的需要就是企业的需要。因此，企业首先要知道顾客需要的是什么，根据顾客需要，重视顾客意见，让用户参与决策，不断完善产品服务体系，最大限度地使顾客满意。

4. 充分了解顾客

充分了解影响顾客购买和满意程度的各种因素，制定全面细致的营销方案，通过营销人员的积极实施，提供 CS 服务，满足他的购买期望值，最大限度地减少其后顾之忧，从而顺利达到赢利目的。

（二）开展关系营销——保持顾客占有率

CS 战略的中心就是要保持顾客，企业每一个时期的销售基本上来自两种顾客群，即新顾客和老顾客。前文中提到，发展一个新顾客是保持一个老顾客付出成本的 5 倍，甚至更多，因此要经营好企业与顾客之间的关系，尽力留住老顾客。

丹尼尔·查密考尔在教授市场营销时在黑板上画了一个桶，然后在桶上画了许多洞，并给这些洞标上名字——粗鲁、没有存货、劣质服务、未经训练的员工、质量低劣、价值低等，他又画了从洞中流出的水流，把它们比作顾客，这就是"漏桶理论"。在这种情况下，公司为了保住原有的营业额，必须从桶顶不断加入新顾客来补充漏损，这是一个昂贵的、永无尽头的过程。而通过改进粗鲁、没有存货、劣质服务、未经训练的员工、质量低劣、价值低等则更为轻松方便，同时也是从本质上实现顾客高满意度的举措。

20 世纪 80 年代初，美国通用电气公司就建立了面向消费者的个性化理念。建立了 5 个"电话答对中心"听取免费"800"电话消费者的意见，为消费者诊断他们遇到的故障，为他们提供迅速的技术援助，甚至提供保养家电知识。每年接受的电话咨询达 310 万人次。其中有 80% 来自消费者，20% 来自零售商和制造商。通用电气原首席执行官韦尔奇强调："当质量、品种、价值的'正式价格'已和竞争者不相上下时，营销的着力点就在于建立企业与客户的'非正式关系'。"

（三）沿着企业价值增值活动链，在企业内部建立一套科学的顾客满意流程

从市场调研、产品开发到生产、售后服务全过程，标准化了的典型事项和要求，这类似于企业流程再造，目的是围绕着产品研发、生产、销售及售后链为顾客实现价值增值，进而为企业实现价值增值（见图6-3）。日本新大谷五星级大饭店，正是凭着"精细"要求自己的员工，必须严格照着程序去做的流程化管理，一跃成为日本酒店业的佼佼者，跻身全国三强之列。以员工收拾床铺为例，饭店要求员工工作不必带热情，只要严格按照工作流程手册的指示做，即便出了错，自己也不必承担责任。所以，每天不管客人是否用过，员工在清房时床单被罩都要剥下来，一趟趟送到洗衣房去，而且是把所有房间的床单被罩都剥下来，一起送到洗衣房。他的员工都懂得：工作程序手册是怎样写的，严格按照上面规定做就行了，因而他的员工清房时永远不会出错。

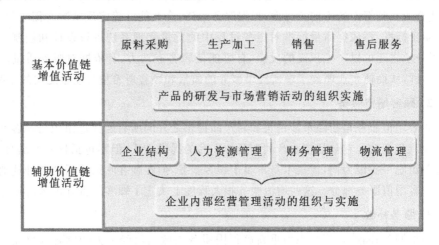

图6-3 企业价值增值活动

（四）建立以顾客为中心的相应企业组织

对顾客的需求和意见具有快速的反应机制，养成鼓励创新的组织氛围，组织内部保持上下沟通的顺畅。戴尔公司成立了顾客服务部来统筹和顾客服务相关的一切事宜。顾客的任何感受和意见，都可以拨打800免费专线向客服部反映。经过严格专业培训的服务人员会将所有顾客反映的问题记录在案，并对能立即解决的予以答复和执行。经过客服部专业优质的服务，大多数顾客的不满都得到了补偿，补偿的力度甚至超过了顾客的期望，从而将顾客从不满意状态转化为满意状态。

为了全面了解顾客的满意程度，戴尔公司还成立了CE（customer experience，客户体验）小组，由销售部、技术服务部、顾客服务部、生产部、质量部等部门的代表组成，每周一次的例会将影响顾客体验的各因素进行详细分析，并各就各位地予以解决。

（五）理解顾客当前和未来的需求，满足顾客要求并争取超越顾客期望

超越顾客期望应以服务增值来实现，尽量不盲目运用降价、折扣等传统方式实现。避免"广告标王倒闭，促销活动麻木，降价活动无利"的尴尬。服务增值具体表现为以下几个方面。

1. 服务承诺

所谓服务承诺，是企业向顾客公开表述的要达到的服务质量。首先，服务承诺一方面可以起到树立企业形象、提高企业知名度的作用，另一方面可以成为顾客选择企业的依据之一，但更重要的，它还可以成为顾客和公众监督企业的依据，使企业得到持续改善的压力。其次，建立有意义的服务承诺的过程，实际上是深入了解顾客要求、不断提高顾客满意度的过程，这样可以使企业的服务质量标准真正体现顾客的要求，使企业找到努力的方向。再次，根据服务承诺，企业能够确定反映顾客需求的、详细的质量标准，再依据质量标准对服务过程中的质量管理系统进行设计和控制。最后，服务承诺还可以产生积极的反馈，有可能使顾客有动力、有依据对服务质量问题提出申诉，从而使企业明确了解所提供服务的质量和顾客所希望的质量之间的差距。

2. 顾客增值服务

顾客增值服务是指除牵涉销售和新产品提供之外的所有能促进组织与顾客间关系的交流和互动。它包括核心产品和延伸产品的提供方式，但不包括核心产品自身。以进餐馆吃一餐饭为例，饭菜本身不属于顾客服务，但在顾客吃饭前后的各种礼遇确属于顾客增值服务部分。这些增值服务很大程度上决定了顾客是否真正达到满意。

3. 服务补救

所谓服务补救，是指组织为重新赢得因服务失败而已经失去的顾客好感而做的努力。企业要制定全面的政策，并竭尽全力地为顾客补偿。从另一个方面来讲，忠实的顾客产生可观的销售额，他们比第一次来享受服务的顾客花钱多，且经常花高价。他们需要较低的交易成本和沟通成本，无需信誉调查或其他初始成本。忠实顾客对服务享用相当熟悉，不需要太多帮助。另外，他们还经常用他们的正向口头宣传来为组织带来新顾客；相反，那些转向竞争对手的顾客会劝阻其他顾客来光顾本企业。

（六）培养员工优良的综合素质，树立"内部顾客"的观念

员工对企业经营活动的参与程度和积极性，很大程度上影响着企业的顾客满意度。美国 Sears 公司对零售行业的顾客满意度分析和多年的经营实践证明：高素质的、充满活力和竞争力的员工队伍相对于良好的硬件设施而言，更能创造 CS，进而创造优异的业绩。在某种意义上，员工就是企业的品牌。因此，要让每一位员工清楚认识企业目标和各自职能，掌握熟练的工作技术和沟通技能。

（七）提供售前咨询、售中支持、售后增值的一体化服务

在服务过程中做到速度快（简约程序、不让顾客排队等候）、时间自由（根据顾客

需求制定营销服务时间,例如美国联邦快递公司因为提供彻夜投递服务而可以比竞争对手价位偏高)、服务态度好(顾客是对的、顾客中心论,例如,美国诺德斯特龙百货公司是全球百货业最佳服务的典范,它每平方米的营业额高出同行业平均水平2倍)、解决顾客预期内与外的问题(例如,美国通用电气公司因为能够提供帮助企业融资、贷款等超预期服务而能够获得大量的电脑产品的订单,而通用电气公司本身并不生产电脑产品)。

(八)满足顾客个性化需求,实施体验营销、定制营销策略,不断提高顾客忠诚度

"假如你要一台三角形的冰箱,你立即打开互联网上的海尔网站,根据网上提供的模块,设计你需要的产品,7天之内产品就可以送到。"这是海尔首席执行官张瑞敏先生在很多场合所举的例。在海尔网站上,你可以随心所欲地装配自己喜欢的冰箱、电脑和洗衣机。消费者可根据家庭装潢、人口情况、成员喜好等选择外观色彩、内置设计、外形风格,如"金王子"的外观,"大王子"的容积,"欧洲型"的内置,"美国型"的线条等。

三、CIS战略与CS战略之比较

市场经济经历了从"产值中心论"(生产观、产品观)到"销售中心论"、"利润中心论"(推销观),再到"市场中心论"(市场观),最后到"顾客中心论"、"顾客满意中心论"(顾客观)阶段。从市场经济发展的历史维度来看,CIS战略处于生产观、产品观、推销观、市场观和初级顾客观阶段,表现为以企业为中心的特点,而CS战略则是CIS的升级版,体现的是顾客观、社会观,表现为以顾客、以社会为中心的特征。

CI是企业有意识、有计划地将自己企业的各种特征向社会公众主动地展示与传播,使公众在市场环境中对某一个特定的企业有一个标准化、差别化的印象和认识,以便更好地识别并留下良好的印象。实践表明,CI对企业的市场营销与公共关系建设有非常直接的作用。但是,随着经济的发展及人们对市场认识的深化,CI的局限性也逐渐暴露出来。人们开始认识到,CI是商品推销时代的产物,CI的运作带有明显的商品推销时代的特点,即企业按照自我理解和自我设计向市场和顾客宣传自己。因此CI的思想方法和实际操作的立足点是从"本企业"的角度来要求公众去认识。然而当今市场营销时代已经全面来临,要求企业自觉适应市场,服从市场,于是在CI的基础上产生了CS。

从形式上看,CS战略是对CIS战略的修正的产物,它弥补了CIS战略的许多缺陷和不足。从内容上看,CS战略的文化品位和绩效功能均强于CIS战略。第一,在企业理念方面,CIS战略的目标是通过建立独特的企业识别系统,来塑造和传播良好的企业形象,进而获得更多的利润,实际上它仍未跳出以企业为中心的理念范畴;而CS战略的目标在于,通过建立完善的顾客满意系统来更好地为顾客服务,获得顾客的满意感,它体现了以顾客为中心的更高层次上的企业理念。第二,在操作和实施方

面，CI 是围绕着"识别"和"形象"来进行的，而 CS 则是以"服务"和"满意"为宗旨而运作的。此外，CS 明确地把产品满意和服务满意引入了自身系统，强调顾客对企业行为、理念等的全方位参与，这就更加强化了顾客与企业之间的关系，营造了企业顾客关系管理的理念和行为。第三，在理论的涵盖面与价值层次上，CI 所提出的"识别"与"形象"概念，其着眼点在于顾客和潜在顾客，它所突出的是企业的自身价值；而 CS 所提出的"服务"与"满意"，其着眼点则超出了前者的范畴，它将"社会满意"作为最高层次目标，从而将"顾客满意"扩大到社会和全体公众的层面，这就更加突出了企业的社会价值，它要求企业的经营活动要有助于维护社会稳定，更加容易赢得社会认同。第四，在评价标准方面，CS 引入了顾客满意级度和顾客满意指标纵横相交的坐标系，它与 CI 的企业形象评估方法相比较，可以使企业更加具体而准确地把握顾客需要与追求的脉搏。第五，在市场运作机制方面，CS 战略坚持顾客导向、以人为本的原则，强调提升顾客满意，发展"忠诚顾客"，以顾客占有率为基准；而 CIS 战略坚持市场导向的原则，追求的是企业自身形象的强化和市场占有率的提升，"忠诚顾客"和顾客占有率是长久型的，而市场占有率只是一时的。

从 CI 到 CS，从营销文化层次上分析确实是一个巨大变革，是一场营销文化的革命，CS 比 CI 具有更为进步和实用的价值。但我们并不能因此而简单地认为应由 CS 替代 CI，因为这不是简单的替代问题，而应是结合，实现优势互补，应在建立以顾客为中心的营销文化的基础上，以 CS 为基本策略，同时吸收 CI 中有效的经营理念和传播手段，实现 CS 与 CI 的有机结合，这样的实践效果会更加突出。

 案例分析 6-4

"傅氏音乐中心"的营销观

20 世纪 90 年代初，美国佛罗里达州的"傅氏音乐中心"和"旋律商行"的市场竞争进入了白热化阶段，双方销售的吉他、电子琴、乐谱等都应有尽有，为卖出每一件乐器，这两家乐器行都采取了免费修理和提供 5 至 7 堂乐器教学课程的促销手段。后来傅氏的总裁决定改变这一状况，请来好友扎西做营销顾问。扎西在几次风琴音乐会上发现听众大多是头发灰白的老年人，进一步调查发现：这些老人，从时间到资产上更有条件购买风琴，但他们对音乐的喜好，更多是为了友谊和实现自我价值，尤其是为了寻找志同道合的同辈朋友。于是，傅氏改变了行销策略，转向只卖家用风琴，并开始举办各类以"终生免费课程"为主的美食晚会、音乐会、早餐俱乐部等联谊活动，把乐器行办成以"强调生活方式"为主的老年人社交活动中心，结果，它占有了顾客，也赢得了市场，生意红火起来，销售额持续稳定上升。而其竞争对手旋律商行却因慢吞吞地继续向所有人卖各种乐器，营业额则直线下降。

【总结】

顾客的满意,是企业实现自身价值的重要条件。"傅氏音乐中心"调整营销策略,将老年人锁定为自己的顾客群,然后采取了一系列让老年人乐于接受的方式,赢得了老年顾客的信赖,成为企业稳定的顾客群。"傅氏音乐中心"的成功,就是以顾客为服务中心的 CS 策略的最好体现。

第三节 行业 CS 战略实务

一、房地产业的 CS 战略实务

(一)房地产业实施 CS 战略的必要性

1. 应对越发激烈竞争局面的需要

进入新千年以来,特别是 2004 年以来,我国房地产市场出现跳跃式发展阶段(大中城市房地产投资年增长率为 20%～30%),全国大中城市房市火爆,房地产业一度成为影响我国国民经济走势的重要产业之一。然而,由于我国房地产业门槛较低,许多企业纷纷涉足房地产业,原本与房地产业无关联的企业进驻房地产市场,导致市场竞争异常激烈。例如,据相关统计,自 2003 年以来,北京、上海、广州、深圳、成都等区域性重点城市的主导报纸的广告收入,其中有 40%～50% 来自房地产业,这种巨大的广告营销投入衬托了房地产业激烈竞争的特点。

按照入世的承诺,外资房地产企业自 2005 年开始进入中国市场,国外房地产以其成熟的经营模式、大量的流动资金进驻中国房地产市场,引起了新一轮的竞争。

面对国内外企业同场竞技的局面,房地产企业要想得到更好的发展,急需提升自我的核心竞争力。CS 理论强调的由内而外的顾客导向、顾客满意策略为房地产业打造核心竞争力提供了战略支持。

2. 改变房地产企业营销观念落后、营销形式单一、营销力量薄弱的需要

我国房地产业营销观念普遍滞后,由于我国房地产业近年来供需失衡,房地产业始终(2008、2009 年除外)保持良好的发展势头,这也使房地产企业一直停留在产品观念上,他们坚信:只要拍到地,建好房子就能销售。严重滞后的营销观念,导致大多数房地产项目缺乏市场调查研究,忽视消费者需求,营销通路过于狭窄,营销组织力量薄弱。

然而,随着我国房地产刚性需求逐年降低,消费者越来越趋于理性成熟,传统的卖方市场仅以地段及价格作为诉求的产品差异化营销时代即将过去,取而代之的则是基于买方的细分化市场的目标市场营销。

在这样的背景下,房地产企业急需改变固有的营销观念,将以产品观念为主导、以企业自我为中心的经营思路和理念,迅速调整到以顾客为中心、以顾客满意为导向的战略思路上。

3. 房地产商品价值的特殊性，要求房地产企业经营从顾客的角度出发，坚持顾客导向，不断提升顾客满意度

房地产作为商品，承载了顾客巨大的成本价值，购买普通商品与购买房地产商品时投入的资金成本、时间成本、精神成本、体力成本等是无法比拟的。除了巨大的成本投入外，顾客对购买的房产同时倾注了复杂的情感和巨大的希望，而且这种情感和希望的承载可能是他们居住使用的几十年时间。当今时代，房产含义早已逾越了居住的本义，它包含着生活质量和文明修养等丰富的含义。这种有形与无形的价值使得房地产商品具有了特殊的价值特点，而这种特殊的价值特点决定了房地产的开发营销全部产业链环节需要进行更为特殊的对待，即要从房地产经营的每一个环节导入 CS 战略。

（二）房地产业 CS 战略的导入

1. 房地产业 CS 战略导入的含义

首先任何行业的营销并不仅仅是指销售这一个环节，房地产业 CS 战略的导入不能仅仅体现在销售环节上，应该围绕房地产商品销售所进行的所有经营活动，如市场调研、规划设计、开发建设、广告宣传、市场推广、售后服务及物业管理等各个环节制定以顾客为导向、不断追求顾客满意的执行策略，全方位实施 CS 战略。具体的在房地产业涉及的每一个环节上，做到做好顾客对企业的理念满意、行为满意、视听满意、产品满意和服务满意。

2. 房地产业 CS 战略的导入与实施

（1）建立 CS 经营理念，引领企业的行为，规划企业视听系统，建立以顾客理念满意系统、行为满意系统和视听满意系统为核心的经营方针。图 6-4 反映的是房地产企业价值实现过程。

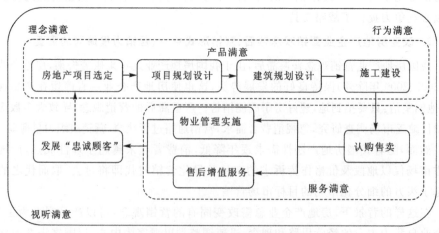

图 6-4　房地产企业价值实现过程

第六章 企业形象的CS战略

CS战略是由内而外表现其战略优势的。首先营造内部顾客满意,提高内部顾客的忠诚度。CS战略是一种由上而下推动的企业改革,融CS理念于企业的实际行为中,需要从企业高管做起,进而到企业中层和企业普通员工。在某种意义上,员工就是企业的品牌。因此,要让每一位员工清楚认识企业目标和各自职能。

企业对全体员工进行教育和培训,主要集中在理念讲解、新组织的运作方法和与顾客沟通的技巧上,从而使"顾客满意、顾客至上"的观念深入人心,使全体员工真正了解和认识到顾客满意的意义和重要性;同时企业还应将"顾客满意"的理念渗入到服务规范、制度、程序、礼仪等之中,规范员工行为,使顾客至上的观念落实到每个员工的具体服务上。如万科在实施CS战略时就将顾客满意服务系统制定成《CS手册》,供各部门遵照执行。

 案例分析 6-5

万科客户关系管理策略和"6+2"服务法

1. 万科客户关系管理策略

客户满意度是一个重要的指标。在万科设计的客户满意度中,有三级指标:一级是考核性指标,具体包括用户的满意度和忠诚度;二级为具体方向性的指标,体现为用户提供的产品和各项服务内容,包括设计、工程、营销、物业等专业指标;三级为具体操作性的指标,体现用户感受各项服务内容的每个细节,如景观、门窗等。

策略一:以客户为中心,让客户更满意

客户服务宗旨:为客户提供快捷、方便、优质的工程咨询和房屋质量保修和维修服务,兼顾企业内部协调、沟通和对施工单位的后续管理,并对客户服务全程各环节实施有效监控。

客户服务内容:售前服务,包括来访接待、售前咨询等服务内容;售中服务,包括签订购房合同、收款、办理按揭等购房业务中的服务;售后服务,包括物业交接、入伙组织、投诉受理、客户回访、房屋维修维护以及组织社区文化活动等方面的服务内容。

客户服务制度:通过成立集团客户服务中心搭建客户服务平台,使全体员工明确衡量服务质量的标准就是落实让客户满意的要求,把质量标准与客户满意度挂钩。考核一线公司,不再以利润为第一考虑,而以客户满意度、员工满意度这两个指标为重要的考核标准。

客户服务范式:包括全员行动,对外服务承诺水准一致;跨部门的紧密协作,充分体现和固化在流程中;根据企业需求,实现个性化的业务流程定制;能够整合市场、销售、服务、物业等部门资源;系统敏感度高,对突发事件进行预警、快速反应、

企业品牌与文化

升级;贯穿客户完整生命周期全过程,完善客户服务机制。

策略二:以客户满意度考核员工绩效

万科坚持每年进行客户满意度调查。万科将客户对工程质量的满意度作为工程系统考核的重要指标。同时,万科已经形成月度质量投诉及返修统计分析制度,该统计指标是万科对供应商、施工单位等合作伙伴进行的。

策略三:与合作伙伴双赢发展

万科提出要构建全面均衡的公共关系网络。在这个网络里,既包括客户、投资者、合作伙伴,也包括同行、政府、媒体。万科出台了《材料设备采购规定》,推出统一采购模式,并引入"战略供应商"概念。美标、广日电梯等成为万科的战略供应商,与合作单位保持联盟关系。

万科没有刻意强调客户关系管理,而是将客户的利益包括诉求,真正放在心上、捧在手里、落实到了行动中。这比有些企业花哨的语言,显得更具体、更硬朗、更有效。万科深知,对客户利益的关照需要每个子公司、每名员工的贯彻落实,而公司对子公司及员工的考核,是检验公司对客户真实看法的试金石,是引导下属企业及员工言行的指挥棒。为此,万科将客户满意度、员工满意度这两个指标设计为更重要的考核标准,利润则退居其次。

2. 万科的"6+2"服务法

万科有一个称为"6+2"的服务法则,主要是从客户的角度分成以下几步。

第一步是"温馨牵手"。强调温馨牵手过程中发展商信息透明,阳光购楼。万科要求所有的项目,在销售过程中,既要宣传有利于客户(销售)的内容,也要公示不利于客户(销售)的内容。其中包括一公里以内的不利因素,如一公里以内有一个垃圾场等。在售楼过程中要考虑到这个因素,并在定价上作出适当的减让。

第二步是"喜结连理"。在合同条款中,要尽量多地告诉业主签约的注意事项,降低业主的无助感,告诉业主跟万科沟通的渠道与方式。

第三步是"亲密接触"。公司与业主要保持亲密接触,从签约结束到拿到住房这一段时间里,万科会定期发出短信、邮件,组织业主参观楼盘,了解楼盘建设进展情况,及时将其进展情况告诉业主。

第四步是"乔迁"。业主入住时,万科要举行入住仪式,表达对业主的敬意与祝福。

第五步是"嘘寒问暖"。业主入住以后,公司要嘘寒问暖,建立客户经理制,跟踪到底,通过沟通平台及时发现、研究、解决出现的问题。

第六步是"承担责任"。问题总会发生,当问题出现时,特别是伤及客户利益时,万科不会推卸责任。

随后是"一路同行"。万科建立了忠诚度维修基金,所需资金来自公司每年的

第六章 企业形象的 CS 战略

利润及客户出资。

最后是"四年之约"。每过四年,万科会全面走访一遍客户,看看有什么需要改善的。

【总结】

从万科的战略来看,他们并不是简单地把工作重点放在销售环节上,而是围绕房地产商品销售所进行的所有经营活动,如市场调研、规划设计、开发建设、广告宣传、市场推广、售后服务及物业管理等各个环节,制定以顾客为导向、不断追求顾客满意的执行策略。

(2) 建立房地产商品满意评测指标,不断提升顾客满意度。

做好顾客的产品满意系统,需要从房地产项目选定、项目的规划设计、建筑规划设计方面做好市场调研,细分顾客市场,满足顾客个性化的购房、住房需求。同时在施工建设方面保证楼盘质量。

世界知名质量管理大师、"魅力质量"理论创始人——日本质量专家狩野纪昭认为,质量层次直接决定了顾客满意程度。按照狩野纪昭的观点,房地产业首先要满足顾客对楼盘"当然质量"的希求,达到或超过顾客的预期。如关系到居民生命安全的住宅商品房的工程质量、保证居民基本生活的配套设施是否齐全(水、电、煤气)等就属于住宅商品房当然质量的范畴。

当然质量是商品应当具备的最基本的质量,它是产品的必要条件而非充分条件,具有这部分质量并不会明显地提高顾客满意度,但如果商品或服务丧失了这部分质量,就会引起顾客的强烈不满,导致顾客满意度急剧下降。

规范质量是顾客对商品质量特性要求的具体描述,它主要由适用性因素构成,这部分质量产生的顾客满意度与质量水平同步增长。

兴趣点质量,又称魅力型质量,是指能激发顾客兴趣的附加质量,属于顾客期望之外的部分。没有这部分质量不会引起顾客的不满意,但如果有了这部分质量将拉动顾客满意度迅速升高,在市场销售中具有"进攻"的力量。

(3) 建立健全企业服务系统,实施服务满意战略,实现售后服务增值,提升顾客满意度,发展"忠诚顾客"。

房地产企业服务满意战略主要在楼盘认购销售、物业管理实施、售后服务增值等方面。其中认购销售阶段服务是顾客可感受到的第一服务,主要包括让顾客(潜在顾客)了解并方便执行购买计划,如整合宣传、专车接送顾客、多层次立体销售网络、导购咨询服务、信贷服务等。这些服务决定了顾客对企业整体服务的感受和态度,从而在很大程度上决定了顾客能不能或者乐不乐意购买企业的房子。物业管理实施阶段是售后最为重要的服务形式,要将 CS 战略全面导入物业管理的全过程,顾客对物业管理的评价直接决定了他们是进行好的口碑宣传还是进行企业反面形象传播。售后服务增值通常都是物业管理的一部分,主要包括定期的楼盘清洁保养维护、小区设施

的更新换代、小区多元化的人文关怀活动等。

二、旅游业的 CS 战略实务

(一) 旅游业实施 CS 战略的必要性

1. 旅游业的行业本质决定了必须实施 CS 战略

广义的旅游业是以旅游资源为凭借、以旅游设施为条件,向旅游者提供旅行游览服务的行业。狭义的旅游业,主要指旅行社、旅游饭店、旅游车船公司以及专门从事旅游商品买卖的旅游商业等行业。从旅游业的定义来看,旅游业属于国际划分标准中的服务行业,旅游产品的特征是无形性、多需凭心理感受和感知,购买与消费的同步性,更多体现为服务产品。旅游消费观念日益成熟,顾客在衡量一项服务产品的价值时,已经用"值不值"的消费意识替代了以往传统的"贵不贵"的消费意识。因此,在服务中要尽可能地为客人提供超出他们期望值的服务,给客人惊喜,让他们满意,培养旅游产品的忠诚顾客。这些要求旅游企业必须实施顾客满意战略。

2. 旅游业面临的经营环境的变化要求旅游企业必须实施 CS 战略

随着旅游市场的逐步发展壮大,旅游经济体制已经从计划经济走向市场经济,旅游业的竞争格局已经走向进一步开放,旅游企业的经济增长方式已经开始从粗放型转向集约型,旅游市场供求关系已经从短缺变为相对过剩。面对着这一系列政策、市场等方面的巨大变化,旅游业急需导入 CS 战略,以应对巨大的市场变化和挑战。

3. 改变旅游企业经营理念的滞后、扭曲的现状需要实施 CS 战略

目前,旅游企业产品、服务开发与设计以企业为中心的现象普遍存在。我国旅游企业主要运用的获利方式通常是降低成本、提高销售额或降低顾客价值。然而,降低成本有一定的限度,靠广告打出一定的知名度来提高销售额在短时间内又难以奏效,旅游企业往往会把目光瞄向降低顾客价值或降低产品质量等方面,以此来提高利润。例如我国不少旅行社为了降低成本,在旅游产品的开发、营销与推广上很少投资,往往是"一家开发、大家搭车",产品质量标准化程度较低,产品重复利用,造成产品质量参差不齐,甚至产品质量低劣,这严重损害了顾客的核心利益,造成顾客流失。在这样的背景下,旅游企业急需扭转经营姿态,导入并实施 CS 战略,坚持顾客导向的营销战略。

(二) 旅游业 CS 战略的导入

1. 旅游业 CS 战略导入的含义

旅游企业的全部经营活动都要从满足旅游者的需要出发,以提供满足旅游者需要的产品或服务为企业的责任和义务,以满足旅游者需要、使旅游者满意为企业的经营目的。

2. 旅游业 CS 战略的导入与实施

（1）树立旅游企业的 CS 经营理念，使企业的行为、企业形象系统的建设等围绕着 CS 战略执行。坚持以人为本、以顾客为导向的经营原则，旅游发展首先应该研究人、关注人，然后才是物质设施。旅游企业的发展、旅游产品的开发设计应把"顾客满意为中心"作为第一要义，以满足顾客的精神和文化需求为目标，注重顾客的生命质量、生活质量的提高（要为旅游者提供审美价值、愉悦价值、健康价值、文化价值、知识价值、精神价值、道德价值等）。

（2）重视内部顾客，不断提升内部顾客的满意度。只有内部顾客（员工）得到满意，才能够为顾客提供更加优质的服务，才能赢得顾客的满意。培训内部顾客细微服务的理念，细微服务源自旅游行业员工一颗为游客无私奉献的真诚的心，时时把握游客的需求动向，并不断满足游客的需求和期望。随着游客出现的越来越个性化的需求变化，只有从小处着手，从细微入手，在服务中真正做到"无微不至"，才能及时地、准确地为客人提供更加优质、高效的服务。

（3）重视顾客的意见和建议。"顾客是企业的兼职员工"的观念在服务行业尤为重要，顾客的意见和建议是旅游企业不断提升自我产品质量的源泉。强调顾客的参与性，实施"规划体验"，也就是把消费者的消费融入旅游产品的情景设计中，以服务为舞台，产品为道具，环境为布景，在旅游活动过程中，感受到美好的体验。从设计者出发，要达到全方位的创造，使旅游者的体验达到全身心的感受。在旅游产品的设计开发上，以各具特色的体验为中心设计旅游产品，给游客更多快乐和富有情调的消费体验。

（4）不断创新开发设计旅游产品，满足顾客个性化需求。首先，重视"软开发"，坚持"经济-文化"二元统一论和"资源-市场-文化"的综合导向，加强产品的人文关怀，以避免旅游产品一次消费的特点（顾客对旅游线路、景区等通常表现为消费一次后，在比较长的时间内很难再有第二次）。其次，在旅游产品的开发设计方面加强与相关企业的合作，争取更多的投资者，降低因旅游产品易于复制而带来较大损失的风险。

（5）树立旅游业的社会责任观。一方面旅游业满足人们较高层次的精神消费需求，另一方面，旅游产品的开发要建立在自然及社会环境承载的合理区间，做到为顾客眼前精神消费负责，为自然环境生态发展负责，为社会文化环境健康发展负责。

三、银行业的 CS 战略实务

（一）银行业实施 CS 战略的必要性

1. 银行业新的竞争形势下提高自我竞争力的需要

银行是经营货币商品的特殊企业，是服务于千家万户的服务企业，是经营信用的特殊服务行业。在服务行业更加强调"满意度是今天的市场，美誉度是明天的市场，忠诚度是永恒的市场"这一理念，实施 CS 战略是践行这一理念的最佳途径。

 企业品牌与文化

随着银行业不断改革开放,以招商银行为代表的新型银行加入到金融服务、信用服务之列,这在一定程度上增加了银行业之间的竞争。而我国加入 WTO 后,金融行业的进一步开放,使得银行业竞争更达到了白热化。在竞争中求生存是银行必须面对的现实选择。

CS 战略的实施能使银行把客户的需求(包括潜在需求)作为发展的目标,站在客户的立场研究、设计服务环境和服务手段,顺应顾客的需求,创造出客户满意的服务载体,以达到提高竞争能力的目的。

2. 实施 CS 战略能有效地提高金融服务效率,减少盲目性,较好地应对顾客需求的变化

CS 战略的实施有助于提升客户对银行企业的信任感,同时 CS 经营追求的是最大限度地满足顾客,产品和服务的开发设计始终坚持顾客导向,因此减少了盲目性,更容易使客户接受和理解,有利于提高服务效率和水平。

3. 容易发现经营上的症结,改善银行经营,有效地降低营销成本

CS 思想是站在顾客角度或让顾客为自己的利益去思考问题,容易发现经营中的不合理现象,迅速找出解决问题的办法和策略。同时,能使银行与客户在经营、服务上达成共鸣,把银行与社会、客户融为一体,谋求共同发展。

4. CS 战略实施能够使银行获得长期赢利能力

在商业银行实施顾客满意战略时,通过把握顾客需求,会减少市场研究,降低新产品的研制成本和服务成本,顾客满意也降低了银行与顾客的交易成本和沟通成本。同时,满意的顾客往往愿意为令自己满意的理由而额外付出,银行可以获得价格优势。满意的顾客有更高的品牌忠诚度和重复购买率,为银行带来更多的利润,可以为商业银行带来较高的、长期的赢利能力。

(二) 银行业 CS 战略的导入

(1) 树立以"顾客满意"为出发点和终结点的经营理念,全部经营活动都要从满足顾客的需要出发,以提供满足顾客需要的服务为银行的责任和义务。在经营活动中,贯彻理念满意、行为方式满意、视听满意、服务满意、产品满意等理念,并加快服务理念的创新、服务产品的创新、服务渠道的创新、服务流程的创新、服务方式的创新、服务管理的创新。

(2) 建立满足客户需求,能体现以客户为中心的运行机制和富有活力的组织结构。完善的为客户服务的制度,细分客户市场,进行分类营销和个性化服务。将与客户之间的资金买卖关系转变为合作关系、服务关系,发展重点客户,培育潜在优质客户。

(3) 不断改进服务技术,努力提高服务质量和效率,开展全面质量管理,建立服务质量保证体系。服务技术决定服务质量。服务技术包括两个方面:员工服务素质

和行业服务环境。这就要做到以下几点。

① 银行要加强员工管理,完善业务技术等级达标考核制度,分别对不同年龄、学历、岗位的人制定不同的技术等级达标标准和考核奖罚制度,有计划、多层次、多形式地对员工进行金字塔式的服务技术等级考核培训。

② 要不断改善服务环境。从外部讲,应统一装修营业网点,实施环境、形象CI系统工程;在内部,应统一操作规程,更新服务装备,提高服务效率。

③ 倡导全员服务,提高整体服务水平,使服务工作向纵深发展。要拓展服务范围,对"窗口"以外的职能予以重视并对管理部门提出服务要求,因为非"窗口"的服务质量不但影响"窗口"员工服务水平的发挥,而且直接影响客户对"窗口"服务质量的认可和服务效率的提高。增强全行凝聚力、向心力,增强员工集体观念和主人翁意识。

④ 不断提升顾客产品满意度,包括产品的个性化程度、产品的功能、产品使用的方便性、产品供应的时间和效率、资金汇划速度等。

⑤ 建立健全银行产品满意度指标。包括服务的效果、服务的完整性(服务的多样性、全面性和周到程度)、服务的便捷性(网点分布、服务时间、电话查询和咨询服务等)、服务情绪环境(顾客感受到的氛围,如服务礼貌热情、场所布置适宜、气氛和谐)等。

⑥ 奉行"品质好一点、价格低一点、手续快一点、服务多一点"的经营服务理念。

长期坚持"客户至上"的服务理念,我们才能博得最广泛的客户基础和发展源泉,我们也才能得到社会的尊重。

——原中国银行业监督管理委员会主席　刘明康

银行服务无小事,通过这些小事的情景再现,您把银行服务的精髓一览无余地展现在我们面前。细节决定成败,银行服务就是要从细微之处做起,让客户感受到无微不至的关怀,我想这也许就是当代中国金融业亟须培育的一种精神。

——吉林银行行长　唐国兴

形势不断变化,细节决定成败。没有最好,只有更好。我们对完美服务的追求是永不止步的。只有每一个员工都以企业主人翁的心态为企业贡献自己的力量和才智,我们的企业才会发展得更快、更好。

——恒丰银行青岛分行　孙康

没有客户,我们一分钱收入都没有。我们必须向客户提供有竞争力的产品和优质的服务。

——汇丰集团前主席庞·约翰

(4) 加强金融创新,树立现代商业银行经营观念。加快金融工具的创新和技术革命,已成为当今商业银行发展的潮流和必然选择。要彻底改变粗放经营模式,强化集约化经营意识;要加快技术革命,使客户能以银行现代化的操作手段,更好地开展经济活动;要强化金融产品的开发,当前特别要加强中间业务的开发和推广,充分利用现代金融手段方便客户,提高服务效率。例如,加快金融服务电子化、网络化发展,推广应用网上企业银行、网上个人银行、网上支付系统、通用网上购物等各类现代化金融在线服务以及金融智能卡。

 技能训练

【训练目标】

以 CS 战略建立与导入实施为题进行技能训练,通过对优秀案例的研究分析,增强学生对 CS 战略的全面了解和关键知识的把握,了解 CS 战略建设与实施的作用及意义。

【训练内容】

招商银行的 CS 战略

招商银行通过引进 CS 战略,得到了迅猛发展。

总资产 1 亿元起家,到 2008 年招商银行的总资产已经达到 15717.97 亿元,跨入全世界 300 家大银行之列。而完成这一"不可能完成的任务"的基础仅仅是不足国内银行业千分之四的从业人员、千分之二的机构网点。

一、成功的发展战略和经营理念

一个企业的发展与决策者的发展战略有很大的关系。招商银行行长马蔚华曾经说过:"像我们这样一个小银行,既赶不上国内的大银行,也比不了汇丰、花旗这些老资格,很多传统业务在量上很难赶上。但互联网是大家共同遇到的一个新时代,没有谁大谁小、谁先谁后,大家都在一个起跑线上。这样一场重大的革命,机会均等地摆在所有银行的面前,这是千载难逢的机会,要狠狠抓住。"可以说招商银行十几年的发展历程证明其判断是正确的,招商银行充分考虑到自身物理网点不足的劣势,通过互联网成功地解决了网点不足的难题:首先于 1999 年 9 月在国内首家全面启动了网上银行——"一网通";其次招商银行于 1995 年 7 月推出了银行卡——"一卡通",集本外币、定活期多种功能于一身并有效地将卡和存折合二为一,极大地方便了客户,并引领了中国银行卡的发展潮流。

二、强大的信用卡业务

在酝酿信用卡业务时,招商银行拒绝了全球银行巨头花旗银行递来的橄榄枝,而选择与台湾的"中国信托银行"合作。这家银行在台湾市场发卡量最大,在台湾打败了世界第一的花旗银行。在发信用卡的最初三年,招行依靠从"一卡通"的客户中筛选进行发卡。三年后,招行自身组建的直销部队成为了主角。中国零售银行的客户经理队伍当时几乎是空白,招商银行从原有的客户经理里挑选人,一批一批把他们送到新加坡南洋理工学院培训,然后又从大学校园招一批有潜质的大学生培养。而且建立并完善了一整套机制:垂直管理、集中培训,不能随便调动,完全

第六章 企业形象的CS战略

靠自己培养了一支比较优秀的零售银行队伍。在发卡的4年后就实现了赢利。招行信用卡的份额最高的时候占到全国的30%。

三、高速发展的非利息收入业务

加快发展中间业务,也是招商银行既定的业务发展战略。近几年来着重发展消耗监管资本少、风险低的非利息收入业务,尤其是收费业务。在零售银行业务中,招行提供各种服务,如资产管理服务、金葵花理财服务、基金投资、保险产品代理销售业务。此外,招行成功利用"一卡通"借记卡和信用卡的知名度,增加银行卡交易手续费收入。在公司银行业务方面,增加相关收费业务收入,并积极发展现金管理、托管服务、企业年金账户管理、短期融资券承销等新业务。

四、优秀的对客服务质量

招商银行的服务理念和服务水平在国内银行业界也是首屈一指。招商银行客户分层因人而异,为客户提供个性化的服务,贵宾客户专项接待,保护客户的隐私,面对面、一对一的高规格、高层次的服务,接待客户的咖啡、饮料一应俱全,让客户处处体现地位,时时感觉尊重,彰显尊贵。向贵宾客户随时提供全面的高附加值的五星级服务,仅在这一点上其他银行的差距非常明显,因为其他银行除贵宾客户之外其他客户一律排队等候。

五、快速发展的分支机构网络布局

随着业务的快速发展,招商银行近3年新建的分支行网点138家,占全部网点数的33%。与此同时,在网点布局时撤并业务量小的支行,增加业务量大、人口密集、金融需求旺盛的区域网点密度。同时,招商银行还将新建近200家离行式自助银行,以提高对客服务能力。该行近3年共建离行式自助银行网点339家,占全部离行式自助银行的七成。自助银行的建设有效地缓解了柜面压力,大大提高了对客服务能力。2007年自助银行交易笔数达1.08亿笔,相当于现有网点数量扩张了1.6倍。

【训练步骤】

(1)结合所学的CS知识,分析招商银行的CS战略成功之处。

(2)查阅其他国内银行的CS战略资料,与招商银行的CS战略进行比较。

【训练要求】

从招商银行案例中,对CS战略建设与实施环节如准备阶段、调研阶段、策划阶段、设计阶段和实施控制阶段以及取得的效果等,进行科学系统的解析。

本章小结

本章从CS战略的基本内涵入手,层层深入,概括了CS的基本内容、内涵、价值意义,在此基础上,又对CS战略的具体导入原则和具体策略进行了全面论述。

同时,还将 CS 战略与 CIS 战略进行对比,让学习者认识到两种不同的品牌战略所涉及的范围的不同及宗旨的差异。本章最后部分,结合目前社会较热的房地产业、银行业、旅游业等行业的特点,阐述了上述行业 CS 战略的特点和操作,对学习者有很大的启发。

 本章练习

一、判断题

1. 某种程度上说,CS 战略是 CI 战略的修正版。(   )
2. CS 战略的运用最早出现在银行服务业。(   )
3. CS 战略中的"顾客"是指企业的客户以及潜在客户。(   )
4. CS 战略只适用于服务行业,对于制造业来说很难实施 CS 战略。(   )
5. 实施 CS 战略能够帮助企业应对所有来自市场方面的挑战。(   )
6. 1985 年提出了"服务与管理"的观点的公司是哈吉那公司。(   )
7. 顾客满意是一个单层次的心理感知过程。(   )
8. CS 本身是一个动态的概念,因为顾客的需求处在不断地变化和发展之中。

(   )

9. CS 的最高目标是提升顾客忠诚度,而不仅仅是满意度。(   )
10. 从 CI 到 CS,是一场营销文化的革命。(   )

二、单项选择题

1. CS 战略强调的核心是(   )。

    A. 企业利润　　　　　　　　B. 顾客满意

    C. 顾客价值　　　　　　　　D. 社会满意

2. CS 营销战略的出发点是(   )。

    A. 企业　　　B. 社会　　　C. 顾客　　　D. 产品

3. CS 战略的最终目标是(   )。

    A. 提升企业品牌知名度,提高企业市场占有率

    B. 实现企业利润最大化

    C. 发展企业忠诚顾客,提高企业顾客占有率

    D. 实现企业的利润目标

4. 从 CS 理念角度看,顾客是企业的(   )。

    A. 赢利对象　　　　　　　　B. 合作伙伴

    C. 竞争对象　　　　　　　　D. 服务对象

5. 导入 CS 战略首先要做好(   )。

    A. 市场调研　　　　　　　　B. 产品开发

    C. 营销渠道建设　　　　　　D. 消费者沟通

三、多项选择题

1. 顾客满意具有（　　）特点。
   A. 主观性　　　B. 层次性　　　C. 相对性　　　D. 阶段性
2. 下列属于服务满意系统的有（　　）。
   A. 绩效满意　　　　　　　　B. 保证系统满意
   C. 完整性满意　　　　　　　D. 情绪与环境满意
3. 房地产业要做好顾客的产品满意系统，需要从（　　）方面做好市场调研。
   A. 房地产项目选定　　　　　B. 项目的规划设计
   C. 建筑规划设计　　　　　　D. 消费市场划分
4. 属于狭义的旅游业的行业有（　　）。
   A. 旅行社　　　　　　　　　B. 旅游饭店
   C. 旅游车船公司　　　　　　D. 会展公司
5. 属于 CS 战略体系的有（　　）。
   A. MS　　　　B. BS　　　　C. VS　　　　D. IS

四、简答题

1. 简述 CS 战略的含义。
2. 简述 CS 战略的主要内容。
3. 简述实施 CS 战略的意义。

五、案例分析题

宝钢 CS 战略

多年来，宝钢形成了以用户满意为标准开展生产经营管理的良好氛围。为确保宝钢长盛不衰，从 1995 年下半年起，宝钢从普及以用户为本的经营理念和管理方式入手，全面推行了用户满意战略（CS 战略）。

一、宝钢 CS 战略的内涵和实施 CS 战略的意义

宝钢 CS 战略的完整定义是：CS 是以用户为本位的经营理念、管理方式和追求永续运营之战略总和；是一个经营单位通向决定其效益的竞争优势之路的核心；普及 CS 战略的运作方式是 TSM（TSM 是西方传来的一种管理模式，其中具体包括"教导——启示——动机"三个方面的内容）。在实施 CS 战略的实践中，宝钢得出了以下理性认识。

（1）普及 CS 战略是增强企业竞争优势的核心。企业增强竞争优势的各个方面，如质量、价格、成本、品种、人才、服务、科研等，只有围绕着用户满意来运行才是有效的。否则，虽然作出很大努力，但是用户不满意，一切都将付之东流。

（2）普及 CS 战略是建设一流的企业文化的载体。企业文化建设应促成四方面的文化"合金"：一是以科学的理论为指导；二是以优秀的民族文化为母体；三是以外国先进文化成果为借鉴；四是以本企业的事业文化为基础。

企业品牌与文化

(3) 普及 CS 战略是管理科学、拓展市场的重要内容。是否达到了管理科学的高水平,主要是看市场占有情况和投入产出比,最终是看用户对产品或服务是否满意。因此,必须以用户满意为准绳,对管理进行必要的诊断和改革。

(4) 普及 CS 战略是全心全意依靠员工办企业的重要途径。CS 战略中的用户概念包括两个方面,一是指企业产品或服务的最终购买者;二是指企业内部各岗位、各工序、各方面的服务对象,如下工序是上工序的用户、主生产线是辅助部门的用户等。只有全员参与,把各自的工作都做好了,才能最终获得用户的满意。

二、实施 CS 战略的基础工作

1. 普及 CS 理念,强化日常岗位培训

CS 理念普及的方法,是将日常教育、集中培训和典型引路相结合。CS 行为的养成主要靠日常岗位培训,培训的内容主要是思想品德教育、行为训练和业务技能上练基本功。

2. 加强 CS 战略制度建设

(1) 各岗位、工序和部门必须制定 CS 实施细则。细则要以体现用户满意关切度的、量化考虑的职业道德规范为基础,与宝钢基础管理工作融为一体。

(2) 颁发《宝山钢铁(集团)公司建设"用户满意文明单位"条例》。对用户满意的物质文明和精神文明建设综合业绩突出的单位和个人授予先进称号。

(3) 颁发《关于加强文明建设,加大"用户满意文明单位"考核力度的办法》。规定了宝钢"用户满意文明单位"综合业绩考核的范围,在考核内容上突出实施 CS 战略的成果。

(4) 强调以用户满意为标准。在宝钢内部,上道工序干得好坏,由下道工序来评价;辅助部门干得好坏,由主体部门来评价;机关干得好坏,由基层单位来评价。而考核标准就是是否为各自的服务对象(用户)提供了满意的服务。

三、CS 战略的具体运作

宝钢对 CS 战略的运作,主要有六个方面的内容:

(1) 质量——以用户满意为标准;

(2) 价格(成本)——为用户创造价值;

(3) 交货期——百分之百按期交货;

(4) 服务——走在用户前面;

(5) 环境——适应外部环境,优化内部环境;

(6) 创新——与用户结成可持续发展的命运共同体。

宝钢在推进 CS 战略过程中,始终主动把握竞争对手和用户的发展变化,在服务内容和方式上及时或超前进行变革,强化用户满意永续性,赢得了用户和良好的社会反响。

1. 宝钢对 CS 战略的定义体现了 CS 战略的核心是(　　)。
   A. 消费者　　　B. 企业员工　　　C. 顾客满意　　　D. 企业效益
2. 从宝钢 CS 战略的具体运作模式来看,体现出(　　)策略。
   A. 一切为了顾客　　　　　　　B. 保持顾客占有率
   C. 满足顾客个性化需求　　　　D. 树立"内部顾客"的观念
3. 从宝钢的 CS 策略,可以看到其 CS 的宗旨是(　　)。
   A. 服务和满意　　　　　　　　B. 创新与挑战
   C. 效益与利益　　　　　　　　D. 识别与形象

第七章 企业文化的传播

 学习目标

通过本章学习,了解企业宣传的概念、目的、作用及核心价值,了解企业宣选的内容和构成,能够结合企业宣传的理论知识来完成企业宣传实务,了解企业文化传播的意义,能够根据不同的需求选择不同的媒介方式。

 案例引导

松下电器:"松下七精神"

松下电器公司在创业初期提出"松下七精神",树立和传播了其企业文化的核心内涵。

(1)产业报国精神。作为员工,只有认识到这一精神,方能使自己更具有使命感和责任感。

(2)光明正大精神。光明正大为人们处世之本,不论学识才能有无,如无此精神,即不足为训。

(3)友好一致精神。友好一致已成为公司信条,公司人才济济,如无此精神,就是乌合之众,无力量可言。

(4)奋斗向上精神。为了完成使命,只有彻底奋斗才是唯一途径,和平繁荣要靠精神争取。

(5)礼节谦让精神。为人若无谦让,就无正常的社会秩序。礼节谦让的美德,能塑造情操高尚的人士。

(6)感激精神。对为我们带来无限喜悦与活力者应该持感激报恩之念,并铭记心中,便可成为克服种种困难、招来种种幸福之源。

与此同时,松下电器公司把自主经营、量力经营、专业化经营、靠人才、全员式经营、适时、求实等思想,也列为整个"松下精神"的一个有机组成部分。

【启示】

松下电器公司通过企业文化精神的塑造和宣传,提升了企业员工的自律意识和自豪感，强化了群体归属感和对企业的认同感、忠诚度，也在一定程度上建构了顾客对企业的期待视野和评判标准，成为指导企业生产经营的软性指标。

第一节 企业宣传的目的和作用

一、企业宣传的概念

根据《汉语大词典》的解释，"宣"有广、大、周遍、普遍之意，"传"有传授、传达、传送之意。早在东汉末年，"宣传"二字就已合用。一是宣布传达之意。《三国志·蜀志·马忠传》：延熙五年，还朝，因至汉中，见大司马蒋琬，宣传诏旨，加拜镇南大将军。二是向人讲解说明之意。晋葛洪《抱朴子·勤求》：徒以一经之业，宣传章句，而见尊重。三是传播、宣扬之意，这已经非常接近现代意义上的宣传的字面意义。企业宣传中的"宣传"兼有以上三种含义，即企业宣传是指向公众宣布传达企业相关信息，向公众讲解、说明企业产品和服务，传播、宣扬企业的文化。企业宣传是塑造企业品牌形象的有效途径，也是最重要的途径。如何围绕品牌来营造和建构企业文化，开展企业宣传活动，与公众建立起深层、长远的关系，互利、双赢，得到公众的理解和支持，逐步树立起品牌形象，是决定企业品牌具有长久生命力的关键因素。

二、企业宣传的目的

简而言之，企业宣传的目的就是通过向公众（包含内部公众和外部公众）传播宣扬企业的产品、企业理念，从而树立企业形象，扩大企业的知名度和美誉度，增强企业的凝聚力和向心力。它是树立企业品牌文化的重要手段。

企业文化从广义上而言，包括精神和物质两个层面。本章所言企业文化的宣传，主要侧重于企业文化的精神层面。从接受对象而言，企业宣传包括对内和对外两种形式；从内容而言，企业宣传包含产品宣传、活动宣传、形象宣传等多个方面的内容；从途径而言，企业宣传包括网络、电视、报纸杂志、现场活动等多种途径。另外，需要注意的是，企业宣传还有主动的企业宣传和被动的企业宣传之分。主动的企业宣传是以企业方为主体，以公众为客体进行的宣传。被动的企业宣传则指以公众为主体，包括内部公众和外部公众对企业文化和企业形象、企业品牌的宣传。也有的以社会组织为主体，对企业进行的被动宣传。这种被动的企业宣传在影响力、穿透力和辐射面上同样具有不可低估的作用。就主动与被动的角度不同，以企业方为主体的宣传更注重正面形象的宣传，而以公众和社会组织方为主体的宣传更注重负面因素的传播。根据国外的调查，一个客户在购买了某企业的产品后，如果感到满意，平均会向3.3个人去讲述他的经历。但是，如果他对自己购买的产品不满意，平均会向11个人宣传他的经历。所以，宣传语中时常会附加上类似"如果不满意，请大家告诉我们，如果满意，请大家告诉大家"的说明。被动宣传中的褒扬比企业的主动宣传效果要更加

 企业品牌与文化

显著,反之亦然。企业宣传对于塑造企业的利好形象,消除企业发展中负面影响,更好地让顾客满意,从而促成企业形象的传播的目的,具有重要作用。

企业宣传如果方式不恰当,往往会出现负面效果。如某商场租用公交车做广告,但是拒载乘客,使得市民们抱怨连连,认为这种宣传浪费了公共资源,未能与社会效益相结合。2008年10月某娱乐场所悬挂了巨幅广告:"K歌畅饮 纵情奥运 为中国加油 抢座电话……"这幅印有红旗形象的广告引起了人们的强烈的争议。这些宣传案例不仅未能达到提高美誉度的目的,相反,在一定程度上使得企业形象受到损害。

三、企业宣传的作用

对外而言,企业宣传将企业文化、企业形象进行广泛传播,对企业文化的构成和影响起到关键作用。对内而言,在企业识别系统建构之后,企业宣传对加强企业核心凝聚力,提高员工的团体合作精神和群体归属感起到积极作用。

(1) 有效的企业宣传有利于塑造良好的企业外部环境,协调企业与社会之间的关系。企业宣传也就是宣传企业,包括宣传企业文化精神和企业的产品、服务等。企业宣传的最主要目的就是将经济效益和社会效益结合起来,通过宣传不断调整,适应公众的情绪,满足公众的需求,跟上政府、社会组织的相关政策的变化,协调企业与社会之间的关系。

(2) 有效的企业宣传有助于企业文化和企业精神的形成和传承,能加强企业内部的凝聚力和团队协作精神,是实现企业战略发展的重要手段。企业文化、企业精神是企业的核心价值信念,将"带领大部队(员工们)向西挺进"(麦肯锡咨询公司前任总经理李·沃顿),通过有效的企业宣传,可以将企业的文化传统不断传递给新的员工,保持企业生生不息的活力,通过新老员工的努力不断巩固企业的根基。日本松下电器公司、美国惠普公司都是通过企业宣传来传递创业初期就树立的企业文化和企业精神,将其内化为企业的独特价值观,并成为企业长远发展的核心竞争力。企业文化真正深入人心,必须是其同一的价值观为所有员工所认同,并且成为信念来恪守,做到言行一致。强生公司在处理"泰诺药品中毒事件"时,立即采取了大规模的、代价高昂的药品回收行动,强生公司此举除了是危机应对的必要措施外,也是履行该公司半个多世纪以来一直奉守的"强生信条":"我们坚信,我们首先必须对医生、护士、病人、母亲,以及所有使用我们产品的消费者负责。"2009年,强生公司再次陷入药品受污染事件,2009年6月至2010年4月,强生公司位于宾夕法尼亚州华盛顿堡的一家药厂共收到46起有关婴幼儿液体药品含有黑色物质的消费者投诉。强生公司于2010年4月30日夜发表声明,以产品质量不能完全达标为由,宣布在12个国家和地区召回婴幼儿用感冒退烧药泰诺林、美林、抗过敏药仙特明及苯海拉明等40多种非处方药。此事对强生公司的信誉造成了一定打击,但正因为强生一直以来所奉行的企业精神,有良好的社会声誉,故而"事件本身对强生公司的总局影响相对仍是很小的"。

一个好的有效的团队的建设和形成,并非一蹴而就,一定是通过相应的强化训练和内在精神的汇聚而逐步建立起来的。企业宣传可以给团队建设中注入信任、协调和进行有效的组织,形成一种为企业全体员工所共享的团队精神。对于企业内部而言,企业宣传应以建构"品牌—员工"关系为目的,通过各种大小活动的开展,传递、传达企业的理念,企业对每位员工的尊重,让员工对企业有由衷的自豪感和强烈的主人翁意识,确保每位员工了解企业品牌的影响力,知道自己个体活动的定位。让员工实现从表到里、从形式到内心的转变,珍视、热爱、守护企业的品牌形象,产生深厚、持久的感情,自发地、真诚地去维护、宣传企业的品牌形象。这就要求企业宣传不仅致力于对员工的教育和启发,也致力于对员工现实利益的改善,建构学习型的企业、开放型的企业。有效的企业宣传可以让员工乐于分享、乐于合作,从而建立起良好的员工激励机制。

(3)在企业发展的关键时期,有效的企业宣传能促进企业的良好运作,改善和树立良好的品牌形象。在企业的创业初期,有效的企业宣传能够帮助企业扩大知名度,提高美誉度;在企业的危机时期,企业宣传可以帮助企业与公众进行有效的沟通,获得公众的谅解和支持,增强企业的内聚力,激发员工的动力和创造力,从而摆脱困境、走出低谷,消除负面影响,进入良性的企业运作。

在企业发展出现危机时,企业宣传的作用更加明显。在危机公关中,企业宣传能够有效地消除存在公众(包括内部公众和外部公众)中的负面影响。以肯德基"苏丹红"事件为例,在2005年3月15日上海相关部门对餐厅的抽检中,肯德基的新奥尔良烤翅和新奥尔良鸡腿堡两款产品的调料中被发现含有"苏丹红1号"成分。这一事件引起了轩然大波,肯德基所属的百胜餐饮集团在处理这一事件时采取了对公众高度信息透明的方针,积极配合政府的检查并启动内部自查,立即宣布停止所有问题产品的销售,同时销毁所有剩余调料。在经过科学严密的检测并得到相关专业机构公证后,8天后肯德基的所有产品恢复正常销售。

四、企业宣传的原则

企业宣传是有计划、有目的地将企业信息与企业员工、顾客、目标公众等进行传播和共享的过程。其目的是为了提高企业的知名度和美誉度,达到宣传企业、企业文化、企业产品的效果,实现组织与其公众认知度、美誉度、和谐度的特定目标。为了使得这些目的能够有效、高效地达成,在企业宣传过程中,应遵循如下原则。

(一) 真实、客观的原则

企业宣传要做到真实、客观,扬美而不隐恶,敢于揭丑,不回避企业存在的问题,以诚实的态度面对公众,维护公众的知情权。这一原则的基点是"公众必须被告知"而不是被蒙骗,真实、客观的企业宣传不仅可以有效地沟通公众、服务公众,在公众心目中树立良好的企业形象,保持信息的畅通,博得顾客的理解,特别是在企业的危机

时期,企业宣传更需要坚持真实、客观宣传的原则和敢于面对现实说真话的勇气。内容的真实和态度的诚恳,使得公众感到企业宣传是可信任的,是客观的、公正的,会保持和树立对企业宣传的信任度。

在坚持真实、客观的原则上,近百年来,有许多企业提供了可供借鉴的良好范例:19世纪末,伴随着"揭丑运动"的兴起,"公众必须被告知"成为人们的普遍共识,尊重公众的知情权而不是隐瞒事实真相、欺骗公众,以透明、公开的方式与公众进行交流和沟通,为了达到这一目的,许多企业开始修建、开放透明的"玻璃屋",增强企业的透明度,增加与新闻界和社会公众的联系。杜邦化学工业公司是其中的佼佼者。

 案例分析 7-1

杜邦公司"开放门户"

杜邦公司是一家从事炸药生产事务的化学公司。刚成立时,化学工业刚起步不久,工艺技术尚不很先进,公司里难免发生一些爆炸事故。起初公司当局采取保密政策,一律不准记者采访。结果"大道不传小道传",社会公众对此猜测纷纷,久而久之,杜邦公司在社会公众心目中留下一个"杜邦——流血——杀人"的可怕形象,对杜邦公司的市场扩展与企业发展造成极不利的影响,杜邦为之深感苦恼。后来,他的一位报界挚友建议他实行"门户开放"政策,杜邦采纳了他的建议,并聘请这位朋友出任公司新闻局局长。此后,公司在宣传方面改弦更张,坚持向公众公开公司事故真相与公司内幕;同时精心设计出一个口号并予以广泛宣传:"化学工业能使你生活得更美好!"且重金聘请专家学者在公共场所演讲;此外,还积极赞助社会公益事业,组织员工在街头义务服务。一举改变了"杜邦——杀人"的可怕形象。

【总结】

杜邦公司面对公众的误解,采取了开放政策,让公众了解企业真实的状况,打消公众的疑虑。杜邦公司之所以能够走出公众的误区,获得公众的认同和理解,改变公众心目中的负面形象,与杜邦公司注重企业宣传,并坚持以真实、客观为原则分不开。

2002年5月28日,广州本田宣布为1999年8月前出厂的3560余辆广州雅阁轿车进行免费检查修理。虽然广州本田的此次"召回",是本田公司总部因点火器的缺陷,在全球召回200多万辆本田车,广州本田搭了此次事件的顺风车,但是,当时中国尚无汽车召回制度,在没有发生由于质量问题而引发的事故,甚至在没有中国用户主动提起维权要求的情况下,本田公司所采取的措施引起了公众的关注。事实证明,揭丑宣传提高了透明度,确保了公众的知情权,也使得公众更为理性。引起了企业内部员工对质量的重视,用外部的压力增加了组织内部的凝聚力,重新赢得了顾客,赢得了市场。自揭家丑的目的是为了更好地塑造企业的美誉度,赢得公众的好感、信任,从而提高接纳程度,建立起潜在公众的信心,也赢得企业内部员工的尊重,树立自我警醒意识。

(二)传播"一种声音"的一致性原则

企业思想宣传属于企业宣传中的第一个环节。首先从企业员工的思想观念、行为规范入手,确立一致的标准,树立统一的价值观,由此而建构起具有特色的企业精神文化,提升员工的自信心和自豪感。在对外与对内宣传上,必须在真实、真诚的基础上,做到内外所宣传的理念一致;在行动上,要求企业所宣传的理念与员工的表现相统一,防止出现企业文化体现的内涵与企业员工表现不一致的现象。让企业的全体员工对企业的使命、战略目标、战略举措、沟通合作等方面达成共识。当然,在形式上,对内和对外的企业宣传的角度和方式应有不同的表现。

引入 CIS 系统后,企业宣传应与之相配合,以统一的企业形象表示、统一的服务用语、统一的服务质量标准来打造富有特色的企业宣传。这种一致性对于企业形象的树立、在公众心目中形成确定的企业形象大有帮助。为了达到传播"一种声音"的目的,1994 年,IBM 公司将所有遍布全球的分散独立的广告部门集中起来,合并成一个整合的部门,且只聘用了奥美一家广告公司来全权代理 IBM 所有的广告。这种整合被称为"四海一家的解决之道",使得 IBM 公司的战略更加清晰明确,并在全球各分公司形成团结、协作、整合、统一的强大的公司文化。

这种持续一致的贯连,以一种声音来传播,会给公众一种稳定感,从而形成较为稳定的企业形象,并在脑海中留下印记,成为"基模"形象。在再次购买或再次接受服务时,会将各种"基模"形象进行对比,并挑选出最好的一种。如果公众发现企业所宣传的与实际不相符,或者所宣传的先后不一致,就会产生异议感。以往建立起来的"基模"形象中的正面影响会被负面因素逐步抵消。上文已经说过,负面影响的传播会比正面因素传播得更快,甚至这种负面传播会缺乏应有的客观公正性。

企业宣传的"一种声音"是全方位的,对产品而言,包括产品的售前、售中和售后,如海尔的售后服务对其产品的信誉起到了较好的推动作用,在重庆举行的"创节能之最,领世界之鲜"海尔全球最节能冰箱下线仪式上,一组数据引来无数人的关注:2010年,海尔冰箱(冷柜)实现中国销量和中国出口量共计约 1665 万台。目前,我国的家用电器行业对售后服务的关注,将售后视为企业宣传的一个重要部分的意识逐渐成为自觉。2011 年,美的打造的服务"满意 100"工程,空调、冰箱、洗衣机售后服务实施"春季大保养"、"上门清洗"等,都是立足顾客、服务至上的宣传范例。

(三)遵循技术审美的原则,将独特性、艺术性、趣味性相结合

根据日本电通市场营销战略研究会的调查,影响消费者购买心理的因素主要有两大类,一是出于感性或者理性的原则来购买商品,二是出于同一化或者差别化的原则来购买。消费者的"感性"消费是指消费者受适合自己、印象不错、流行、时尚等因素的影响而消费,"理性"是指消费者出于对厂家的信任、对产品的性能和质量有一定

的了解、价钱便宜等原因购买。"同一化"的购买则主要是受到从众心理的驱动,如广告效应、周围朋友的评价、社会评价等,"差别化"则是受到某种身份、地位、兴趣爱好的驱动,采取有意的、差别于他人的购买行为。企业宣传活动策划时,可以从这四个方面入手,除了加强消费者对企业的信任度外,必须遵循技术审美的原则,考虑到消费者的尚奇、爱美、好新鲜的心理特征,考虑到消费者既崇尚个性,又喜欢追逐潮流、爱时尚的群体特点,针对目标公众进行设计,满足消费者的同一化或者差别化的心理。

(四)动态性与一致性相结合的原则,以消费者为中心,适应市场的需求变化

企业宣传应保持"一种声音",这样才能树立较为稳定的品牌形象,保证企业宣传长期方案的贯彻实施。但是任何宣传,无论是对内的企业思想宣传,还是对外的企业宣传,都应有一定的弹性和灵活性,留有充分的回旋余地。如果企业的外部环境或内部环境发生了较大的变化,并且对原设定的企业宣传目标产生了明显的影响,就应该适当地进行调整。这种调整不是任意和随意的,而是应注意保持动态性与一致性相结合的原则,在原有的基础上加以变化和修改,而不是连根拔起,全盘否定原定的目标和方向。要让顾客和企业内部员工都有一个心理接纳的过程,要考虑到公众的心理承受能力;同时,这种变化应该是以消费者为中心,适应市场的需求而变化。

 案例分析7-2

凡客多样化的企业宣传方式

几年前,普通公众对凡客的了解,主要是通过一些杂志内附的彩页宣传,如在广告画面上,宣传人物一般是中国公众较为陌生的外籍人员,广告画面上有折叠得整整齐齐的衣物和标价。这种单调的宣传广告并不能激发读者强烈的购买欲。"凡客"的意思是"凡人都是客,我们是一个诚恳的品牌"。现在凡客在企业宣传方式上不断创新和改进,选定目标公众进行重点宣传。凡客将其顾客主要定位在三十多岁,这些人喜欢创新,喜欢新鲜事物,凡客的宣传配合顾客群的特征,做了许多让人眼前一亮的宣传广告。与宣传广告相配合的是,凡客对其品牌理念的宣传,凡客品牌理念的核心是"诚信"。坚守真诚待客之道,以提供高性价比产品为己任。任何时候,凡客都不掩饰自己的问题,坦诚面对、勇敢担当。不做任何浮华虚夸之事,虽志存高远仍脚踏实地。不计较个人得失,以团队利益为重,营造简单、高效的工作氛围,等等。凡客选择韩寒、王珞丹等作形象代言人,倡扬简单时尚的生活方式,创造"平民时尚体"的宣传广告,"爱网络,爱自由,爱赛车,爱晚起,爱夜间大排档,我也爱29块的T-SHIRT,我不是什么旗手,我不是谁的代言,我是韩寒,我只代表我自己,我和你一样,我是凡客"。选择的地点主要是在大街小巷的公交车站、地铁灯箱等,用大幅标牌吸引川流不息的人群的目光。这种随心随意、彰显自我个性的文

第七章 企业文化的传播

字配上一个可以接受的服装标价,对于顾客来说有一种自然的亲切感和认同感,取得了良好的效果。除了在公交车站、地铁站,凡客的企业宣传更普遍地在互联网上传播,实现了网购的巨大成功;同时,凡客的宣传也从线上走到线下,2009年12月19日,从全国各地邀请的100余名凡客用户齐聚北京,与凡客众多高层进行了面对面的交流。这些多样化、多元化的宣传创新手段促进了凡客企业知名度的提高。

【总结】

凡客的成功之道就是以消费者为中心,它在宣传自己的企业主张时,紧紧围绕自己产品的消费群体的需求展开,始终给人一种亲切感和认同感。

(五)多元化与多样化、集中与普遍相结合的原则

企业宣传没有固定的形式,小到可以是一次为员工举办的生日晚会,一次个别谈话,大到可以是一次重大的战略改变。在层次区分上,可以多个层级、多个层面同时开展不同的企业宣传。既要注意重点突破,如集中以一次大型活动为焦点进行系列宣传,同时又必须注意宣传的广度。

企业宣传的目标公众面很广,在具体的企业宣传活动中,应该根据企业宣传活动的目的、规模、形式来选择不同的方式,注意多元化与多样化,满足不同公众的需求。应根据不同情况对目标公众进行区分和区别对待,如在面比较广时采取普遍性公众策略,在有选择性的活动时采取选择性目标公众策略,在大型庆典活动或大型现场采访活动中采取集中性目标公众策略。这种区分有利于企业宣传活动的有的放矢,确保传播的效果,保证传播的指向性和针对性,保证焦点与广度的有机结合。

多元化与多样化、集中与普遍、焦点与广度的有机结合,不仅仅是根据公众的构成加以区分,也要根据企业发展的不同阶段、企业宣创的侧重点来加以选择,追求企业宣传的最佳效益,达到企业宣传的低成本、高效能的目的。

惠普公司曾对其企业文化进行专项考察,其项目主持人总结道:"的确有必要将我们企业文化中那些核心成分,那些较为稳定的成分与另一些不重要的、容易变化的成分加以区分。从公司发展的全部过程我们可以看出,多年来公司中基本的价值观念是基本稳定的,公司的经营目标出现10年才有一定变化的格局,变化也不很大。变化最大、最明显的则是那些具体的经营策略和经营方式。这些变化虽然也不是随意的、轻而易举的,但市场经营环境的变化就需要有所变革。"从惠普公司的高层管理者的总结中可以看出,对企业文化进行遴选,总结出相对稳定的核心元素,而对具体的经营策略和经营方式则需要与时俱进,加以变革。这种区分对于企业的发展是有必要的。在企业宣传中,特别是企业文化的宣传中,多元化与多样化、集中与普遍、一致性与变化性的有机结合,有利于企业适应市场经营环境的变化,也有利于适应消费者的不同需求。

如宝洁公司的企业宣传就可圈可点,宝洁旗下有佳洁士、飘柔、潘婷、汰渍等家喻户晓的品牌。他们的宣传无孔不入,宝洁公司一位38岁的主管曾这样说道:"我们被美国的《广告时代》选为20世纪最好的市场商人,但那是因为我们是他们最大的支持

企业品牌与文化

者。而在21世纪,我们只想做一个最好的听客。"宝洁公司的网站,自2000年起,就以完全公开的原则与消费者沟通,开始变得丰富多彩,并且出现了多种多样的内容。你会看见一个友好的客户入口骄傲地宣布它"多于300个你了解并信赖的品牌"的宝洁承诺。网站的建设者们,致力于打造"宝洁的贴心世界"。在它的网站上,你可以查询到丰富的信息,甚至这个拥有400多亿资产的公司的历史、结构、运转状况都可以查到;你也可以找到某些个人的、家庭的、乃至家族的有关信息;更有趣的是,你可以在上面创建、测试、或者推销你的品牌。这个网站最引人注目的是两大特点,第一是"Try&Buy",第二是"HelpUsCreate"这个单元。这个网站的不断创新和丰富的单元促成了宝洁公司的改革。

(六) 公众利益与组织利益相结合的原则

企业宣传是为了企业的生存、发展而展开的企业信息传播活动,是为了谋求企业或组织的利益。但是,如果仅仅把企业或组织的利益放在首位,而无视公众的利益和感受,并不是成功的企业宣传。任何企业和组织的发展,都必须有企业内部员工和顾客的支持,所以,企业宣传活动应该以企业利益与社会利益相统一为宗旨。既强调企业赢利的目的,关注企业的经济效益,但更重要的是要让消费者满意,考虑到消费者的权益,同时为员工提供良好的工作环境。只有这样,企业宣传才能达到建构良好的内部环境和外部环境、从而提升企业核心竞争力的目的。

2008年5月18日晚,央视一号演播大厅举办的"爱的奉献·2008抗震救灾募捐晚会"总共筹资逾15亿元。其中,中国饮料业巨子罐装王老吉以一亿元人民币的国内单笔最高捐款,"诠释了这个时代最值得树立的民族企业精神",有文章评论道:

王老吉亿元誓铸众志成城

离地震发生已经过去100多个小时,震灾造成的群众伤亡和严重损失超乎了所有人的想象,而民间自发的大规模善举也掀起了前所未有的高潮。据最新统计,前方救灾工作仍在争分夺秒地进行当中,全国赈灾款项募集已超过90亿元,且金额仍在不断增加。

继台塑集团和日照钢铁先后捐赠一亿元之后,作为中国民营企业代表的王老吉(加多宝集团)此次同样高达一亿元的赈灾捐款,第一次使得海峡两岸和港澳地区之间的企业同步书写了创纪录的慈善壮举。从某种意义上,这个数字背后所代表的价值观也第一次使得中华民族与生俱来的同根精神拥有了具象的体现。更重要的是,遍布全球的华人不约而同地朝着"众志成城"的精神高地努力,"我为人人"的崇高信仰不仅是中国人民的精神财富,也是全球华人的精神宝藏。

晚会上,王老吉相关负责人郑重代表企业捐出一亿元人民币,用于四川地区抗震救灾工作,此番善举赢得掌声雷动。王老吉相关负责人郑重表示,"此时此刻,加多宝集团、王老吉的每一位员工和我一样,虔诚地为灾区人民祈福,希望他们能早日离苦得乐"。

社会捐赠的集结号早已经吹响。尽管慈善事业不分大小和先后,作为国家社会中坚力量的企业公民,其善举带动的不仅是救灾财力的提增,更是对全体民众的精神激励,有负责任的企业,必有负责任的员工,也必有负责任的大国国民。

2010年王老吉又借助广州亚运会这一有利的宣传时机,来弘扬中国独具特色的岭南文化,把握住了北京奥运会后最有影响力的体育营销平台,成为广州亚运会高级合作伙伴。亚运歌曲《亚运有我,精彩之吉》,成为号召各阶层民众关注广州亚运会和王老吉品牌的有力工具。罐装王老吉能以迅雷不及掩耳之势冲出广东,并在2004年销量突破10亿元,2008年销量突破100亿元大关,企业宣传起到了积极的作用。

第二节　企业宣传的内容构成

一、企业宣传的内容

企业宣传的内容包括事实、理念、情感三部分,囊括了企业文化的软元素和企业产品、企业制度等物质元素。在企业发展的任何时候,企业宣传对于统一思想、统一观念、扩大知名度、增加透明度、提高美誉度、深化推广度都有较重要的意义。其中企业宣传的事实主要是指宣传企业所生产的产品和所提供的服务的质量、标准的真实情况,如物质环境、生产设备、各级中间产品和最终产品等的构成、成分、生产过程,以量化、直观、清晰的方式呈现给公众,让公众"因为了解所以理解",能够感知。以橙汁饮料为例,对食品成分、添加剂、辅助成分的说明和宣传,就属于企业宣传的事实部分,果汁含量是10%(允许含有固体物)还是30%,宣传时都应加以说明。企业宣传中的情感注入较为微妙,要能把握顾客和员工的心理才能收到较好的效果。例如,可口可乐(中国)公司近年来在饮料包装设计上突出了中国红的主题,并且在其外包装上增加了"童男"、"童女"的卡通形象,这种卡通形象一般是作为节庆日如春节时张贴在门槛或屋内、窗户上装饰之用,增添喜庆气氛,也有"儿孙满堂"之寓意,而红色也是中国人节庆时偏好的色彩,可口可乐的包装设计巧妙地迎合了中国消费者的心理,使得这样一种本来与中国传统节日毫无关联的饮料成为中国节日中的一部分,并且通过宣传不断强化可口可乐与中国节日之间的融合度。在中国的传统节日——春节,可口可乐每年都会推出类似的喜庆广告,将过年与喝可乐巧妙地联系起来,使得在中国百姓的宴席聚会上,可口可乐几乎成为必备的饮料之一。其企业宣传的内容中除了事实外,更多的是注入了情感的因子。

企业宣传只有巧妙地将理念、事实、情感相结合起来,才能取得较好的效果,而公众对这三者宣传的期待视野也不尽相同,公众期待事实宣传体现出产品的品质原则,情感宣传符合愉悦原则,理念宣传符合审美原则,如果宣传的事实和方式与这些原则相吻合,会产生事半功倍的作用。当然,根据不同的宣传活动,三者之间并不需要完

全对等,可以有所侧重,并且取得一个平衡点,抓住时机,找准公众的兴趣点,加以宣传。

二、企业宣传的理念

企业宣传的理念和核心是企业文化。企业宣传的理念代表着企业的价值取向,对企业的发展具有导向作用。企业文化理念包括管理理念、市场理念、安全理念、服务理念、效益理念、人才理念、学习理念、创新理念、科研理念、分配理念等。企业宣传时,通过口号、企业标志等形式生动形象地表现出企业文化的核心内涵,以其特色、个性化取得公众的认同。在企业宣传中,要树立"顾客至上"的思想意识,建立"为顾客着想"的价值观念。注重对客户的高品质服务,信任和尊重员工,发挥员工的积极能动性,实现"人企合一"的目标,尊重企业员工的个人价值实现。在诸多企业文化理念中,就对内而言,管理理念是置于第一位的。只有在"以人为本,制度优先"的原则基础上,才能有效地管理,并有效地激发员工的积极性。

对现代企业而言,市场理念已经逐步融合到服务理念中去,由击败对手到共赢共存的观念转变,使得服务意识在企业宣传理念中凸显出来,为顾客提供服务,甚至为对手提供服务,就是为自身创造生存的空间。如美国 IBM 公司把"IBM 就是服务"作为企业理念来宣传,芬兰诺基亚公司的"科技以人为本"的理念,日本日立公司"日立精神——和、诚与开拓者精神",惠而浦的"以人性为本"的企业理念,摩托罗拉"精诚公正,以人为本"的企业理念,泰国正大集团"正大,无私的爱"的企业理念,海尔"真诚到永远"的企业理念,等等,都体现出浓厚的人文精神,体现出高瞻远瞩的眼光,呈现了各自独特的经营理念和企业文化。

员工是企业财富的创造者,人才理念是企业宣传中的核心环节。既要人尽其才,人为所用,也要尽心培养人才,才适其位。美国的惠普电子仪器公司,由一个只有 7 名员工的小作坊发展成为今天拥有 7 万名员工的国际性大企业,年销售额近 50 亿美元。其成功的一个重要原因就是注重通过对企业文化的宣传来增强员工的凝聚力,体现出对个人价值的尊重,这主要表现在以下几方面。

(1) 实行弹性工作制,给员工以充分自由,使每个人得以按其本人认为最有利于完成工作的时间、方式,达到本公司的总体目标。

(2) 不拘礼仪直呼其名,不冠头衔。

(3) 走动式经营。主管们以不拘形式地上下左右沟通方式进行管理,如"巡视管理"、"喝咖啡聊天"等沟通方式,许多问题就这样不拘形式地以非正规方式解决了。

(4) 实行终生雇佣。在经济衰退期间不减员,而采取全员减薪 20%,减工作量 20% 的办法,总经理也不例外。

(5) 实行"开放实验室备用品库制度",工程师们为了搞实验,可将一切备用品任意拿回家中用于个人使用,而且备用品库门一直开放。

(6) 公司宗旨清楚写着:"组织之成就乃系每位同仁共同努力之成果。"

惠普公司的"惠普精神"虽然没有提炼为"以人为本"等具体口号,但在实际宣传和实际工作中,细微而体贴地体现出对员工个人价值和尊严的维护和珍视。制造了一种平等、开放、坦诚的工作氛围,使员工的工作潜力得到最大的发挥。

1837年创办的宝洁公司,已成为目前世界上较大的日用消费品制造商和经销商。宝洁公司的年销售额达320多亿美元,经营300多个品牌的产品畅销全球140多个国家和地区。宝洁成功的原因除了一流的品质、上乘的服务和出色的广告宣传和推广销售活动外,也就是所说的企业宣传的事实外,另一个重要原因就是宝洁宣传的理念。

(1)宝洁的宗旨。我们生产和提供世界一流的产品,以美化消费者的生活。作为回报,我们将会获得领先的市场销售地位和不断增长的利润,从而令我们的员工、股东以及我们的生活和工作所处的社会共同繁荣。

(2)宝洁的原则。

我们尊重每一位员工。

公司利益与员工的利益休戚相关。

有策略地着眼于我们的工作。

创新是我们成功的基石。

我们重视公司外部环境的变化和发展。

我们珍视个人的专长。

我们力求做到最好。

提倡互相依靠、互相支持的生活方式。

(3)宝洁的核心价值观。宝洁代表的是员工及员工赖以为生的核心价值;以宝洁员工为圆心,四周环绕的是领导能力、诚实正直、信任、积极求胜的热情及主人翁精神。

企业宣传的理念要真正融入到企业文化中去,成为企业的战略方针,成为指导员工的行为指南,需要做的不仅是宣传,而是要体现到日常的具体事务中去。在企业内部宣传工作中,尊重员工的个人价值,尊重员工在企业利益中所付出的劳动和智慧,强调群体协作和互助,将员工个人利益与企业的整体利益紧密相连,是企业宣传中应关注的核心。惠普、宝洁的企业理念都体现出这种浓厚的人文关怀。如果事实、情感宣传与理念宣传或者说事实与理念并不相符合,那么,这种理念宣传不仅不能被认可,相反还会被抵触和质疑。

三、企业宣传的情感

前文所举"松下七精神"在日本企业文化中颇具代表性。日本企业大都推行"终生雇佣制、年功序工资制、企业工会"三项制度,被誉为"三大经营法宝",有效地缓解了劳资之间的矛盾,在企业和员工之间形成了一条情感纽带。企业宣传对内而言,是为了增强企业凝聚力,树立员工的主人翁思想,规范员工的行为。与制度层面相比,

企业品牌与文化

企业宣传属于企业管理中的柔性元素，能很好地缓和制度管理中所带来的抵触情绪。企业宣传能够促进企业员工建立统一的价值观，从而在核心价值观的基础上树立起一致的行为规范。宣传的目的是使得"人们的思想统一、行动一致、紧密团结，以保证某种观点能被更多的人接受"。企业宣传对外是为了树立良好的企业形象，并与公众进行沟通。除了以艺术性、趣味性打动公众，取得宣传的效果以外，在企业宣传中"动之以情"也是非常重要的，对于宣传的影响力起到决定性作用。很多企业宣传时，大打亲情、友情、爱情牌，取得了较好的效果。如"孔府家酒，叫人想家"，而金六福酒也是以全家团圆、其乐融融等亲情元素来宣传的。下文所举"百消丹"母亲节免费送鲜花活动就是企业打出情感牌的宣传活动：

2009年5月12日母亲节，长甲集团百消丹举办的免费送鲜花、送祝福活动，为杭州市1000余位母亲送上了一份特别的节日祝福。"打个电话，我们就会把您最想和妈妈说的话与一盆鲜花，在母亲节送到您的母亲手中。"长甲集团百消丹组织的这一别出心裁的活动，得到广大市民的赞誉和踊跃参加。短短的3天时间，打电话参与活动者超过1000人："妈妈，您是儿子永远的港湾，不论走多远，最后都要回到您的怀抱"，"妈妈，真的感谢您，您是女儿永远的最爱"，"妈妈，我爱您到永远"……

一位女士评论说："送鲜花、送祝福，本身并不稀奇，重要的是它提醒了我们对母亲的关怀。虽然因时间关系没能参加这次活动，但受这件事启发，我在母亲节给妈妈送了一束鲜花。因此也想对活动的组织者表示谢意。"这一充满亲情色彩的活动不仅是在宣传企业，而且借这节日的契机提醒大家关心母亲、祝福母亲，充分考虑到消费者的接受程度，加强了与消费者的沟通，唤醒了城市生活中忙碌人群中渐已淡漠的亲情，得到了消费者由衷的认同，取得了良好的社会效益。知晓此次活动的公众对于长甲集团有了更多的了解，也树立了长甲集团较好的企业形象，而这种对亲情的关注和提醒也使得整个宣传活动在感动中更加升华。

2010年母亲节，宝洁公司舒肤佳品牌携手沃尔玛准备了16000支康乃馨免费派送给深圳市民，和大家一起把这份爱心送给妈妈，并创造"单日规模最大的派送鲜花贺卡活动"的大世界基尼斯纪录。此外，双方共同举办的"感恩母亲"活动也于母亲节当天在深圳蛇口沃尔玛购物广场热情开展，近百位儿女为妈妈献上爱的拥抱，共同演绎一幕幕温情满溢的感人的祝福画面。

海尔集团的口号是"真诚到永远"，这是一句充满感情色彩的口号，也是非常难以落地的口号。真诚是需要全心全意付出的，如何在企业宣传和企业的实际事务中体现出这种永远的真诚呢？海尔集团在企业宣传时，将这句情感色彩浓郁的口号以具体形式呈现出来。在员工工作的车间里安装了空调，老总自己吹风扇，配备完善的安全措施，都体现出海尔对员工的真诚相待。坚持质量至上，服务第一，以无欺诈行为的销售方式把真诚的产品真诚地提供给消费者，维修人员上门维修时自带水，自带塑料袋，不给消费者增加负担，统一的服务质量要求，都体现出这种对顾客的真诚。对利益相关企业的真诚合作、守时守信、互惠互利、共同发展等原则都体现出对兄弟企业的真诚。这些大小环节的关注和宣传,体现出海尔将"真诚到永远"作为承诺来实现的信念。企业宣传中情感的注入不仅可以让宣传更为自然、容易被接纳,同时,也可以弥补管理的不足。

四、企业宣传实务

(一)在进行企业宣传活动策划时应设计主题,分析目标公众

策划在企业宣传中起到决定性的作用。如何针对不同的接受对象来策划不同的宣传方案,通过什么途径、通过什么方式让公众能够以开放式而不是抵触式的心理来接受,如果能让接受对象在艺术性、趣味性的氛围中接纳,可以取得事半功倍的效果。企业宣传活动策划应充分考虑到企业的具体情况,在遵循企业宣传真实、客观,传播一种声音的原则,在确保传播内容真实和客观的前提下,还要掌握宣传活动的技巧和谋略,注意动态性、艺术性和趣味性,巧妙地捕捉时机,进行有利的媒介整合,创造性地运用各种传播的技术与方法,巧妙地向顾客宣传企业信息,从而有效地影响顾客、服务顾客、沟通顾客、赢得顾客,达到企业宣传透明公开的目的。

(二)企业宣传需长期、持续、动态、公开的进行

企业宣传策划活动要将长期利益与短期利益相结合起来,仅仅关注短期的经济收益而不顾长期的投资回报是不够明智的行为。在企业发展的任何时期,企业宣传都需要持续的进行,保证企业与公众的有效沟通。特别是危机时期,把"公众和顾客的利益第一"作为第一原则,能够坦诚地公布事实真相并加以处理,是企业解决危机、决定企业发展的关键。以强生公司"泰诺事件"为例,在 1982 年 9 月 29 日、30 日,在芝加哥地区发生了因服用含氰化物的泰诺药片而中毒死亡事件。在事件发生后,强生公司由公司董事长伯克为首的七人委员会毅然决定在全国范围内立即收回全部泰诺止痛胶囊,这一项工作给强生公司带来的直接经济损失达 1 亿美元。在回收药品的同时,强生公司还迅速以各种途径发表广告,通知医生、医院、经销商停止使用和销售泰诺止痛胶囊,花费 50 万美元的广告费来向可能与泰诺止痛胶囊相关的内科医生、医院、经销商发出警报。强生公司在事故发生后所作的一系列宣传表明强生公司坚守了自己的信条,即"公众和顾客的利益第一",哪怕作出重大牺牲。据保守统计,强生公司因此损失了大约 1 亿美元,显示出对消费者健康的高度重视和强烈的社会责任感。强生公司处理事件的诚意和宣传的力度得到了公众的认可。事后经过对 800 万片药剂的检验,发现受污染的药片是一个批次,总共有 75 片。经过五个月的最新研制,强生公司重新推出了这种产品,并有了抗污染的新包装。强生公司重新占有了市场。

(三)让公益性的目的加入到宣传实务中,建立以顾客、员工、社会、股东利益为中心的良好企业文化链

要达到这一目标,应该让企业宣传与社会性、公益性的活动相联系。将具有公信

力的社会机构作为活动的成员,增强社会的认同感,树立企业为大众服务的形象。如蒙牛牛奶提出"每天一斤奶,强壮中国人"的口号就在企业形象的宣传中融入了公益性的元素,而公益性元素的融入也促进了企业正面形象的形成。蒙牛奶业在"非典"期间,并未提高价格,而是反复重申将维持稳定的价格;"神五"落地后,蒙牛马上推出了新的宣传策划,在各公交车站站牌、地铁等都可以见到大幅的宣传广告,"每天一斤奶,强壮中国人"。以小小宇航员的梦想,实现蒙牛集团所提出的"强壮中国人"的梦想。

 案例分析 7-3

蒙牛的"强壮中国人"策划

2006年8月,蒙牛公司联合中国乳业协会、中国教育发展基金会、国家"学生饮用奶计划"部际协调小组办公室、国家发改委公众营养与发展中心、中央电视台以及人民日报共同启动了向贫困山区捐奶活动,展开了中国有史以来最大的一次捐奶助学工程,蒙牛身体力行地担当起全民喝奶运动的倡导者。

蒙牛在央视高调推出"每天一斤奶,强壮中国人"的公益广告引发业内强烈的关注。公益广告的画面中,贫困山区的孩子们欢愉地畅饮牛奶。据悉,这些孩子们饮用的牛奶都是蒙牛无偿捐赠的,蒙牛将耗资上亿元陆续向全国500所贫困地区的小学生免费捐赠一年的牛奶,首批捐助已经在江西革命老区、内蒙古、黑龙江等地启动。

捐赠本身并无新意,但为何蒙牛的此次捐赠却如此引人瞩目,因为它寄托着一个"梦"。蒙牛自诞生之日起就立志要让每一个中国人身心健康,"神五"落地后,蒙牛就喊出了"强壮中国人"的口号。而捐奶并不是蒙牛的最终目的,据悉,蒙牛将通过此次全国性的捐赠活动,普及中国饮奶知识,促进全民饮奶,在中国掀起牛奶运动,实现蒙牛一直以来"强壮中国人"的梦想!

世界上每一个长寿的国家、每一个健康的民族都与牛奶的人均占有量息息相关。乳品消费量已经成为衡量一个国家人民生活水平的指标之一。蒙牛认为,要实现中国的强国梦,我们每一位国民都应该从自身做起——每天一斤奶,强壮中国人!

【启示】

在蒙牛所拍摄的系列广告中,清脆的读书声"少年强则国强"伴随着老照片的背景,将梁启超的《少年中国说》中传咏百年的意象再现,让观众有一种亲切感;蒙牛将普及中国饮奶知识、促进全民饮奶、强壮中国人的梦想与推广品牌形象、宣传企业文化相结合起来,因为找到了较为自然的结合点,所以取得了较好的效果。

与此类似,潘婷、高露洁也有类似的宣传策划。如高露洁牙膏开展的"口腔保健

第七章 企业文化的传播

微笑工程——2001 西部行"企业宣传活动,就巧妙地将公益性目的加入到企业宣传中,高露洁与中华预防医学会、全国牙防组、中华口腔医学会三大组织组建一支宣传队伍,于 2001 年 5—9 月远赴中国西部甘肃、云南、陕西、四川、贵州 5 省 29 个偏远市县,首先开展口腔健康的宣传活动。将"口腔保健微笑工程——2001 西部行"作为宣传口号。全程活动共组织 30 多次累计 6000 余名听众的口腔保健教育讲座,300 多名牙医进行咨询义诊,约 30 万名群众直接受益。"西部行"所经地区人们关于口腔保健的正确认识显著上升,对日常口腔护理用品的认识也有明显改进。高露洁西部行策划的关注点,既是西部地区亟须进行口腔保护知识宣传的公益需要,也是高露洁开发潜在消费群体的考虑。

(四)企业宣传应有机地协调个人和企业之间的价值,创造学习型企业

学习成就个人,学习成就企业。企业宣传应关注企业员工对企业的要求和期望,并有机地协调员工个人价值与企业价值之间的关系,形成企业为员工提供一个良好的个人价值的实现平台,员工为企业奉献智慧和劳动的良好氛围是企业宣传的重点。只有全体员工对企业有认同感,才能让外部公众对企业有认同感。为了达到有机协调员工个人价值和企业价值之间的目的,企业宣传实务中应关注以下几点。提供员工创新工作的机会和氛围,策划相应的活动和改善企业环境,来缓和原有的紧张氛围。提供员工充分发挥自己的能力和特长的机会。策划相应的宣传活动如各种比赛、竞赛、晚会、测试等,让各种人才脱颖而出,得以展现自己的才能。对员工的评价、给予员工的报酬是否与其成绩、奉献成正比,如果没有,在评价体系、榜样策划等方面应加以修正。员工心目的企业形象是否良好,员工是否了解自己的企业,也是企业宣传实务策划时应该关注的问题。员工是否有培训的机会,员工是否有调转工作的自由,员工对自己的工作是否有兴趣,企业是否是开放型、学习型的企业,人事制度、报酬体制、运行机制等都将影响到企业员工的主人翁意识、参与意识和归属感的形成。对于新员工应该进行系统的企业文化培训,在企业发展期,应该分阶段地对企业各层次员工进行企业文化的培训,要注意保证培训的效果,不能为了培训而培训;另外,"送出去"、"请进来"的学习和继续教育对于塑造学习型企业也很有帮助,学习型企业有助于摆脱旧的思维模式,超越自我,增强竞争力。

(五)关注模式创新

在企业宣传实务中,根据目的的不同,在实际运作中应有不同的侧重点和设计方式。第一种,宣传企业的价值观。如惠普精神、松下精神、海尔的"真诚到永远"等,宣传企业的价值观时应以社会效益为主,以长期宣传为主,并且要坚持"一种声音"的原则。第二种,介绍企业的相关活动和企业基本情况。这种企业宣传通常在企业发展的关键时期,如创业期、转型期,这种企业宣传注重的是传播信息,如"TCL 招聘 2000 名高级人才"就是一则非常有效的企业宣传。第三种,在企业的发展时期,企业宣传要以维系性、公益性为主,做到锦上添花,联络感情。如 2011 年 5 月母亲节前夕,宝

洁公司来到广西,捐献舒肤佳香皂给当地的学校,传播爱心和关怀。如2008年海尔集团在申奥成功后,及时发布"全球海尔人恭贺北京申奥成功"的恭贺广告。相应的赞助活动对于企业的宣传和知名度提高也有帮助,如"伊利杯"、"'春兰杯'我最喜爱的春节晚会节目"等。

在企业举办的现场宣传活动中,比如大型庆典活动、公益活动等,有效的沟通尤为重要。如果现场的布置、现场活动的安排以及现场主持人不能积极有效地促进企业品牌、企业形象的传播,在宣传效果上就会大打折扣。企业宣传应选择不同的模式,以创意来吸引人,紧跟时代的潮流,适应市场的变化,适应消费者的需求,与顾客的爱好、兴趣找到重合点。比如凡客诚品的微博营销就赚尽了关注。作为销售服务的补充,凡客微博显得更容易接近,也更具有亲和感。在凡客的微博上,没有硬邦邦的广告与枯燥的文字,更没有凡客的产品介绍。凡客所发布的内容都是用户最关心的事情,比如服务、配送、退换货服务等;改变了顾客与商家的对立关系,倾向于以顾客的视点和角度来处理问题。而对顾客的问题,凡客的回复更像是朋友之间的沟通,为客户出主意、想办法,而不像直接打电话给客服,首先就确定了这是一次顾客与商家的对话。而其微博这一形式,使得顾客可以畅所欲言,也给凡客提供了有益的建议和意见,这种有效的互动,将顾客群体与品牌紧密地联系起来。

为了扩大微博的影响,凡客不断"制造话题",提高聚焦度,开展一些抢购和"盖楼"活动。在其微博品牌策划宣传活动中,关键词是"名人"、"赠送"、"秒杀"、"公益"等。在信息交流时代,微博是广播,也是聊天工具,商家要在微博上博得用户好感,那么就要退去商家冰冷的面具,像人一样有性格、有情趣、有思考。在企业宣传中,追求模式创新,追求更为艺术化的宣传方式和策略,使得宣传不再是灌输式的,而是自然地被接纳,被了解。

第三节 企业文化的传播

一、企业文化传播的意义

企业文化是企业在长期生产经营过程中形成的价值观、经营思想、群体意识和行为规范的总和,是一个企业能区别于其他同类企业的特色。从传播理论发展过程来看,传播(communication)具有"共享"的意思,文化传播是指一种文化传递扩散的迁移继传现象。企业文化传播就是指现代企业利用各种媒介,将其企业文化的内容与信息向内部员工和社会大众进行传递、交流、沟通、共享的过程。这种共享有主动与被动共享之分。大多数的企业文化传播是有计划、有目的的,也有的传播是潜在的、无形的,并非经过有意的策划,即有意传播和无意传播。

文化的内涵十分丰富,英国文化人类学家泰勒(E. B. Tylor)于1871年出版了《原始文化》一书,这样概括文化的定义:文化或文明是一个复杂的整体,它包括知识、信仰、艺术、道德、法律、风俗以及作为社会成员的人所具有的其他一切能力和习惯。企业文化不是企业与文化的简单叠加,而是企业在经营和管理过程中逐步形成和不断强化的为全体员工所认同和共同遵守的企业价值观体系。企业文化属于意识形态范畴,任何一个具有一定历史的企业都有自己的企业文化,不过有些是内隐的,有些是外显的,所以有些不为公众所意识到。它隐藏在企业生活中的方方面面,以各种不同的具体形式呈现出来。企业文化涵盖面较广,如企业精神、企业的核心价值观、企业的经营理念、企业识别系统等。一般而言,企业文化包括以下要素:企业使命、企业愿景、企业宗旨、企业精神、价值观念、经营理念、经营方针、行为准则、道德规范、管理制度以及企业形象。其中企业精神和企业价值观念是企业文化的核心。

将以上诸多企业文化的要素进行分类,按照执行的方式和表现形态,大致可以分为精神层、制度层、物质层、行为层四个层面。但是以上所列诸因素并非处于同一层面,在宣传上也不可一并视之。

企业使命、企业愿景、企业宗旨、企业精神、价值观念、经营理念是企业的精神层面,经营方针、行为准则、道德规范、管理制度属于企业文化中的制度层面,所有的制度和规范是围绕着企业文化中的精神层面的目的来建立的,上层建筑中的企业使命、企业愿景、企业宗旨等都必须在各项制度规范得到统一的执行之后才能分步骤、分阶段的完成,最终形成企业品牌文化的建设。只有将精神层面中的诸元素进行了充分的宣传,企业员工对于行为准则、道德规范的执行才能具有较强的自律意识,并且内化成为日常行为中的一部分。但是,企业文化中的诸多元素是否能够谐调,达到如盐入水的融合无痕,需要做大量的企业宣传。无论在国有企业还有民营企业,都有专门的宣传工作人员,设立了宣传部门和公关部门,负责政策和相关法律法规的宣传,同时也担负对企业文化的宣传。统一企业员工的行为规范,形成团队凝聚力,将企业文化的各个层面深入、广泛地加以解释、宣扬,为内部公众和外部公众所知晓,使得企业文化深入人心。通过文化的力量推动企业组织的长期发展,形成企业核心竞争力的关键因素。根据专业人士的总结,企业文化在21世纪有"九大走势":

(1)企业文化对企业兴衰、企业发展所起的作用将越来越显著;

(2)企业文化的发展同企业的经营活动和管理创新将更加紧密地结合起来;

(3)企业结盟取胜、实施双赢战略将必然要追求"文化沟通"和"双赢思维"的发展;

(4)企业精神的概括和提炼更加富有个性、特色和独具的文化底蕴;

(5)在企业文化建设中,将要更加注重企业精神、企业价值观的人格化和"人企合一"的境界;

(6)作为学习型组织的企业文化将更加受到关注;

(7)企业文化的独特性将越来越表现为企业差别化战略和企业的核心竞争力;

(8)作为企业文化的第一设计者即企业家的素质、决策力将越来越重要;

(9)企业文化建设与企业形象设计将更好地结合在一起。

企业品牌与文化

这"九大走势"不仅昭示了企业文化的发展方向，其实，也为现代企业的文化建设和企业宣传提供了导向性的目标。

二、企业文化传播中媒体的选择

传播的途径有很多种，如人际传播、组织传播、大众传播、邮电传播、信息网络传播等。企业文化传播中，为了寻求传播沟通的内容和公众易于接受的方式，为了提高传播沟通的效能，根据不同媒体的特征加以选择就显得十分重要。恰当的媒体形式可以使得传播的广度和满意度提高。一般而言，企业文化传播中，根据侧重点不同，需要根据主题来选择媒体，根据目标公众来选择媒体，根据传播内容来选择媒体，根据企业的经济条件和具体情况来选择媒体。无论是基于什么样的出发点来选择媒体，都必须综合考虑各种因素及其变化因子。

企业文化传播的辐射面要广，焦点要突出，给公众以鲜明、生动、立体的印象。公众是一个类型复杂、层次多样的社会群体。他们当中有个人、有群体，也有组织；他们的年龄、性别、阅历、个性等都不尽相同，各自喜欢的信息渠道也就不同。企业宣传的对象包括首要公众、次要公众，次要公众中又包含潜在公众、非固定公众和媒体公众等。对于首要公众应以重点宣传、焦点宣传为主，而次要公众则要以广度为主。针对目标公众，采取多种传播渠道进行信息传播，保证公共关系传播的针对性和影响面。

目前，大众传播媒介主要有报纸、杂志、书籍、广播、电视、电影。其中，报纸、杂志、广播、电视被称为四大新闻媒介，也是企业宣传中最常用的媒介，可根据事件大小、企业经济情况进行选择。企业网络、企业内部电视台、广播站也是企业文化传播中可以选择的媒体形式，随着传播媒介的发展，图像、声音、符号传播的影响力逐步超过文字传播，网络传播的广度不逊于报纸杂志。在企业文化传播中，建立与媒体的友好关系，让媒体主动报道，其传播效果更好。伯茨饭店就是一个范例，全世界饭店业认证标准最高只到五星级，而帆船饭店的七星级名号，其实是由一位英国女记者封下来的。"直接在五星之外，往上加两星，完全出自这位记者的文章，这是真实的故事"，帆船饭店总经理德拉弗斯说。从此七星级饭店的名号，传颂世界各地，堪称最成功的免费宣传。在媒体的选择上，企业应该熟悉、了解新闻传播活动的特点、规律以及新闻媒介机构的工作方式，正确对待新闻媒介关于本组织信息的传播。

由以往的报刊、电视传播到网络传播，主体媒介的改变也带来了更大的扩展性。网络传播中的途径更广、更富有时效性、多变性、随机性，成为企业文化传播的重要媒介。前文所提到的凡客诚品就成功地运用了微博这一新生事物来为销售服务，建构与顾客交流的友好平台。凡客的一系列活动赚足了关注：抢楼送周年庆 T 恤；参与铅笔换校舍活动；1 元秒杀原价 888 元衣服；拉来姚晨和徐静蕾就凡客产品进行互动。充分利用了微博的资源，营造了一个没有边界的营销空间。除了各类广告、电视、报纸杂志外，产品目录、说明书、扑克牌、企业宣传画册、企业手册、企业业务说明资料、运输车辆等也可以作为企业文化宣传的媒介。

三、企业文化传播实务

狄尔和肯尼迪在《企业文化——现代企业的精神支柱》一书中,将企业文化分为五个基本要素:企业环境、价值观、英雄人物、习俗和仪式、文化网络。而在目前的企业文化传播实务中,首先应该设计和策划的是习俗和仪式、文化网络两大部分,其中又以习俗和仪式传播实务最为关键。企业文化传播实务中,除了宣传工作者如企业文化策划者、组织者、行动者外,全体企业员工都是外显或内隐的非常重要的角色,也是企业文化传播的自觉或不自觉的主体。他们通过口头传播、网络传播等各种形式向公众灌输企业的价值观,巩固企业的基本信念,达到企业文化传播的目的。习俗是在企业日常生活习惯中反复出现、人人知晓而又没有明文规定的东西,可以说它们是企业文化的一些外在表现,能增强企业的内聚力。在企业文化的内部传播中,如何利用各种媒介形式来形成企业的习俗是宣传工作的重中之重,也是目前企业文化传播实务中最主要的目的。因为习俗和仪式可以带给企业全体员工最为普遍的影响,通过习俗和仪式可以将员工的语言文字、公共礼节、行为交往等都规范化和模式化,而工作中的日常事务如会议议程、庆典仪式、宣传口号都有一定的程式,可以将企业的价值观、信仰、形象、榜样等印入全体员工的脑海中。在陈亭楠《企业文化实务手册》中,转引狄尔和肯尼迪的调研结果,将企业习俗和企业礼仪实务进行了总结,将企业习俗归纳为"游戏"、"聚餐"、"训人"三种类型;将企业仪式归纳为"问候仪式"、"赏识仪式"、"工作仪式"、"管理仪式"、"防患于未然的仪式"、"庆典"、"研讨会或年会"七种。这些习俗和仪式的培养对于企业文化内部传播实务有很好的借鉴意义。

(一)企业习俗的培养和传播实务

根据对众多美国企业的调研,企业习俗的形成有以下几种类型。一是以游戏的形式来形成习俗。在企业中,可以围绕企业文化的相关内容,开展多种富有创意的活动,鼓励员工自由、轻松地表达自己的意愿并和同事友好相处。其次,恰当时间和恰当地点的聚餐。在传统的节假日,公司、单位值得纪念和值得庆祝的特殊日子以及员工的生日举行聚餐,或传达对员工的问候,对于企业良好人际关系的形成有一定的帮助。在许多企业有一种特别的习俗,即"训人",这种习俗帮助形成公司的权威,形成员工与领导之间的严格等级关系,对于严肃纪律、强化管理有一定的用处。当然,这一习俗必须使用得当,不能作为普遍的法则推广。在美国通用电气公司至今还保留"训人"这一传统习俗。

(二)企业礼仪亲善和规范实务

礼仪和习俗是企业文化的外在表现形式,但是当它被规范化和模式化后,也就成为企业文化内涵的重要组成部分。

(1)问候仪式。非书面交往时使用的仪式。

(2)赏识仪式。表示对员工出色工作或晋升、留任的赏识。

（3）工作仪式。每天早上上班前的集合、训话、唱歌。

（4）管理仪式。企业领导在处理日常事务时所遵循的日常礼仪规范，如会议仪式。

（5）庆典仪式，研讨会或年会。一般是企业阶段性召开的庆典活动、年会中所遵循的礼仪规范，如座次等。

（三）通过多种媒介、多种活动进行文化传播

日常企业文化宣传中，要充分利用企业的内部媒介，如企业的刊物、企业内部电视台、广播、简报、企业宣传手册、宣传栏等来加强内部宣传，也可同时将内部宣传活动转化为外部宣传，让外部媒介来加以报道。日常企业文化宣传的活动形式应多样化，如通过会议传播、通过培训传播、通过日常管理传播等，树立"英雄"、"榜样"形象，技术比武活动、文化娱乐活动、体育竞赛活动、纪念活动、参观旅游活动、员工公益活动、社区联谊活动等都是习俗和礼仪规范形成的补充。当然，在企业发展的特殊时期，如创业期、转型期、危机时期，需要有特别策划的大型企业宣传活动来凸显企业文化的特质。制造话题、制造新闻的方法在企业文化宣传中经常运用。企业文化的内部传播在企业文化的形成中至关重要，它不仅是发挥企业文化导向、凝聚、激励、约束、统一等对内功能的前提，也是对外传播的基础。只有企业文化"落地"成为企业习俗和企业礼仪规范，才能使得企业员工在日常工作中、日常生活和行为举止中，将企业精神、价值理念有意无意地传播出去，尤其是服务型企业，员工的形象与企业的形象是息息相关的。只有通过形成习俗和礼仪规范，将企业文化内化为员工的行为指南，成为员工潜意识认同的规范，才能稳定化、模式化。企业文化不是口号和宣传语，更不是海报，而是通过日常的积累，不断地在细节上加以关注和宣传，才能积淀为某一种固定型文化。

企业文化传播是企业宣传的核心，对外有舆论导向的作用，对内起到规范员工行为、凝聚团队力量的作用。有效的企业文化传播对于塑造企业品牌起到非常重要的作用，被誉为"品牌成长的推动器"。对于这一推动器的地位，在品牌建设中应充分予以重视。现代企业传播不仅仅是为了达到提高知名度和美誉度的目的，还应该"以相互主体型的确认、价值公有关系的形成以及创造企业、社会与文化间相互成长的机会为目标。"

 技能训练

【训练目的】

（1）运用所学知识，能够熟练掌握企业宣传的基本技巧；

（2）学会对策划方案的选择；

（3）能够把握住企业宣传的重点和要点。

【训练内容】

中国葵花油品牌"多力"的宣传策划案

1. 宣传策划一——世界心脏日全国护心活动

2007年6—9月,多力和世界心脏联盟、全球华人心脏保健网、世界心脏日中国区组委会、中国医师协会联合举行的"多力葵花油,健康才是真冠军"活动在全国21个省、直辖市、自治区同时进行,76场大型路演异彩纷呈、遍地开花。活动中的免费测量血压,和心脏有关的趣味游戏以及多姿多彩的舞台表演吸引了众多消费者的参与。而每一场活动均有多力公司公关部联系的当地数家主流媒体到现场采访,并在当晚的电视节目和隔天的报纸上刊登,极大地提高了多力葵花油的受关注度。2008年7—9月,该活动继续举行,不过主题改为"多力葵花油,世界心脏日全国护心活动"。

将多力葵花油作为世界心脏日合作伙伴使品牌利益最大化,借助世界心脏日公益的话题,举行全国性的宣传活动,加强了推广效果,为多力品牌建立起了以健康为主题的形象,强化了消费者对葵花油品类的认知,吸引了目标消费群,同时提升了品牌价值。活动也促进了新市场的销售,提高了经销商的积极性,加深了与卖场的联系,提高了业务人员的士气。

为实现世界心脏日全国推广活动的目的,在活动方案的设计上,多力注意了以下几点。

(1) 时间的安排:选择销售较淡的夏季,不因人员的投入而影响业务正常开展,同时可以弥补广告投放断档造成的损失。

(2) 区域的选择:选择媒体效益可以掌握的新市场,以二、三级市场为主。

(3) 针对的人群:中老年人群是首要目标人群,兼顾城乡家庭主妇。

(4) 活动的内容:以"世界心脏日"、"健康"、"护心"、"冠军"等元素进行活动内容的设计。

(5) 宣传和推广:根据不同区域的新闻点和宣传活动的进程,每个不同的区域都会安排当地知名媒体进行跟踪报道。

而本次活动执行的关键点如下。

(1) 活动内容的设计:传统的路演传播方式千篇一律,目标人群已经进入参与和关注疲劳期,而本次活动内容能否将健康和娱乐真正结合,才是吸引人群的关键。

(2) 活动项目的包装:由于活动历时长、覆盖区域广、活动场次多、目标人群广泛、商业色彩浓等诸多特点,要想达到活动的预期目的,对此事件的包装就显得十分关键,因此在活动的设计上应当具有积极性、健康性和公益性,要制造可用于广泛传播的新闻事件和主题,避免低俗化和蓄意炒作。

企业品牌与文化

该活动是多力葵花油作为世界心脏日合作伙伴自行举行的推广世界心脏日的公益活动，必须取得世界心脏日相关部门的支持，要争取世界心脏日协会在各地的委员的配合，增加其公益色彩。

（3）人群组织：活动要有可参与性，目的才能达到；针对多力最主要的目标人群，如何组织和调动他们的积极性来参与，直接关系到活动的质量，因此在活动前期必须进行预热，提高参与度。

（4）执行团队：该活动是一次全国性的活动，因此对整个活动执行团队的要求非常高，对执行团队的综合能力、协调能力以及规模项目的执行能力都是一次考验，因而所有执行团队都经过精心选拔，以确保活动的成功。

"多力葵花油世界心脏日全国护心行动"是世界心脏日活动的预热和保留传播项目，多力通过全国巡展的方式，将多力葵花油成功融入世界心脏日，既是一次公关事件，也是一次营销活动，配合最广泛的媒体传播，在消费者当中起到最直接的宣传作用。通过这次活动，多力进一步确立了自己健康、公益的企业形象，而另一方面，卖场也捷报频传，销量大涨。多力此举可谓一箭双雕。

2. 宣传策划二——2009 种葵花活动

2009 年 3—8 月，多力营销团队组织了"葵花专家教你种葵花"、"多力葵花小画家全国大赛"活动，并在上海、广州等地的著名公园联合举办多力葵花节。

多力作为葵花油的领导企业，原料产自内蒙古磴口"油葵之乡"，在内蒙古荒芜的河滩种植了大面积的葵花田，充分利用黄河水资源自行浇灌，还能防风抗旱，防止水土流失，对改善生态环境起到一定作用。当然，种葵花的意义不仅限于此，对于消费者来说，通过一场活动，可能把葵花种植在人们心中，形成长久的良好印象。

儿童绘画比赛是一种参与度较高的竞赛方式，多力希望通过种葵籽、画葵花这种形式，激发他们的种植乐趣和创作兴趣，以一种简单的方式达到最佳的互动效果。通过儿童和家长一起种植葵籽的经历，可以促进儿童以及全社会增强环境保护的意识，同时加强对多力葵花油的认知度和好感度，建立及提升多力品牌的知名度及信赖感，逐步建立多力葵花油的专家形象。

具体活动内容如下。

在植树节前后，多力的销售人员通过分布于全国的销售终端向消费者赠送"葵籽包"以及消费者参照葵籽包的种葵说明，邀请消费者和家中儿童一起播种希望葵籽，通过这一举措为今后的活动埋下伏笔。

参加活动的儿童在种植葵花的过程中，还可以发挥想象力，以"葵花"为对象，创作出表现本届活动主题的原创美术作品，并将作品邮寄至组委会参与评选，就有机会赢取高额的"多力奖学金"。多力方面组织专家评选委员会负责全部绘画作品的评选工作，以电话方式通知获奖选手告知领奖办法，并负责在网站、报纸媒体上刊登获奖绘画作品。

种葵花活动和心脏日护心活动相比,种葵花活动的视野更宽,目标更加长远,不计眼前得失,体现了一个冠军企业的做派。

多力的葵花籽已经种下多时,小种子现已长成齐人高的葵花树,开出金黄色的花朵,面向太阳张开灿烂的笑脸,与孩子们充满想象的画面一起,共同谱写着一个葵花油品牌的希望与未来。

【训练步骤】

(1) 先对两个策划方案进行比较,找出两者的共同点和不同点;

(2) 分析这两个策划方案的创意性,并对这两个方案中存在的不足加以指正。

【训练要求】

(1) 在分析过程中,一定要结合所学理论进行剖析;

(2) 可以根据案例中所提供的材料,帮助该公司草拟一份新的宣传方案。

企业文化是品牌的源泉和生命力所在。对企业文化的有效传播能够增强企业的内部凝聚力,形成主动遵循的企业文化传统,提升企业的知名度和美誉度,形成有效的诚信机制,推动企业的持续发展。企业文化的传播应遵循真实、客观的原则,传播"一种声音",将社会效益与组织效益相结合,适应市场变化,以艺术性、趣味性、多样性的形式来满足顾客的审美需求、服务需求和购买需求。

一、判断题

1. 企业文化从广义上而言,可包括精神和物质两个层面。 ( )

2. 企业宣传的目的是为了提高企业的经济效益。 ( )

3. 企业宣传应保持"一种声音",这样才能树立较为稳定的品牌形象。 ( )

4. 仅仅把企业或组织的利益放在首位,而无视公众的利益和感受,并不是成功的企业宣传。 ( )

5. 企业宣传的内容包括事实、理念两大构成部分。 ( )

6. 企业宣传的理念和核心是企业文化。 ( )

7. 礼仪和习俗是企业文化的内在表现形式,是企业文化内涵的重要构成。

( )

8. 企业的文化娱乐活动、体育竞赛活动、纪念活动适用于外部媒介宣传。

( )

9. 企业文化传播的辐射面要广,焦点要突出。 ( )

10. 企业宣传活动,应该以企业利益与社会利益相统一为宗旨。 ( )

二、单项选择题

1. 企业宣传应以建构（　　）关系为目的,通过各种大小活动的开展,传递、传达企业的理念。

   A. 品牌—员工   B. 组织—员工   C. 领导—员工   D. 顾客—员工

2. 企业宣传的核心是（　　）。

   A. 企业规模   B. 企业文化   C. 企业产品   D. 企业规模

3. 企业宣传中,要树立（　　）的思想意识,发挥员工的积极能动性,实现"人企合一"的目标,尊重企业员工的个人价值实现。

   A. 员工至上   B. 团队至上   C. 顾客至上   D. 企业至上

4. 企业宣传的目的是为了提高企业的知名度和美誉度,实现组织与其公众（　　）"三度"的特定目标。

   A. 认知、和谐、美誉   B. 认知、美誉、和谐

   C. 和谐、认知、美誉   D. 和谐、美誉、知名

5. 主动的企业宣传是（　　）的宣传。

   A. 以企业方为主体,以公众为客体

   B. 以企业方为客体,以公众为主体

   C. 以企业方为主体,让公众被动接受

   D. 以企业的产品为主体,以公众为客体

三、多项选择题

1. 以下关于宣传的说法正确的有（　　）。

   A. 向人讲解说明之意   B. 传播、宣扬

   C. 宣布、传达之意   D. 传递、传达,使之普遍、周布

2. 可以通过（　　）途径进行企业宣传。

   A. 网络   B. 电视   C. 报纸杂志   D. 现场活动

3. 以下关于企业宣传的原则的叙述正确的是（　　）。

   A. 真实、客观的原则

   B. 一致性,传播"一种声音"

   C. 组织利益至上的原则

   D. 将趣味性、艺术性、独特性相结合

4. 企业宣传的内容包括（　　）。

   A. 情感   B. 利益   C. 理念   D. 事实

5. 企业宣传实务中,应注意（　　）。

   A. 具体情况具体分析,不需要提前分析目标公众

   B. 需长期、持续、动态、公开地进行

   C. 建立顾客、员工、社会、股东利益为中心的良好企业文化链

D. 有机地协调个人和企业之间的价值,创造学习型企业

四、简答题
1. 企业文化传播选择媒体的依据是什么?
2. 企业宣传的基本原则有哪些?
3. 为什么说企业宣传需长期、持续、动态、公开地进行?

五、案例分析题

IBM公司百年庆典系列活动

IBM公司成立于1911年6月16日,至2011年,IBM公司走过了一百年的历程。为了庆祝其100岁诞辰,IBM举办了三个有影响力的庆典活动:发行新书《让世界更美好:塑造一个世纪和一家公司的伟大理念》,首映名为《野鸭》的新电影,敲响纽约证券交易所的开市钟声。

IBM借百年庆典之机在170个国家举办持续一年的市场活动,以吸引商业领袖、学术界人士、客户以及本地社会团体的参与,包括以下几个方面。

书——IBM发行一本由获奖记者Steve Hamm、Kevin Maney和Jeffrey M. O'Brien撰写的名为《让世界更美好:塑造一个世纪和一家公司的伟大理念》的商业书籍。这本书按照时间顺序细数在过去的一个世纪里世界在技术和商业方面的变革,以及IBM在这些变革中所扮演的角色。

电影——IBM在一年的时间里上映一系列短片展示公司的企业文化和创新精神。其中,一部名为《野鸭》的影片专门用于献给IBM的客户。《野鸭》由凭借《难以忽视的真相》获得奥斯卡最佳纪录片奖的Davis Guggenheim执导,目的是向那些敢于挑战传统智慧、用新技术构筑企业的人士致敬,包括玛氏公司首席科学家Howard Shapiro,印度最大的电信企业巴帝电信的创始人兼首席执行官SunilMittal等。其他为百年庆典制作的电影包括:《100×100》,一部快节奏、按年代书写的IBM历史;《他们在那里》,创造出UPC(通用产品码)代码、帮助人类登上月球以及开发出个人计算机等重要的创新发明的创新家们,用第一人称讲述的IBM历史中那些重要的时刻。

服务庆典——在这一年里,IBM的全球员工会显著增加他们在本地社会团体中的服务。2011年6月15日,超过30万名IBM的员工、退休人员以及他们的家庭成员和客户贡献出超过250万小时的志愿服务时间(相当于850年的服务),使用他们的业务技巧和工作经验帮助社会团体解决他们面临的问题,以满足社会的需要。另外,公司为非营利机构提供的服务较过去的一年也增加了140%。

里程碑标志——IBM建造了100个在过去的一个世纪里塑造了公司和世界的里程碑,包括从推进美国国家社会安全保障系统的技术,到发明软盘,建立首个企业科学研究实验室,以及成立企业服务队(肯尼迪和平队的企业版)等。IBM用独特的视觉标记展示了这100个里程碑的标志。

 企业品牌与文化

IBM座谈会——通过一系列的业务和学术论坛,IBM集合有重大影响力的人物来激发关于未来科技发展以及科技将怎样影响健康、环境和信息技术产业的讨论,也鼓励分布在全球IBM研究院的科学家以及商业领袖和政府精英们,共同探讨正在浮现的科技趋势将如何影响商业和社会。IBM在澳大利亚、巴西、中国、印度、以色列、日本、瑞士和美国举办此类座谈会。

IBM系列讲座——IBM和全世界领先的大学合作,邀请未来领袖们参与关于IBM在100年中如何推动商业、技术和社会发展的讨论。系列讲座包括资深IBM执行高管们在丹麦哥本哈根商学院、法国巴黎高等商学院、中国清华大学以及美国芝加哥大学的演讲。

未来领导力论坛——9月份,IBM召集700位领袖参与在纽约市的未来领导力论坛,讨论如何让我们的地球更加智能化,以及为经济发展和社会进步创造巨大潜能的动力。公司探讨现代企业在实现这个潜能方面所扮演的角色,调查如何构建我们的领导力模型才能最好地应对21世纪商业、技术和社会带来的挑战。

1. IBM公司百年庆典系列活动的主要目的是( )。
   A. 树立企业形象　B. 出版新书　　　C. 酬谢宾客　　　D. 制造声势
2. IBM公司百年庆典选择的媒介有( )。
   A. 电影　　　　　B. 图书　　　　　C. 电影与图书　　D. 电视
3. IBM公司百年庆典系列活动体现出企业宣传的( )。
   A. 多样化　　　　B. 立体化　　　　C. 单一化　　　　D. 协商化

参 考 文 献

[1]　严辉武.CI策划[M].长沙:中南大学出版社,2002.
[2]　叶万春.企业形象策划——CI导入[M].大连:东北财经大学出版社,2001.
[3]　卢小雁.现代企业与机构形象设计[M].杭州:浙江大学出版社,2003.
[4]　朱健强.企业CI战略[M].厦门:厦门大学出版社,1999.
[5]　罗长海.企业形象原理[M].北京:清华大学出版社,2003.
[6]　刘瑛,徐阳.CIS企业形象设计[M].石家庄:河北美术出版社,2009.
[7]　严世华.CS经营法——商战新王牌[M].北京:经济管理出版社,2002.
[8]　钟伟.品牌营销策划与管理[M].北京:科学出版社,2004.
[9]　顾天辉,房茂涛,徐彬.企业战略管理[M].北京:中国经济出版社,2010.
[10]　朱成全.企业文化概论[M].大连:东北财经大学出版社,2010.
[11]　陈春花,曹洲涛.企业文化[M].北京:机械工业出版社,2010.
[12]　石磊.企业文化案例精选评析[M].北京:企业管理出版社,2010.
[13]　华瑶.企业文化与评价[M].长春:吉林人民出版社,2007.
[14]　朱松岭,徐思力.企业文化内训必读[M].北京:中国电力出版社,2006.
[15]　宏泰顾问.世界优秀企业的卓越理念[M].北京:中国纺织出版社,2003.
[16]　周施恩.企业文化理论与实务[M].北京:首都经济贸易大学出版社,2007.
[17]　陈亭楠.企业文化实务手册[M].北京:中国致公出版社,2007.
[18]　杨刚.现代企业文化理论与实践[M].西安:西安电子科技大学出版社,2009.
[19]　王中义.企业文化与企业宣传[M].北京:北京大学出版社,2010.
[20]　伍子杰.企业宣传工作概论[M].长沙:湖南大学出版社,2006.
[21]　张明立,冯宁.品牌管理[M].北京:清华大学出版社,2010.
[22]　(美)斯科特·戴维斯,麦克尔·邓恩.品牌驱动力[M].李哲,刘莹,译.北京:中国财政经济出版社,2007.

后　记

　　企业品牌文化是企业与生俱来的,研究企业品牌文化的关键在于促使这种内在的价值理念更加直接、明晰地突显出来,用以结合企业的生存与发展环境,判断与企业生存发展战略或目标的符合程度,从而推动企业文化与生存发展目标之间的相互磨合与调整,最终使企业走上可持续发展的道路。企业品牌文化就是一个企业的思维模式,研究它的目的在于准确地表达出这种思维模式,用于判断这种思维模式是否与企业的发展目标相匹配,从而便于思维模式的持续完善与发展,保障企业可持续发展目标的实现。

　　本教材是"全国高等学校应用型人才培养·企业行政管理专业系列规划教材"中的一本,以应用为目的,以实用为原则,以可操作性为标准进行编写。在编写过程中,编写者以实用、适用为出发点,系统地讲述了企业品牌文化的意义、原则、基本策略,以及具体的操作模式和操作技能,在梳理专业基础知识的同时,注重用案例分析来解析具体的问题,深入浅出,力图将抽象的理论知识用通俗易懂的案例评析进行表述。教材内容图文并茂,形式活泼,是企业内部企划人员和广告策划人员学习品牌文化知识的好帮手。

　　本教材的编写工作由广东广播电视大学相关同志承担,具体分工如下:第一章,欧阳杰,叶凡;第二章,段一男,蓝天;第三章,易力,蓝天;第四章,卫庆国;第五章,张生军,乔燕;第六章,张茂伟,张旭敏;第七章,刘兴晖。

　　全书由蓝天统筹,在教材编写过程中得到了广东广播电视大学文法系的支持,在此表示感谢。

　　由于编者水平有限,加之编写时间比较仓促,书中难免出现不足之处,希望读者批评指正。

编　者

2011 年 10 月于广州越秀山下